规范立法学论纲

陈玉山 著

厦门大学出版社 国家一级出版社
XIAMEN UNIVERSITY PRESS 全国百佳图书出版单位

图书在版编目（CIP）数据

规范立法学论纲 ＝ A Normative Theory of
Legislation / 陈玉山著. -- 厦门：厦门大学出版社，
2023.12
　　ISBN 978-7-5615-9241-0

　　Ⅰ. ①规… Ⅱ. ①陈… Ⅲ. ①立法-法的理论-研究
Ⅳ. ①D901

中国版本图书馆CIP数据核字(2023)第232510号

责任编辑　李　宁
美术编辑　李夏凌
技术编辑　许克华

出版发行　厦门大学出版社
社　　　址　厦门市软件园二期望海路 39 号
邮政编码　361008
总　　　机　0592-2181111　0592-2181406(传真)
营销中心　0592-2184458　0592-2181365
网　　　址　http：//www.xmupress.com
邮　　　箱　xmup@xmupress.com
印　　　刷　厦门集大印刷有限公司

开本　720 mm×1 020 mm　1/16
印张　16.25
字数　310 千字
版次　2023 年 12 月第 1 版
印次　2023 年 12 月第 1 次印刷
定价　85.00 元

厦门大学出版社
微信二维码

厦门大学出版社
微博二维码

国家社科基金后期资助项目
出版说明

  后期资助项目是国家社科基金设立的一类重要项目，旨在鼓励广大社科研究者潜心治学，支持基础研究多出优秀成果。它是经过严格评审，从接近完成的科研成果中遴选立项的。为扩大后期资助项目的影响，更好地推动学术发展，促进成果转化，全国哲学社会科学工作办公室按照"统一设计、统一标识、统一版式、形成系列"的总体要求，组织出版国家社科基金后期资助项目成果。

全国哲学社会科学工作办公室

自　序

自 2015 年"提高立法质量"的要求被正式写进《立法法》立法宗旨条款时起,笔者就在思索,如果当前已有的立法理论资源都围绕这个目标合乎逻辑地展开,将会是一种怎样的体系?在笔者的想象里,这样的立法学不能停留在描述相互之间缺少联系性的"碎片化"立法知识以及容纳过于宽泛的裁量空间的"原则性"宏观制度的层面上。它是否有资格被称为一门实践科学,主要取决于:一方面,它能否对已经存在的立法制度进行规范性解释并准确地提炼出实践中亟须解答的规范性命题;另一方面,它能否有针对性地回应这些规范性命题,并为法律案起草及其论证提供一整套符合经验和理性的较为具体的行动指南。只有凭借这种带有具体指引意义的操作方案和评价标准,"提高立法质量"的目标才能在规范科学的意义上得以实现。因此,无论是从(制定法)规范解释还是从(行动法)规范建构的角度看,作为一种在体系性精神的鼓舞下力图破解立法的规范性难题的学术思考,本书冠名为"规范立法学论纲"至少没有辜负"规范"这个自带庄严意蕴的词语。

诚如康德所言,如果我们能够把一大堆考察纳入一个唯一课题的公式之下,那就会取得如下收获:我们不仅为自己确定了明确的任务,也减轻了主题分散或主线不明而带来的负担,还为其他研究者检查我们是否以及在何种程度上完成了任务提供了判断指引。依循先哲的谆谆教诲,本书以"如何提高立法质量"作为单一主题统摄纷繁复杂的研究素材,比较系统地解答了立法的规范性问题。倘若本书能为立法理论的进步这项福泽众生的公共事业作出一定的贡献,那它在人世间就真正拥有了自己的生命!在本书即将出版之际,笔者谨向在生活上对笔者悉心照料的扬州大学法学院王燕老师,向为本书出版事宜进行周到安排的厦门大学出版社李宁编辑以及为本书出版提供资助的全国哲学社会科学工作办公室和扬州大学出版基金表达诚挚的谢意。

陈玉山

于扬州大学扬子津校区笃行楼

2023 年 8 月 28 日

目 录

第一章　立法的规范性与规范性的立法学

1949年后，我国用60多年的时间（1949—2011年）建成了比较完备的中国特色社会主义法律体系，为全面依法治国奠定了坚实的规范基础。[①] 在取得非凡成就的同时，我国立法迎来前所未有的挑战："有的法律法规未能全面反映客观规律和人民意愿，针对性、可操作性不强，立法工作中部门化倾向、争权诿责现象较为突出，有的立法实际上成了一种博弈，不是久拖不决，就是制定的法律法规不管用，一些地方利用法律法规实行地方保护主义，损害国家法制统一。"[②] 这些问题是我国当前不得不面临的大规模立法与大规模修法双措并举局面的主要原因。[③] 解决这些问题的现实需求也表明，我国立法事业事实上已经从"有法可依"阶段步入精益求精的"有良法可依"时期。[④]

2015年，我国《立法法》进行了重要修改，"提高立法质量"被正式写入立法宗旨条款，成为规范立法行为的具有鲜明时代特征的方向性指针。这一重大修法举动表明，"提高立法质量"的目标不仅是对我国当前立法现状的规范性回应，同时也优化了《立法法》立法宗旨条款的结构。它是实现立法宗旨条款中其他目标的必要前提，具体而言：只有制定高质量的规范立法行为的系列性法律（包括《立法法》《代表法》《全国人民代表大会组织法》《全国人民代表大会常务委员会议事规则》等），立法活动才能有序、有效地展开；"健全国家立法制度和完善法律体系"之目标的实现必须以立法机关制定高质量的法律为基础；同样，如果立法机关制定的法律被认为"不好用、不管用"，其如何才能真正地发挥引领和推动立法的作用？

[①] 2011年3月10日，全国人民代表大会常务委员会委员长吴邦国同志向十一届全国人民代表大会四次会议作全国人大常委会工作报告时庄严宣布，中国特色社会主义法律体系已经建成。

[②] 全国人大常委会法制工作委员会国家法室：《中华人民共和国立法法释义》，法律出版社2015年版，第3页。

[③] 我们发现，数目惊人的"新"法律，可能是绝大多数，主要是为修补失败的实施机制而制定的。[美]安·赛德曼、罗伯特·鲍勃·赛德曼、那林·阿比斯卡：《立法学：理论与实践》，刘国福、曹培等译，中国经济出版社2008年版，第155页。

[④] 根据法治发达国家的经验，在经历大规模立法阶段之后，法治的重心一般会从立法环节转向执法与司法环节。这种判断虽然包含着真知灼见，但其成立的前提在于，立法无论是在实践上还是在理论上均解决了规范性问题，即在规范意义上证成了保证立法质量的各项要求。

而且，保障和发展社会主义民主与实现法治国家的理想说到底都是以立法机关制定高质量的法律为条件。

"如何提高立法质量"的问题在实践上和理论上必然被归结为如何解决立法的规范性问题。关于破解立法质量问题的任何思路和举措最终都必须以规范性语句表达出来，因为唯有具备直接的规范性意义的思路和方案，才能与讨论和控制立法质量的行为之间建立起直接的联系。立法的规范性与依法立法之间既存在紧密的关联性，也存在一定的区别：依法立法指的是立法必须在已经生效的法律制度的范围内进行，必须遵循法定程序和准确地理解与贯彻实定法的精神实质；立法的规范性不仅于此，还必须包含实定法没有明文规定，但在实践上亟须（以实定法为基础构建出来的）用于约束立法行为的思考方法与论证框架。这种非实定法的规范性要求是保障实定法（尤其是《立法法》）获得其实效性的关键因素，也是实定法的必要补充。诚然，以回应立法实践中重大命题为己任的规范性立法学也必须以揭示或构建立法的规范性作为其核心的学术使命。①

第一节　立法规范性的展开：从静态标准到动态过程

在思考"如何提高立法质量"问题时，无论是实践部门还是学界都自然而然地将界定"立法质量的判断标准"视为破题的关键所在。这符合思考问题的一般习惯，即只要依循判断立法质量的标准，那么，立法行为就会导向可以预期的确定性后果（即提高立法质量）。在这种思考路径下，立法规范性的核心任务就是界定判断标准。然而，如果标准本身具有难以消弭的歧义性，且标准需要在怎样的情境下运用等问题尚未澄清的话，那么，立法的规范性便依然没有得到有效的展开。

一、宏观判断标准及其运用困境

全国人民代表大会常务委员会法制工作委员会国家法室编著的《中华人民共和国立法法释义》比较清楚地反映了我国当前立法者的思想水平。关于何谓立法质量，该书认为："衡量立法质量的高低要看法律是否反映客

---

① 与法学的其他学科相比，我国立法学起步比较晚，直至 20 世纪 90 年代才出现体系性学科论著，其中比较有代表性的是周旺生教授的代表作《立法学》（法律出版社 2009 年版）和朱力宇教授等编著的《立法学》（中国人民大学出版社 2009 年版）。我国目前现有的立法学体系性著作不仅数量非常有限，而且缺乏明确的问题意识，其主要目的不是解决诸如"如何提高立法质量"这样比较动态的立法实践问题，而是重在呈现比较静态且彼此之间缺乏联系性的立法知识。这种理论状况既不利于培养立法人才，也很难为立法实践部门提供有用的理论支撑。

观规律，符合人民意愿，解决实际问题，重在管用，重在实施……十二届全国人大以来，全国人大常委会把提高立法质量作为新形势下加强和改进立法工作的重中之重，强调努力使制定和修改的法律能够准确体现党的主张和人民意愿，立得住、行得通、真管用，切实增强法律的针对性、及时性、系统性、可执行性。"①

上述看法是在对中华人民共和国成立以来，尤其是改革开放以来的立法实践进行深刻反思的基础上总结出的宝贵经验，体现了立法机关对立法规范性的把握程度。不过，上述关于立法质量判断标准的表述只有在转化成规范性语句的情况下，才能作为规范分析和内涵辨识的对象，也就是说，只有经过规范性解释，才能确立其规范性地位。为此，姑且将这些以经验为基础的标准概括如下：（1）法律必须反映客观规律；（2）法律必须准确地体现党的主张和人民意愿；（3）法律必须能够解决实际问题；（4）法律必须具有针对性、及时性、系统性和可执行性。这些标准是否具备指引立法实践的功能，将直接决定"立法的规范性应当如何展开"这个根本性问题的探索方向。

（一）反映客观规律

这个标准中有两个要点需要解释：一是"何谓客观规律"，二是"何谓反映"。规律（无论是自然规律还是社会规律）如果是外在于人的意志并且不以人的意志而变的事物存在或者变化的必然性，那么，规律一开始就获得比自然法更为不容置疑的规范性。遗憾的是，实践部门与学界从未阐明这些规律的内容。因此这个标准因内容空洞而缺乏规范性。退一步而言，假定客观规律的确存在，那么法律反映客观规律又如何理解？也就是说，法律是被动地反映客观规律，还是在设计理想生活图景时巧妙地运用客观规律或者至少是从消极意义上不违背客观规律？比如，"法律应当是社会物质生活条件的反映"这个标准至少没有初步看上去那样具有明确规范指引性。② 如果将社会物质生活条件是不是不容置疑的规律这个争议先悬搁起来，那种仅仅认为法律应当反映社会物质生活条件的断言也一定充满歧义性，因为这种判断包含如下意义，即从物质生活条件里可以直接推演出法律的内容。只有在一种条件下这种判断是可能的，即立法者的规范意图与客观物质生活条件决定的现实完全相吻合。如果真如此，那又何必

① 全国人大常委会法制工作委员会国家法室：《中华人民共和国立法法释义》，法律出版社2015年版，第4页。

② 关于立法与客观性的物质生活条件之间的关系，周旺生教授对马克思的相关思想脉络做了深入的分析。周旺生：《立法学》，法律出版社2009年版，第36~39页。

耗费心力制定法律呢？按照现实去安排生活就是最好的选择。特定时代的物质生活条件是客观存在的，事实上，人们可能对这种客观状况表示满意，或者表示不满意，而在更多的情况下，可能是既有满意的地方，也有不满意的地方。因此，那种认为法律就是物质生活条件直接反映的看法，是对立法规范性的严重误解。一方面，任何立法都不是对现实生活的简单复制，它必然包含着立法者对理想生活的构想，它总是在试图改变现实生活中某些令人不满的且对理想生活构成阻碍的问题行为；另一方面，物质生活条件是立法者确定规范意图的现实基础，立法者在制定法律时不能不考虑法律的实效性。①

因此，"立法必须反映客观规律"这个判断标准的规范意义只能是限定性的，它只是表明，立法作为一种以价值选择为内容的意志行为，只有在充分地考量了法律实施的可能条件之后，才能产生"好用、管用"的法律。这个标准只有放在法律案成熟度的论证框架中，具体而言，只有放在法律案的可行性论证方案之中，才能充分地体现它对立法的规范性作用。

（二）体现党的主张和人民意愿

"法律必须准确地体现党的主张和人民意愿"表达的是立法的政治原则和民主原则。这个标准从宏观上指明：党的主张和人民的意愿，即党的意志和人民意志，是立法者意志的来源，它们是原初状态的立法意志。这个标准包含三层关系，即立法机关与执政党的关系、立法机关与人民的关系，以及执政党与人民的关系。这个标准在立法上的规范性取决于这三者之间的关系在规范层面是否得到清晰的说明。第一层关系主要表达党对立法的领导权如何展开的问题，包括党对立法规划和立法计划的审查，修改宪法和重大立法事项方面确定法律案的实质性内容以及执政党如何在组织上保障其意志转化成国家意志；第二层关系主要表达立法机关如何贯彻民主原则，发挥汲取与整合民意的功能，主要包括立法机关如何在具体的立法程序中贯彻民主立法原则；第三层关系表达执政党对人民的代表性地位，主要包括执政党如何通过党组织与党员汲取、整合和表达民意，以形成具备民意基础的国家政策和立法主张。②

---

① 凯尔森指出，法律一方面需要指向现实（反映现实的某些方面），另一方面法律还具有监督（引导）现实的意义。法律规范（"应当"）与人们的实际行为（"是"）是两个不同的领域。[奥]凯尔森：《法与国家的一般理论》，沈宗灵译，中国大百科全书出版社1996年版，第137页。

② 在形成集体目标（即国家政策）的过程中，政党也会帮助表达和凝聚社会上存在的各种不同利益。[英]安德鲁·海伍德：《政治学》，张立鹏译，中国人民大学出版社2006年版，第301页。

这个标准虽非内容空洞、捉摸不定，但其内部构造颇为复杂，与其说它是一个标准，倒不如说它是由多个彼此相互支撑、相互限制的标准构成的整体。这个标准包含的多个规范分别从不同方面触及立法秩序的根本。

（三）必须能够解决实际问题

这个标准的抽象性为使用者留下难以把控的解释空间。这个标准的反面就是法律不能解决实际问题。[①] 这里蕴含着两个相互关联的问题：（1）法律能够解决的实际问题的范围是什么；（2）法律具备怎样的品性才有可能解决实际问题。首先，不要指望法律能够解决现实生活中出现的所有实际问题。[②] 法律是一种（而不是唯一的）社会调控技术，它是对社会现实部分领域（尽管比较健全的法律体系已经涵盖了社会生活几乎所有重要的领域），而不是对所有领域中的社会关系进行概括和抽象的结果。因此，只有立法者对实际问题的本质有着十分准确的把握，才能将纷繁复杂的现实生活关系抽象概括为法律关系，这种抽象与概括包含着立法者的创造性工作，能够反映立法者对需要法律解决的实际问题的范围是否有正确的认知。比如，有些法律将在传统上由道德调整的社会实际问题转化为由法律予以调整。而当大量的违法行为出现，执法与司法部门不堪重负（即国家强制力不够用）时，就会出现"法律不能解决实际问题"的现象。其次，法律不能解决实际问题的原因比较复杂。一方面，这种现象与法律执行或适用水平有关。当执法与司法部门将抽象的法律用来规范纷繁复杂的社会问题时，需要结合特定时空条件下的具体情况对个案进行判断才能作出符合法律要求的裁决或决定。这个将法律予以具体化的工作是实现法治的关键环节。同样的法律与同样案情，有些国家机关的表现就是"无能为力"，即不能适用法律解决实际问题；另外，我们也应当认识到，即便这些国家机关不存在法律适用水平上的问题，它们也会受到执法或司法手段和调配的资源方面的限制。另一方面，法律不能解决实际问题的原因在于法律本身出了问题。法律不能解决实际问题，部分是因为立法者在制定法律时根本就没有找到实际问题产生的原因，或者虽然找到社会问题产生的原因，但是没有针对这些原因设计出适当的法律措施。在这种情况下，执法

---

① 法律一经立法机关制定并颁布就具有法律效力，在未经法定程序修改或废止之前，它都是有效的。若某一法律规范不能很好地解决实际问题，那么它就属于立法质量低下的法律。这种实效性长期无法得到改善的法律在事实上不能发挥规范社会生活的作用，需要立法机关进行及时的修改或废止。

② 大多数初步学习法律的人一般会认为法律可以解决政治生活、经济生活和社会生活中的所有问题。这是一种因为对法律的特性以及法律与现实之间关系缺少基本认知而产生的错误观点。

与司法水平再高，也不能很好地解决社会实际问题。执法与司法越是准确、有力，也许实际问题越是得不到解决，甚至情况会变得更加糟糕。

因此，导致法律不能有效解决实际问题的原因比较复杂。有些问题是法律实施人员对法律的理解水平和执行能力不够造成的，这种问题只能通过教育和培训等方式予以逐步克服，而不能通过提高立法质量得以解决；对于法律超越其作用边界造成的法律未能得到有效实施的问题，需要通过在修改法律时加强法律案的必要性论证予以解决；而对于法律本身的"天然缺陷"（即立法时根本就没有考虑法律的实效性问题）导致的不能解决实际问题的情况，则只能通过在修改法律时加强法律案的可行性论证予以解决。由此看来，"法律必须解决实际问题"这个标准在没有得到恰当解释之前，也无法直接成为立法规范性的组成部分。

（四）具有针对性、及时性、系统性和可执行性

与其说这是一个标准，倒不如说是四个彼此间相对独立的标准。其中，针对性标准的实现至少需要满足以下规范性要求：（1）法律案必须明确地指出什么样的问题行为需要调整；（2）必须明确该问题行为产生的原因是什么；（3）解决问题的措施是消除或者改变问题行为的必要条件。可执行性是对法律实施机关提出的要求，它以针对性为前提条件，同时还需要说明法律实施的物质条件是否具备，以及法律实施机关的组织构造应该具有怎样的性质。针对性与可执行性都是法律案可行性论证的重要组成部分。及时性是一个时间性要求，尚不清楚的是，它是指立法应当与拟解决的社会问题的时效性相适应，还是指需要通过立法为法律实施机关确定时效性要求。系统性是法制统一提出的要求，它不仅要求法律草案内部各部分之间的协调性，同时也要求法律草案与生效法律之间的融贯性。系统性是法律案合法性证明的重要内容。

二、在动态过程中展开立法的规范性

基于以上分析可知，将立法规范性的展开重心放在立法质量判断标准上似乎并不能有效地回应"如何提高立法质量"的实践命题：其一，标准在内涵上的抽象性、模糊性、歧义性导致其适用的不确定性；其二，标准本身不能说明其在什么情况下应被适用。因此，需要将各种标准放在一个动态的、逻辑上可被理解的分析框架内，才能彰显其各自的规范意义。将判断立法质量的标准问题转化为有效控制立法质量的方法问题，无论是在理论层面还是在实践层面都是一种更具有想象力且更加务实的选择。

（一）以决策过程作为思考的出发点

立法者的工作逻辑可以帮助我们认识、判断立法质量的多个标准之间存在怎样的逻辑关联性。立法从本质上说是一种决策行为，因此，作为决策者一般遵循如下工作逻辑：首先提出需要解决的问题，其次分析问题产生的原因，最后提出解决问题的方案。只有将判断立法质量的各个标准放在这样的逻辑框架内，立法者才能准确地把握它们的意义并确定在什么时候以及在什么地方运用这些标准。

1. 提出需要解决的问题

决策者的问题意识不可能凭空产生，也不能仅从狭隘的部门利益的角度予以确定。[①] 究竟什么样的社会问题必须予以解决，是谁的行为以及什么样的行为引发了社会问题，决策者要提出正确的问题，需要考虑两个方面的信息，即反映人民意愿的民意性信息与反映客观事物实际状况的事实性信息。凡法律案都会涉及全体或部分人民的利益，因此决策者需要通过各种形式听取人民的意见和建议。[②] 关于事实性信息，提案人可以通过组织专家学者以科学的方式予以解决。所谓立法应当反映的"客观规律"或者社会物质生活条件的事实情况交由不同领域的专家界定比较合适。只有以充分的信息为基础，决策者提出的问题才是真正需要解决的社会问题，如此提出的法律案才具有针对性；当然这也是"法律要解决实际问题"的前提条件，因为要实现"法律要解决实际问题"的目标，首先得弄清楚需要解决的实际问题是什么。

2. 分析问题产生的原因

社会问题既有可能是法律调整对象的行为引起的，也有可能是法律实施机关的行为引起的。社会问题产生的原因也比较复杂，既有主观原因，也有客观原因；既有法律方面的原因，也有非法律方面的原因。[③] 法律有没有针对性，能否解决实际问题，在很大程度上取决于决策者能否准确地阐明社会问题产生的原因。

---

① 在立法的不同阶段，"决策者"所指不同：在提案与起草阶段，决策者就是提案人或起草人；在法律案的审议阶段，决策者主要指立法机关。在我国，执政党在立法过程中处于领导地位，是最为重要的决策者。

② 像美国这样的国家，国会不会轻易主动提出法律案，因为"院外"人士（民众与利益集团）与国会议员之间有着顺畅的沟通机制，立法原始动议由民间发起。中国则与之有很大的不同。普通民众参与立法的意愿不高、参与能力不强，民众与人大代表的联系也不紧密，而且有提案权的主体以国家机关为主。因此，中国的立法是典型的政府主导型立法。[美]杰克·戴维斯：《立法法与程序》，法律出版社2005年版，前言第3页。

③ [美]安·赛德曼、罗伯特·鲍勃·赛德曼、那林·阿比斯卡：《立法学：理论与实践》，刘国福、曹培等译，中国经济出版社2008年版，第116~120页。

3. 提出解决问题的方案

决策者需要证明，其提出的解决问题的具体措施是在查明问题产生的原因的基础上提出的有效方案。此外，决策者还须对法律实施的经济-社会成本与经济-社会收益作出科学评估，以详细说明法律在什么样的物质条件下才能实施，以及法律实施对国家与社会究竟会产生怎样的影响。决策者只有做到这些，才能证明拟制定的法律是可行的。

（二）控制立法质量的主要方法

1. 法律草案内容形成的信息基础

决策者必须考虑什么样的信息是立法中的重要环节。反映党和人民的意志是判断立法质量的标准之一，那么立法如何反映党和人民的意志呢？尽管是非民意机关提出的法律案，提案人也必须说明什么样的社会问题以及为什么这样的问题必须通过立法予以解决。法律案提案人必须听取法律案涉及的民众或社会群体的意见。在法律案的审议过程中，立法机关通过各种形式广泛地征求意见，尤其是利益相关者的意见。执政党的意志一般通过重大立法活动体现出来。比如宪法修改，先由执政党提议，然后才能启动修宪程序；除修宪外，其他涉及政治与经济、社会等方面的重大立法项目，立法机关（经过其党组织）都要向党中央提请批示。因此，执政党并不缺少表达意志的机会。[①] 当然执政党的意志也不是凭空产生的，它在根源上也应当是对人民意志进行凝聚与整合的结果。

2. 法律草案内容证成的分析框架

决策者必须对法律案的实质内容进行必要性、可行性与合法性证明。必要性证明主要包括立法的国家政策依据、政策转化为法律的必要性、拟解决的社会问题的重要意义等；可行性分析则包括在对社会问题产生的原因进行分析的基础上提出措施手段以及对拟制定法律的社会效益与经济效益方面的论证；合法性证明主要包括合宪性证明以及拟制定法律与其他生效法律之间的协调性证明。

3. 法律草案形式表达的技术方法

法律案起草者要向立法机关证明法律草案的结构安排是否与法律草案实质性内容相匹配，法律草案不同部分的构造是否符合归类与排序的原则，以及法条的塑造是否符合立法技术性标准，并准确地表达法律草案的实质性内容。

---

① 1991年党中央制定的《关于加强对国家立法工作领导的若干意见》从规范意义上保障了执政党意志在立法中得以体现。

4.立法过程控制的程序理性

设置程序的目的是保证立法者按照特定的目的和方向运用各种资源完成高质量的立法工作。通过程序控制立法质量所要解决的问题是,如何通过立法机关的工作程序将上述三个方面的控制方法落到实处。首先,如果谁提出法律案,法律案就反映谁的意志,或者谁审议法律案,法律案就反映谁的意志,那么民主立法与科学立法的原则都不能得到贯彻。立法机关必须通过立法程序对之予以控制。通过立法程序保障决策者在立法时必须考虑谁提供的信息,对于控制立法质量具有十分重要的作用。因此,通过观察立法程序的设置与运用情况就可以判断经过该程序产生的法律质量如何。所谓立法应当体现党与人民的意志,或者应当反映客观规律等,都必须由立法机关对程序进行掌控才能实现。其次,在法律案的前置性或正式审议程序中,法律案起草人必须证明法律案符合必要性、可行性与合法性标准,法律案才能被立法机关认定为符合成熟度要求,进入正式的审议程序。① 最后,法律案起草人必须证明法律草案的结构合理、逻辑严密,法条的塑造符合立法技术的要求。在法律案提交给立法机关时,无论是在"前置性"审议阶段,还是在正式审议阶段,法律草案的形式都是需要研究和讨论的重要内容之一。

将"如何提高立法质量"的问题(即实现立法的规范性问题)放在动态的立法过程中予以考察,其目的不是要否认立法质量判断标准的规范性作用,相反,这样做的目的恰恰是要在更为现实的层面上实现其规范立法的价值。很显然,立法实践对立法学的学科品性提出了明确的要求。

第二节 规范性的立法学:特性与体系

如果立法学只是满足于"近似逼真"地描述立法体制(主要包括立法主体、立法权限以及立法程序)的内容,那么,它既不是为依法立法提供解释性成果的理论,更不可能是在立法制度的框架内发挥填补或者构建规范作用的学问。当立法学将自身锚定于"如何提高立法质量"这个亟须解答的实践性命题上时,它就不能不对自身的学科品性自觉地做如下定位:立法学既是解释性的又是构建性的规范科学。符合这种学术旨趣的立法学属于规范性的立法学(姑且简称为"规范立法学"),至少它有资格成为立法学的一种类型。

---

① 在正式审议程序中,立法机关也是围绕法律案成熟度这个实质性问题进行调查研究、组织论证与展开讨论,最终才能达成共识,通过法律案。

一、规范立法学的基本特性

（一）实践指向性

法学是一门历史悠久的传统学科，其所包含的分支学科虽种类繁多，但其存在的目的与发展的动力都来源于国家与社会治理的内在需求。因而法学（归根结底）是一门处理世俗事务的学问，其本性是实践性的。然而，正如前文所述，我国当前的立法学却有偏离实践的倾向。① 规范立法学选择回归并维护法学的实践本性，阐明自己的问题意识，牢牢抓住"提高立法质量"这个当前立法工作的核心议题，并以之为理论架构的基本线索，将立法原理与实在法有机地结合，将判断立法质量的不同标准放在控制立法质量的方法层面上予以考察并将之贯穿于立法实践的各种环节，清晰地定位其功能与地位，形成一整套围绕目标的活性化的立法活动准则。如此形成的理论既具有极强的实践关怀指向，又具有严谨的内在逻辑结构。它不仅克服了理论"盲目飞行"的弊端，同时也避免了知识因缺乏逻辑关联性而陷入逐步碎片化的危险境地。

（二）规范解释性

规范立法学在方法论上与法教义学保持一致性，即其基本工作内容就是对现行有效的实在法进行解释并使之体系化。② 规范立法学认为，立法必须在宪法确定的框架内进行。宪法的最高法地位决定所有的法律在效力上都低于宪法，凡与宪法相冲突者无效；宪法的根本法地位则表明其对法秩序内最为重要的事项作了实体性规定，立法机关不仅负有不得违背这些规定的消极义务，而且负有将宪法上的实体性规定予以具体化的积极义务。③ 立法机关将宪法的根本性规定（即基本权利规范、统治机构规范和公共利益规范）④ 予以具体化的关键，就是对宪法进行解释。为此，规范立法学的规范科学特性首先表现在为法律案的合宪性提供解释性方案。在立法中，作为直接约束立法行为的具体法律（以《立法法》为轴心的规范体

---

① 笔者并不否认，当前我国学界发表的大量的立法方面的论文讨论的大都是立法实践中的问题，只是认为这种讨论所关注的主要是局部性或细节性主题，而以立法实践为导向的一以贯之的体系性著作还非常缺乏。

② 白斌：《论法教义学：源流、特征及其功能》，载《环球法律评论》2010年第3期。

③ 凯尔森指出："只要一个法律规范决定着创造另一个规范的方式，而且在某种范围内，还决定着后者的内容，那么，法律就调整着它自己的创造……实质宪法，不仅可以决定立法的机关和程序，而且在某种程度上，还可以决定未来法律的内容。宪法可以消极地决定法律必须不要某种内容……宪法也可以积极地规定未来法律的一定内容。"[奥]凯尔森：《法与国家的一般理论》，沈宗灵译，中国大百科全书出版社1996年版，第141、143页。

④ 陈玉山：《中国宪法序言研究》，清华大学出版社2016年版，第80页。

系）相较于宪法而言虽然已经更为具体，但仍然保留着"框架法"的显著特征，在这种情况下，不仅像立法的政治原则、民主原则与科学原则等抽象规定，只有经过解释之后才能发挥规范性作用，立法制度中大量的看似没有争议的具体规范也面临着解释性"压力"。解释不仅是立法规范适用的前提，同时也是立法规范填补的前提。

（三）规范构建性

由《立法法》确立的规范立法行为的实在法体系在本质上是授权法和程序法，它并没有具体地指示立法者如何形成应对某种社会问题的政策意见，以及如何将已经作出的决策转化为法律草案，并证成该法律草案符合以经验为基础的理性要求。这些实质性的立法工作的完成需要立法者根据本国国情熟练地运用立法原理形成特定的价值判断，同时也要求立法者必须将特定的立法目的予以具体化进而制定出法律规范。以上这两种行为需要在规范的约束下进行，而以《立法法》为主的规范体系只是提供了一个相对而言比较宽泛的框架。这意味着，立法机关在立法方面拥有比较宽泛的自由裁量空间。[①] 对于进行政策判断的立法者而言，这种自由裁量权虽必不可少，但是过多的自由裁量权会导致立法行为的可控性与可预见性程度降低，这显然不利于实现"提高立法质量"的目标。因此，为了有效地填补《立法法》客观上留下的空缺结构，应规范立法学紧紧围绕"如何提高立法质量"这个核心问题，努力推进指引与约束立法行为的具体规范的构建。规范立法学通过明确立法的规范性，即必须思考哪些问题、如何思考这些问题以及如何证明法律案的正当性，可以弥补《立法法》在实体性规定上的不足，起到填补立法规范的作用。这些带有学理性质的具体性规范一旦运用到立法实践中，可以有效地压缩立法恣意的空间，约束立法机关按照可理解且可评价的理性方式控制立法质量。

二、规范立法学的体系构思与雏形

与当前的立法学体系性论著相比，规范（性）立法学目前仍处在理解与接近"体系"的思考进程中，它试图以对学科而言具有整体意义的问题的思考和解答来捕获学科体系重构的契机。它对体系的兴趣只是在于：立

---

① 从表面上看，我国《立法法》第 54 条是关于法律案的形式要件的规定。然而在实践中我们可以将之视为一条指引立法机关对法律案的实质性内容进行审议的"指示性"条款。目前，我国学界的主流观点只是从法律案的形式角度来理解这个条款，并没有意识到该条款的指引意义。周旺生：《立法学》，法律出版社 2009 年版，第 228 页；朱力宇、张曙光：《立法学》，中国人民大学出版社 2009 年版，第 144 页。

法学应当如何合理安排其结构，才能有效地回应"提高立法质量"的命题。

（一）体系构建的基本思路

规范立法学在构建其体系时遵循如下思路：从宏观上，将"提高立法质量"，亦即实现立法的规范性作为思考体系问题时始终坚持的一条主线。具体而言，首先，任何立法活动均必须遵循既定的规范前提。遵循政治原则与坚持依宪立法是保障立法质量的前提条件。其次，只有对立法者的组织构造与立法程序进行功能意义上的分析，才能正确地判断谁是真正地控制立法质量的主体以及这些主体遵循的程序在何种意义上控制立法质量。[①] 一方面，对立法主体的研究关键是要抓住立法主体内部发挥实质性作用的"关键机构"，对组织功能的优化是提高立法质量的必要条件。另一方面，立法程序虽发挥着汇集民意性与事实性信息的功能，但其不能指示立法机关应该如何统合这些信息，也不能回答如何证成法律案的问题。最后，构建一个立法活动的参与各方可理解且可评价的论证框架则是立法学的中心任务。从立法程序提炼出"法律案成熟度"概念并构建证明法律案成熟度的论证框架，是回应立法质量问题的关键环节。此外，立法者也必须重视法律草案的表现形式，恰当的归类与排序以及正确的法条塑造技术对于准确表现法律草案的内容都具有保障作用。立法技术也直接影响着立法质量。

（二）体系构建的初步形态

基于上述思路，规范立法学根据立法规范性的内容和形式要求，对其体系作出如下安排：

1. 立法的规范基础：政治原则与宪法依据

我国《宪法》与《立法法》均明确地将四项基本原则确立为立法的政治原则。[②] 坚持立法的政治原则最为核心的是坚持中国共产党的领导：一方面，立法机关在立法中负有不抵触政治原则的消极义务；另一方面，立法机关在立法中负有执行由执政党确立的立法决策的积极义务。执政党与立法的规范关系是立法的政治原则的主要内容。执政党依宪领导立法体现在：首先，执政党必须贯彻国家尊重与保障人权的宪法原则。在立法中凡涉及基本权利问题，执政党都应当从执政合宪性的高度予以重视，恪

[①] 对立法者的功能解释与对立法者的规范解释是相互补充的关系，规范解释主要侧重于从静态意义上说明立法者拥有什么样的权限，而功能解释则侧重于从动态意义上说明什么样的主体在从事实质性的立法工作。

[②] 谢振民指出，在民国时期立法活动中就存在由政治机构进行审核的政治原则。当时立法必须遵循的"原则"是政治会议讨论和议决的事项之一，"故凡法律案之提出，事实上均由中央政治会议决定原则，再交立法院依据审议。此立法原则之决定，为立法院立法必经之程序"。谢振民：《中华民国立法史》，中国政法大学出版社2000年版，第8页。

守不可在实质意义上否认基本权利的底线。其次，执政党负有实现人民主权原理的宪法义务。执政党应当从政治上和法律上保障全国人民代表大会（以下简称全国人大）与全国人民代表大会常务委员会（以下简称全国人大常委会）在立法工作中发挥主导作用。最后，执政党负有维护和实现公共利益的宪法义务。执政党在国家根本任务的指引下，按照民主程序汇集民意，充实公共利益条款的具体内容。将执政党领导立法定位于政治原则的审查和宏观政策的输入上比较符合我国法治建设的现实需要。这不仅强化了执政党在事关全局问题上的领导力，也能促使执政党维护人大的宪法地位，充分发挥其汲取和整合民意的功能。

任何立法都必须以宪法为依据，才能保障国家法秩序的统一。[1] 在我国，立法机关是负责直接实施宪法的国家机关，其他国家机关主要通过实施法律间接地实施宪法。立法机关实施宪法就是将基本权利规范、国家机构规范与公共利益规定这三个方面的内容予以具体化。它不仅负有通过立法实施宪法的职责，同时还有责任控制立法的合宪性。[2] 由于我国合宪性（事后）审查机制不够完善且实效性不尽如人意，因此，可针对法律可能违宪的"高发领域"，通过特定的程序保障立法机关在立法过程中过滤掉一些可能违宪的条款。

2. 立法的程序控制：关键机构与意见统合

在我国实在法上只有立法机关的概念，而没有立法者的概念。前者强调立法权限，具有静态特征；后者侧重于立法功能，具有动态特征，可以有效地描述"立法者是什么人、他们立什么法和怎样立法"[3]。在立法者的构成中，既有立法的政治领导机关，也有立法主导机关；既有法律案提案人，也有立法审议机关；既有立法决策机关，也有立法工作具体实施机关。其中，最值得学界研究的是立法机关的三个重要机构，即委员长会议、宪法和法律委员会以及法制工作委员会。这些机构在制定立法规划和立法计划，确定会议议程，提起、起草与审议法律案等环节中发挥主导作用，它们是控制立法质量的关键机构。

对立法程序制度进行客观描述已不能适应立法实践的需要，比较有创见的探讨应当是将立法原则与具体的程序性规范相结合，从功能上突出程

---

[1] 关于如何理解"根据宪法，制定本法"的具体内容，参见陈玉山：《中国宪法序言研究》，清华大学出版社2016年版，第174~190页。

[2] 对法律案的合宪性审查是立法机关进行的事前审查，这种性质的审查面临的制度性障碍比较小。关于对法律案中的何种事项进行审查以及如何进行审查（即审查方法）等问题，参见陈玉山：《法律案合宪性审查的程序、事项与方法》，载《环球法律评论》2020年第1期。

[3] 严存生：《也谈"立法者"》，载《河北法学》2016年第1期。

序设计的价值取向,并借此检讨程序运行中存在的问题。这有利于通过程序获取信息、整合意愿,实现提高立法质量的目标。立法者在立法时,需要获得和整合两种类型的信息:一是反映人民意愿的民意性信息,二是反映事物客观存在状况的事实性信息。这两种信息在性质上的区别,决定了获取这两种信息的程序的差异性。[①] 立法程序对法律可能会有什么样的内容具有重要的控制作用,因此对其中具体环节的考察要贯彻如下思想:立法机关为什么只有遵循如此设计的程序才能有效地控制立法质量?

3. 立法的内容证成:法律案成熟度及其论证框架

在立法中,向立法机关提出的法律案,未必具有相同的结局。从对全国人大及其常委会的"前置性"审议程序的深入分析中,可以概括出"法律案成熟度"这个表达法律案实质性内容的概念。正是基于对法律案成熟度的论证,立法机关才掌握了对法律案的实质性内容进行审查的方法,并以此决定法律案是否可以进入大会议程以及是否通过表决而成为法律。对法律案成熟度进行判断的必要性、可行性与合法性证明共同构成法律案成熟度的论证框架。必要性证明要求立法者在将国家政策具体化时应参酌的哪些因素;可行性证明要求立法者不仅要对产生问题行为的主客观原因进行分析并提出解决问题的法律措施,而且要对拟制定法律可能产生的经济与社会成本-效益进行评估;合法性证明主要考察法律案是否存在违反宪法的情形以及法律案与已经生效的法律、法规在横向和纵向上的协调情况如何。[②]

立法者常常为应对法律实施无效问题而制定或修改法律。这需要立法者对法律实施机关的问题行为进行分析并提出相应的法律措施。要解释法律实施机关的行为,必须说明为什么相互作用的组织行为会出问题,尤其是为什么组织的决策会出问题,以及组织的制度性结构对组织行为构成怎样的影响。在研究法律实施无效问题时,既要从组织的整体意义上,即从组织决策程序、组织架构、监督与激励措施等方面思考问题产生的原因与相应的立法对策,也要从构成组织的工作人员的角度思考问题行为产生的原因与相应的立法对策。组织因素与个人因素是相互影响的关系:组织的架构与运作过程会制约工作人员的私人利益、价值观、机会与能力,而工作人员的私人利益、价值观、能力与机会等主客观因素也会影响组织实施法律的效果。

4. 立法的技术支撑:草案的构造与法条的塑造

法律草案的实质性内容(立法目的与立法措施)总是需要以法律特有

---

① 陈玉山:《立法质量的程序控制:以信息输入为视点的考察》,载《浙江学刊》2019 年第 6 期。

② 陈玉山:《法律案成熟度及其论证框架》,载《政法论坛》2020 年第 6 期。

的形式予以表现。法律草案的构造与法律条文的塑造属于法律草案的形式安排中最为重要的两个方面,前者以整部法律的结构为视角解释法律草案的布局问题,后者以法律规范的结构为视角解释法律条文的起草技术问题。从宏观上看,法律(草案)的使用者对该草案各条款之间如何相互协调的理解是保证法律实施的重要条件。立法者只有正确地运用归类和排序的技术,才能将草案的逻辑结构展示给使用者。法律草案的结构越是清晰,使用者按照法律的目的改变其行为的可能性就越大。法律草案的结构对其功能的实现有着重要影响。

从微观上看,立法者需要在法律规范结构理论的指引下厘清法条与法律规范之间的对应关系,才能确定每一个法条的意义和功能。具体而言,一个法条既可表达一个法律规范,也可表达多个法律规范;既可仅表达法律规范的构成要件,也可仅表达法律规范的法效果。从类型上看,具有宏观调控功能的法条有立法宗旨条款和原则性法条。前者是一部法律的精神实质,是国家政策最为直接的法律化表现形式,是起草具体法条时必须贯彻的价值目标;后者具有局部性价值整合功能,不同的原则之间相互限制、相互配合,共同构筑起整部法律的基本框架。在起草以调整行为为内容的法条时,立法者需要清晰地界定行为主体与科学地概括构成要件。

以"如何提高立法质量"为思考线索,将传统立法学上的彼此间相互孤立的理论资源有效地整合为一个具有内在关联性的整体,这是立法理论回归其实践品格的必然要求。这种理论的主要任务就是,为立法者提供一个对法律案实质性内容进行判断的论证框架。只有围绕法律案成熟度及其论证框架对法律草案的实质性内容展开论辩,立法程序才能有效地发挥其控制立法质量的作用。这是对《立法法》的程序性规范的必要补充。只有将《立法法》确定的立法程序与关于法律案成熟度的论证方案有机地结合起来,我国的立法理论才能由"知识体系"升华为"实践体系"。在这种实践体系中,立法中出现的规范性问题始终都是规范(性)立法学自我更新的动力源泉。

第二章　立法的政治原则

在任何国家,立法都是一项具有高度政治性的公权力行为。在法治的所有环节中,立法与政治之间的关系最为紧密。虽然世界上各个国家的政治体制存在很大的区别,但有一点是共同的,即立法都以一定的形式遵循奠定本国国家权力秩序的政治原则。立法的政治原则在我国有其特殊的表现形态,立法指导思想就是我国立法的政治原则的表现形式。无论是作为立法者的立法机关及其工作人员,还是参与立法过程的组织或公民,抑或研究立法的专家学者,正确地理解和把握本国立法的政治原则,是有效地完成立法工作任务的必要前提。

立法的政治原则为立法机关从事立法活动划定了权力运作的界限,同时该原则的运用也为人们准确地理解"中国的立法机关是在怎样的国家权力秩序中开展工作的"提供了研究素材。从某种意义上说,立法机关遵循立法的政治原则也是保障国家法制统一的政治条件。探究立法的政治原则是为了阐述清楚如下问题:立法的政治原则具有怎样的内涵与结构以及其贯彻的具体方式如何,其中,最为核心的是,执政党领导立法的规范意义是什么。探讨立法的政治原则,可以有效地提示立法者与立法参与者,立法秩序只不过是国家整体法秩序的一部分。如果刻意忽视它,实际上并不利于解答"如何提高立法质量"的问题。

第一节　政治原则及其贯彻

一、立法的政治原则的内涵

1982 年 11 月 26 日,在第五届全国人民代表大会第五次会议上,宪法修改委员会副主任委员彭真作了《关于中华人民共和国宪法修改草案的报告》,他指出,"宪法修改草案的总的指导思想是四项基本原则,这就是坚持社会主义道路,坚持人民民主专政,坚持中国共产党的领导,坚持马克思列宁主义、毛泽东思想。这四项基本原则是全国各族人民团结前进的共同的政治基础,也是社会主义现代化建设顺利进行的根本保证"。彭真所言的宪法修改的指导思想已被完整地内化为我国宪法文本的一部分。《宪法》序言第 7 自然段明确地表述了四项基本原则的内容。肖蔚云教授认为四项基本原则不仅是 1982 年宪法修改的指导思想，同时也是该部宪法的核心内容，它们是"我国近代历史基本经验的总结，是经过实践检验的真理，是不以人们的意志为转移的历史发展的客观规律"。① 许崇德教授也认为，1982 年宪法将四项基本原则的内容从（1978 年宪法）条文移入宪法序言第 7 自然段，"使之作为根本原则和总的指导思想，比作为一个具体条文更富有权威性"。② 针对学界将宪法序言视为"歌德式"的政治宣言，没有体现"民主政治"，而是"专制主义"的说法，王叔文教授较为详细地论述了宪法序言规定四项基本原则的必要性、重要性，明确四项基本原则作为宪法根本原则的不可动摇性和不可修改性，以及否定四项基本原则的违宪性。③

从我国宪法修改的实践以及学术界的思考来看，四项基本原则之所以被视为"真理"或"客观规律"的表现，主要是因为它在政治上的重要性，是故，将其理解为修宪或者宪法的政治原则应是妥当的。由于宪法是根本法和最高法，因此，宪法中确立的政治原则至少从国家法秩序的角度看，也顺理成章地成为立法应当遵循的政治原则。这种学术意义上的推理的确得到了立法实践的验证。在 2000 年 3 月 9 日第九届全国人民代表大会第三次会议上，全国人民代表大会常务委员会法制工作委员会主任顾昂然作了关于《中华人民共和国立法法（草案）》的说明，他指出：立法活动"应当遵循宪法的基本原则。宪法的基本原则是指以经济建设为中心，坚持四项基本原则，坚持改革开放。坚持四项基本原则，就是多年来一贯强调的坚持社会主义道路，坚持人民民主专政，坚持中国共产党的领导，坚持马列主义、毛泽东思想、邓小平理论"。由此可见，作为宪法的政治原则的四项基本原则也是指导立法的政治原则。这个原则最终在 2000 年《立法法》第 3 条中有了明确的规定。其具体内容是："立法应当遵循宪法的基本原则，以经济建设为中心，坚持社会主义道路、坚持人民民主专政、坚持中国共产党的领导、坚持马克思列宁主义毛泽东思想邓小平理论，坚持改革开放。"简而言之，立法的政治原则就是"一个中心，两个基本点"。该原则直接从我国宪法序言中承接过来。结合本条的语句脉络看，其中所指的"宪法的基本原则"是在狭义上使用的，专指政治原则。广义的宪法基本原则不仅包

---

① 肖蔚云：《论宪法》，北京大学出版社 2004 年版，第 304 页。
② 许崇德：《中华人民共和国宪法史》，福建人民出版社 2003 年版，第 770 页。
③ 王叔文：《王叔文文选》，法律出版社 2003 年版，第 131~134 页。

括政治原则,还包括人民主权原则、权力分立与相互制衡原则、基本权利保障原则以及维护公共福祉原则等具有普世意义的原则。世界各国立法体制间的主要区别之一体现在政治原则的差异上,这个原则不仅与本国政治权力结构特点相吻合,同时也表达守护本国一贯秉持的意识形态的意图。从本条的内容看,立法的政治原则包括三个方面,即以经济建设为中心,坚持改革开放、四项基本原则。需要说明的是,笔者所讨论的政治原则专指四项基本原则,其他两个方面的内容虽然具有政治指导意义,但仍属于执政党在特定历史阶段作出的宏观政治决策,它们在性质上并非与四项基本原则处于同样的层面。

在我国,早在民国时期就存在以政治原则指导立法活动的事实。这也说明立法活动须遵循政治原则的做法并非偶然现象,而是政治秩序内在的必然要求。谢振民指出,在民国时期立法活动中就存在由政治机构进行审核的政治原则。当时立法必须遵循的"原则"是政治会议讨论和议决的事项之一。"故凡法律案之提出,事实上均由中央政治会议决定原则,再交立法院依据审议。此立法原则之决定,为立法院立法必经之程序。至1933年6月中央常务会议通过《立法程序纲领》特明定政治会议提出法律案,应拟定原则草案,即自定原则;国民政府及五院提出法律案,应拟定原则草案,其核提所属各机关之法律案,应审定原则草案,均呈由政治会议决定。立法院对于政治会议所定之原则,不得变更,但得陈述意见。迨后《立法程序纲领》经中央常务会议加以修正,但关于此种规定,并无变更。"[1] 谢振民的描述说明政治机构通过政治原则统御立法是不可避免的。只是不同时代的政治原则在结构与表现形式上也许有差别。出于理解与贯彻政治原则的现实需要,实有必要对我国当下立法遵循的政治原则的结构予以深入的剖析,如此方能进一步弄清楚贯彻政治原则的要点是什么。

二、立法的政治原则的结构

四项基本原则并非从1954年宪法制定时就以一种完整的形态出现在我国宪法里。我国1954年宪法并没有在条文中正面地规定中国共产党的执政地位,但是将宪法序言关于"我国人民在建立中华人民共和国的伟大斗争中已经结成以中国共产党为领导的各民主阶级、各民主党派、各人民团体的广泛的人民民主统一战线"的表述与《宪法》第1条"中华人民共和国是工人阶级领导的、以工农联盟为基础的人民民主国家"的规定联系

---

① 谢振民:《中华民国立法史》,中国政法大学出版社2000年版,第8页。

起来进行考察，仍然可以推论出中国共产党之执政地位的规范内涵。与前述内容相适应，该部宪法在正文第 19 条确认了人民民主专政的基本内容，但是整部宪法没有关于执政党与指导思想的规定。与 1954 年宪法欲言又止的做法相比，1975 年宪法与 1978 年宪法则选择更为直截了当的方式，以法律条文的形式（即同样在《宪法》正文第 2 条）确认了中国共产党的执政地位和指导思想（即马克思主义、列宁主义、毛泽东思想），并且分别在第 14 条和第 18 条确认了人民民主专政的内容。与前 3 部宪法形成鲜明对照的是，1982 年宪法既不是对 1954 年宪法的简单回归，也没有如 1975 年宪法和 1978 年宪法那样在正文中以法律条文的形式确认执政党和意识形态，而是选择将坚持社会主义、坚持中国共产党的领导、坚持马克思列宁主义和毛泽东思想以及坚持人民民主专政以前所未有的完备形态集中地规定在《宪法》序言第 7 自然段之中。

在四项基本原则中，坚持中国特色社会主义道路与坚持人民民主专政这两个原则均面临着需要与现实的政治实践相契合以及与宪法上的基本价值决定相协调的体系性解释压力。相比之下，在四项基本原则中，最具有明确的政治规范意义的当属坚持马克思列宁主义和毛泽东思想与坚持中国共产党的领导。这两者的结合就是特定政治信念与贯彻这种信念的政治领导者的结合。这两者的相互依存关系就是立法的政治原则内部结构的关键所在。没有政治信仰和不讲政治规范的执政党就会蜕变成纯粹的权力事实，而缺乏强有力的执政党，政治理念与政治信念就会流变为空洞的口号。确保共产党的执政地位必然地要求捍卫共产党所秉持的政治信念。而这种政治信念的秉持与实现也反过来证明执政党的合法性。在中国共产党执政的过程中，政治理念也随着时代的变迁而在不断更新其内容。指导思想的经验总结性质与反映时代性价值诉求的规范特征日益凸显。[①] 四项基本原则的上述特性也鲜明地反映在 2015 年立法法的修改草案说明中。

全国人民代表大会常务委员会副委员长李建国在 2015 年 3 月 8 日第十二届全国人民代表大会第三次会议上作了关于《中华人民共和国立法法修正案（草案）》的说明。他指出："修改立法法的指导思想是，贯彻落实党的十八大和十八届三中、四中全会精神，高举中国特色社会主义伟大旗帜，以马克思列宁主义、毛泽东思想、邓小平理论、'三个代表'重要思想、科学发展观为指导，深入学习贯彻习近平总书记系列重要讲话精神，坚持党

---

① 陈玉山：《中国宪法序言研究》，清华大学出版社 2016 年版，第 144 ~ 148 页。

的领导、人民当家作主、依法治国有机统一，以提高立法质量为重点，深入推进科学立法、民主立法，更好地发挥立法的引领和推动作用，发挥人大及其常委会在立法工作中的主导作用，完善以宪法为核心的中国特色社会主义法律体系，全面推进依法治国，建设社会主义法治国家。"在这个内容颇为丰富的关于指导思想的表述中，既有关于四项基本原则之政治原则的内容，也包括新修订的《立法法》之立法宗旨的内容，比较全面地体现了执政党关于立法工作的宏观决策部署。

三、立法的政治原则的贯彻

由上文分析可知，立法的政治原则的核心内容是坚持中国共产党的领导与坚持马克思列宁主义和毛泽东思想以及中国特色社会主义理论。而后者往往由执政党结合社会发展的具体历史情境予以具体化，由执政党提出指导立法工作的总体决策部署。从立法机关的角度看，政治原则对其立法行为构成了两种意义上的规范作用。首先，立法机关在立法中负有不抵触政治原则的消极义务。[①] 执政党的领导地位与执政地位不仅仅体现在对立法工作的领导上，对立法的领导只是其行使执政权的一部分，这也说明执政党不可能对立法工作进行事无巨细的指导，而且执政党也认同并主张确立人大及其常委会在立法中的主导作用。在这种情况下，立法机关在具体立法活动中不违反或不抵触政治原则就具有非常重要的意义。其次，立法机关在立法工作中负有执行由执政党确立的关于立法方面的决策部署的积极义务。我国当前确立的一些重大立法项目以及进行的重大法律修改项目都是对执政党作出的重大决定予以法律化的结果。消极义务与积极义务的结合可以保证政治原则在立法活动中被贯彻落实。从执政党的角度看，执政党拥有保证政治原则被贯彻的权力（主要以党的权力，而不是以国家机关权力的形式表现出来）。执政党通过对立法机关党组的领导实现其对宪法修改以及重大立法活动的控制作用。执政党对立法的领导首先体现在立法的起始阶段，即立法规划中。在改革开放40多年的实践中，我国立法规划的制定已经形成了一套具有中国特色的机制。大致情况如下：由全国人大常委会拟定立法规划，然后报请党中央批准，经党中央同意后再由全国人大常委会印发执行。全国人大常委会具体负责拟定立法规划的工作机构经历了从秘书处到办公厅，再到法制工作委员会的历史变迁，目前，由法制工作委员会完成立法规划的编制工作，然后提请常委

---

① 政治原则的约束力也间接地作用于法律案的提案人或提案机关以及各种表达立法建议（或意见）的参与人，因为凡抵触政治原则者，势必无法通过立法机关的审查程序。

会委员长会议讨论通过，再由常委会党组报请党中央同意后印发执行。这种工作机制已经比较成熟。目前，地方立法规划的制定也遵循类似的机制：地方人大常委会编制立法规划一般也是由本级人大常委会的法制工作委员会负责起草编制，提请常委会主任会议通过后，报同级地方党委批准。与直接由人大常委会报请党中央或地方党委批准相比，由人大常委会党组报请党中央或地方党委批准比较合适。尽管实际效果是一样的，但是其组织原理是不同的：执政党对立法的领导主要是通过党组织来完成的，而不适合直接向人大常委会下达指示或命令。①这种要求在宪法修改程序中体现得更为明确。

立法的政治原则的贯彻，一方面考验执政党领导立法工作的能力，另一方面也考验人大及其常委会主导立法工作的能力。执政党领导立法首先是个宪法问题，其意义如何，需要一个规范性的解释。

第二节 执政党领导立法的规范意义

由于立法在任何国家的政治生活中都是事关全局的重大政治活动②，因此中国共产党必须实现对立法的领导。这种领导权的实现不仅仅是一个实然性的事实问题，在中国立法学上，它主要是一个值得关注的应然性的规范命题。③执政党领导立法的规范意义主要表现为：执政党领导立法的宪法依据是什么，执政党是在遵循怎样的宪法权力秩序和宪法价值秩序下领导立法的。厘清执政党领导立法的规范意义，是理解立法的政治原则的关键所在。

一、执政党领导立法的宪法依据

宪法是在中国共产党的领导下制定的，而宪法一经制定，又反过来从规范意义上确认了中国共产党的执政地位。这种确认并不是可有可无的事情，因为法治国家理念的一个基本要求就是，法外无权。也就是说，任何组织和个人，在没有宪法与法律授权的前提下，均不得行使治理国家的

---

① 张春生：《立法实务操作问答》，中国法制出版社 2016 年版，第 3 页。
② 政治在广义上被认为是人们制定、维系和修正规范其生活的一般规则的活动。[英]安德鲁·海伍德：《政治学》，张立鹏译，中国人民大学出版社 2006 年版，第 4 页。
③ 正如耶利内克所言："国家意志是人的意志。国家意志的形成必然在事实上或法律上由拥有国家机关身份的特定人类个体实现。后一种情形是正常的状态，也是唯一能够从法学的角度出发加以论述的状态。"[德]格奥格·耶利内克：《主观公法权利体系》，曾韬、赵天书译，中国政法大学出版社 2012 年版，第 123 页。

权限。然而,中华人民共和国成立 70 年多以来的宪法变迁的历程表明,人们对是否需要在宪法里明确中国共产党的执政地位,并非始终都是态度清晰、统一的。

1949 年 9 月 29 日中国人民政治协商会议第一届全体会议通过的《中国人民政治协商会议共同纲领》奠定了中国法律秩序的基础,起到了临时宪法的作用。然而该纲领通篇没有(无论是在序言还是在各章具体条款中,无论是直接还是间接地)确认中国共产党的执政地位。1954 年宪法也没有在序言与正文中以规范性语句确认中国共产党的执政地位,但是序言第 1 自然段与第 4 自然段对人民民主专政的中华人民共和国是在中国共产党的领导下建立的,以及各民主阶级、各民主党派、各人民团体的广泛的人民民主统一战线是在中国共产党的领导下形成的这一历史事实的描述中蕴含着如下意义,即中国共产党的执政地位是由其在历史上取得的丰功伟绩决定的。相较之下,1975 年宪法与 1978 年宪法都在宪法第 2 条明确中国共产党的执政地位,其具体表述都是"中国共产党是全中国人民的领导核心。工人阶级经过自己的先锋队中国共产党实现对国家的领导"。①1982 年宪法没有沿袭 1975 年宪法与 1978 年宪法的做法,以法律条款的形式确认中国共产党的执政地位,而是选择在序言第 7 自然段以四项基本原则的政治原则的形式确认了中国共产党的执政地位。②2018 年宪法修改,将"中国共产党领导是中国特色社会主义最本质的特征"写入《宪法》第 1 条第 2 款(即国体条款)。自此关于中国共产党执政的宪法依据问题的争论在制度层面上已经终结。

事实上,在 2018 年宪法修改之前,我国《立法法》(第 3 条)、《监督法》(第 3 条)与《国家安全法》(第 4 条)等重要法律均已明确规定"坚持中国共产党领导"的原则。诚然,具体法律的规定对于明确与加强中国共产党对法律所涉事项的领导提供了规范性依据,然而,这与通过宪法直接、明确地确认中国共产党的执政地位相比,其法治意义可谓迥然有别。宪法对中国共产党宪法地位的确认具有根本法特性:对于中国共产党而言,宪法是授权规范,即中国共产党有权行使宪法赋予的国家性的与全局

---

① 根据"工人阶级经过自己的先锋队中国共产党实现对国家的领导"这样的规范性语句,我们也可以从 1954 年《宪法》第 1 条"中华人民共和国是工人阶级领导的、以工农联盟为基础的人民民主国家"中推导出中国共产党执政地位的规范内涵。因此,从法解释学角度看,可以将宪法中的"国体条款"层面的规范内涵理解为确认中国共产党执政地位。诚然,2018 年宪法修改后,这种解释已无必要。

② 相关论述详见许崇德:《中华人民共和国宪法史》,福建人民出版社 2003 年版,第 581~583 页。

性的权力,同时又是限制权力的规范,即中国共产党有责任在宪法确立的权力秩序与价值秩序的范围内行使权力。申言之,执政党领导立法既是宪法授权的结果,也是执政党以身作则,带头实施宪法的体现。

二、在宪法确立的权力秩序下领导立法

依宪执政的重要内容之一就是执政党在宪法确立的权力秩序下行使其领导立法的权限。从实定法的具体内容看,我国《宪法》第 1 章“总纲”部分规定的国体条款(第 1 条)与政体条款(第 2 条与第 3 条)以及第 3 章“国家机构”部分具体规定的中央与地方各国家机关的组织形式与权限范围,这些规定共同奠定了我国国家权力秩序的基本框架。至于执政党如何实现对国家权力的领导,宪法典并没有作出具体的规定。[①] 诚然,这并不意味着执政党对国家权力的领导处于“失范”状态,毋宁说,这种执政权的规范性实现形式主要以作为法典之补充的“惯例”形式表现出来。[②] 因此,我国国家权力秩序是宪法典与非法典形式的宪法性惯例相互结合而确立起来的。[③] 执政党对立法的领导比较集中地展现了这种党政权力结合的具体形态。

(一)执政党领导修宪的程序

按照程序行使权力是法治之始。[④] 执政党遵循宪法确立的权力秩序领导立法最突出地体现在修改宪法的程序中。这种程序由宪法典的修宪条款与在长期的政治实践中形成的宪法惯例共同构成。我国《宪法》第 64 条第 1 款规定,“宪法的修改,由全国人民代表大会常务委员会或者五分之一以上的全国人民代表大会代表提议,并由全国人民代表大会以全体代表的三分之二以上的多数通过”。该条中的“提议”并非指全国人大常委会

① 在下文的论述中,笔者在宪法与宪法典之间作出明确区分。宪法典(宪法文本)只是一个国家宪法最为显在的组成部分。
② 戴雪认为,在英国,除宪法文本之外,“宪典”(包含风俗、习惯、格言或教义)对规范与约束政治权力也具有十分重要的作用。[英]戴雪:《英宪精义》,雷宾南译,中国法制出版社2001 年版,第 421~460 页。近几年,随着我国宪法研究的深入,部分学者已经将宪法惯例视为比较重要的论题,如陈道英:《宪法惯例:法律与政治的结合——兼谈对中国宪法学研究方法的反思》,载《法学评论》2011 年第 1 期;何永红:《中国宪法惯例问题辨析》,载《现代法学》2013 年第 1 期;翟志勇:《英国不成文宪法的观念流变——兼论不成文宪法概念在我国的误用》,载《清华法学》2013 年第 3 期。
③ 笔者认为,在执政党行使国家权力的规范形式(尤其指党的权力和国家权力的结合形态)没有以体系化的宪法理论表现出来之前,中国宪法学仍未发展成为一门成熟的法学分支学科。
④ 人民日报评论员:《宪法修改必须依法按程序进行——五论学习贯彻党的十九届二中全会精神》,载《人民日报》2018 年 1 月 5 日第 1 版。

或者五分之一以上的全国人民代表大会代表有权"提出修改宪法的建议"，而是特指这两类主体拥有"宪法修改的提案权"（即起草并向全国人大提交宪法修正案草案）。我国宪法修改程序对提案权主体与建议权主体作了明确区分。有权向上述两类主体提出宪法修改建议的主体只有一个，即中国共产党中央委员会。这就意味着只有执政党本身才能启动宪法修改程序。① 新中国成立以来，我国历次宪法修改的建议都由中共中央提出，这已经成为我国宪法修改的惯例。②

执政党虽然在宪法修改的过程中处于领导地位，但是这种权力不是任意行使的，它需要与人大及其常委会的法定权力相互结合，才能顺利地完成修宪工作。比如，1993年2月14日，中共中央向七届全国人大常委会提出了修宪建议，全国人大常委会根据建议，经过讨论形成了《宪法修正案（草案）》，提请八届人大一次会议审议。在七届人大常委会讨论修宪建议的过程中，有些委员提出了一些新的意见，并将之反馈到中共中央。中共中央讨论后认为这些意见有必要写入宪法，于1993年3月14日提出了《关于修改宪法部分内容的补充建议》。由于当时全国人大已经召开，中共中央就将该补充建议直接提交全国人大主席团，请八届全国人大一次会议主席团将该建议列入大会议程。有代表认为，把中共中央的修宪建议直接提交全国人大不符合《宪法》第64条第1款规定的修宪程序。③ 中共中央的上述补充建议遂由北京市等32个代表团的2383名代表签名，于3月23日以代表提案的方式，向八届人大一次会议提出了《对中华人民共和国宪法修正案草案的补充修正案》。该修宪提案提交全国人大后，全国人大主席团将其列入会议议程，并将其和全国人大常委会的修宪提案合并，形成一份修宪提案，交付大会表决，形成我国《宪法》第3条至第11条宪法修正案。

在普通法律的立法过程中，执政党并不需要（事实上也不可能）如宪法修改那样先起草一个具有明确指导意义的建议稿。实践中，执政党在领导立法方面已经形成一套行之有效的方式或方法。

---

① 执政权包含着决策权与政治议程控制权。由于修改宪法属于事关全局的重大政治活动，因此执政党必然会在这一过程中发挥决策者与议程控制者的作用。[英]安德鲁·海伍德：《政治学》，张立鹏译，中国人民大学出版社2006年版，第12页。

② 刘政：《我国现行宪法修改的原则、方式和程序——1988年、1993年和1999年三次修宪回顾》，载《中国人大》2002年第21期。

③ 刘政：《我国现行宪法修改的原则、方式和程序——1988年、1993年和1999年三次修宪回顾》，载《中国人大》2002年第21期。

（二）执政党领导立法的方式

立法是一种由不同的主体共同参与的极其复杂的国家决策行为，在这一过程中，执政党行使的只是领导权，而不是包揽立法上的一切具体事务的权力。执政党在行使领导立法的权限时应当尊重立法机关主导立法的权限。执政党领导立法的方式也是宪法确立的国家权力秩序的重要组成部分。因此，本部分虽然侧重描述执政党如何领导立法的"基本事实"，然而本质上仍是在探索领导权运作的规范性问题。

一是政治审查。在当下中国，执政党对立法的领导首先体现在对立法的政治审查上。审查的主要目标就是确定立法的具体事项是否与立法的政治原则（即四项基本原则）相符合。立法的政治原则的核心内容是坚持中国共产党的领导、坚持马克思列宁主义和毛泽东思想与中国特色社会主义理论（即邓小平理论、"三个代表"重要思想、科学发展观与习近平新时代中国特色社会主义思想）。[①] 立法的政治审查目的有两个：①维护执政党在国家政治生活中的政治权威；②守卫执政党所秉持的政治意识形态。[②] 政治审查是执政党保证立法秩序与国家权力秩序相一致的最为重要的方式。

二是议题控制。在美国，利益集团作为重要的政治力量，具有很强的政治议题和立法议题的形成与表达能力，执政党必须对利益集团的政治诉求与立法诉求作出积极的回应。中国的国情与之有很大的不同，不存在成熟的利益集团影响政治进程的情况。中国的政治议题与立法议题是在执政党广泛汲取与整合民意的基础上形成的。我国立法机关虽然是立法过程的主导者，但是其在立法议题的形成方面并非处于完全自由与自主的地位。执政党的决议和政策对立法具有宏观上的指引作用。执政党在重要的决议中作出的关于立法、法制和法治的方针以及有关国家与社会发展的重大决定都是国家立法的政策依据。[③] 执政党通过立法把自己的政策贯彻、体现到具体的法律、法规中去，使执政党的政策成为具有国家强制性的

---

① 我国《立法法》第 3 条明确地规定了立法必须遵循的政治原则。这是执政党对立法进行政治审查的规范依据。

② 正如前文所分析的那样，中国法治语境下的"政治意识形态"并非脱离现实的虚假意识，恰恰相反，它表达和承载的是执政党在改革开放的实践中形成的与时俱进的治国纲领和治国方略。

③ 在我国，国家政策与法律之间的关联性比较清晰、直接。正是基于这种联系性，一些法学者在解读新出台的法律（比如《中华人民共和国国家安全法》）或新修改的法律（比如《中华人民共和国立法法》《中华人民共和国行政诉讼法》）时，总是引用中国共产党十八届四中全会公报的相关内容，以证明这些法律的制定具有相应的政策根据。这种独特的论证方式从一个侧面揭示了政策与法律之间的关联性。

规范。在中国，各项重要的立法都是在党的政策指导下制定的。这实际上表明，执政党重视立法工作，主要是因为执政党将立法视为实现各个历史时期中心任务的手段。①

三是组织保障。执政党对立法的政治审查与议题控制必须依靠党组织才能顺利地进行。党组织之间的请示报告与意见交流机制为执政党领导立法提供了组织保障。比如，在一般法律的立法过程中，提案权人一般来说就是立法程序的启动者。根据《立法法》的规定，有权向全国人大与全国人大常委会提出法律案的各类主体中，除委员长会议、30 名以上联名代表与常务委员会组成人员 10 名以上联名委员外，其他主体之内均设有常设性的或临时性的党组织。执政党正是通过这些党组织实现对立法的领导。根据《中国共产党重大事项请示报告条例》的相关规定，凡涉及重大立法事项，有关国家机关的党组织应当向上级党组织进行请示报告。请示报告制度将执政党对立法的领导权与相关国家机关的提案权以及立法机关的审议权有机地结合起来，形成既有统一领导，又有分工负责的具有中国特色的立法秩序。

执政党对具体立法事项的领导最终需要对党员代表的领导才能实现。为此，执政党必须在各级人大代表的选举中将党员代表输送到立法机关中，这样才能保证执政党通过其党员代表在法律案的审议与表决程序中处于支配地位。②进入立法机关的党员代表具有双重身份，他不仅是党员，同时也是立法机关工作的具体承担者。执政党的党组织对这些党员领导能力的强弱直接决定着执政党对立法机关影响程度的大小。在实践中，执政党都会要求参加立法活动的党员自觉地贯彻党的路线、方针，每届全国人大开会前，由党中央召开全体党员代表大会，动员党员代表在人大会议上贯彻党的方针、政策。在具体立法过程中，通过党组织了解有关情况，反映有关意见，协调有关部门、有关方面的利益。提交全国人大及其常委会审议的有关草案，通常都由提交或起草法律案的部门的党组织事先向党中央报告立法的理由、原则和有关问题，由中共中央提出意见，然后才作为正

---

① 周旺生教授认为："解决中国未来立法的问题，实现中国立法的现代化，必须正确地解决党与立法的关系问题……60 年来，立法在各个时期的重心或主要任务，总是同执政党或党所领导的国家在各个历史时期的中心任务或中心工作水乳交融。"周旺生：《立法学》，法律出版社 2009 年版，第 100 页。

② 在推荐和选举代表的活动中，执政党都起着比其他任何党派、团体更为重要的作用，可以保证党员代表在各级人大及其常委会处于多数地位。在我国人大代表中，中国共产党党员比例约占 2/3，人大常委会中的党员比例约占 70%，人大常委会机关中党员比例高达 90%。周锦尉：《党总揽全局下发挥人大、政协作用探讨》，载《毛泽东邓小平理论研究》2005 年第 3 期。

式法律案提交全国人大或其常委会审议。在地方立法和国务院行政立法的过程中,党组织同样起着领导核心的作用。①

执政党对立法的领导对于国家意志的顺利形成起到了十分关键的作用。不过,执政党对立法的有效领导只是解决了国家权力秩序的部分问题,执政党领导立法的权力如何才能正当行使的问题,则需要从两个方面予以解答:其一,执政党的领导权必须符合人民主权原理的要求;其二,执政党的领导权必须符合宪法确立的基本价值秩序。

（三）人民主权的根本规范

中国宪法中最具有理论张力的问题就是人民主权条款与国体条款、政体条款之间的关系问题。我国《宪法》第2条第1款规定:"中华人民共和国的一切权力属于人民。"该款所表达的是人民主权原理,该原理已经得到世界各立宪国家的公认,也是世界各民主国家在设计本国国家机构、进行形式各异的权力架构时必须遵循的基础性规范。②《宪法》第1条"国体条款"确认中国共产党的执政党宪法地位,《宪法》第2条第2款"政体条款"确认了全国人民代表大会最高国家权力机关的宪法地位。这三条规范共同奠定了中国国家权力秩序的基础。其中,人民主权条款具有超越地位,人民主权是一切形式的权力的根源,无论是执政党的权力还是全国人大的权力,均来源于人民的授权。很显然,在"执政党领导立法"这个规范性命题中包含着双重关系,一是执政党与人民的关系,即如何厘清执政党意志与人民意志的规范关系;二是执政党与人大之间的关系,即如何厘清立法的领导者与立法的主导者之间规范关系。

1. 按照人民主权的要求形成人民意志

根据人民主权原理的要求,任何权力的产生与运行都应当遵循民主原则,这是任何形式的人民主权国家的国家权力秩序的根基所在。因此,执政党的意志只有与人民意志相符合,才合乎宪法确立的权力秩序,进而上升为国家意志。人民的意志是一个整体性、一般性的意志,它是在对不同的,甚至是相互冲突或对立的个别性或群体性意志进行平衡、整合的基础

---

① 周旺生:《立法学》,法律出版社2009年版,第153~154页。
② 芦部信喜认为,不仅国家权力来源于人民,而且国家权力行使的正当性也来源于人民。因此,宪法修改不能触碰作为宪法之根基的人民主权原理。[日]芦部信喜:《宪法》(第3版),林来梵、凌维慈、龙绚丽译,北京大学出版社2006年版,第36、347页。

上形成的。① 正确地表达人民意志是执政党领导立法的正当性根据。② 在长期的政治实践中，执政党主要通过两种机制来形成并表达人民意志：一是通过党内代表机制。执政党的政策与决策是党组织的党员干部经过讨论与表决而形成的，而党员干部的意见则是以党代表的意见为基础而形成的，党代表所表达的则应当是其所在区域或行业内的党员的意志或意愿。只有在党员能够真正地表达其所在区域或组织内广大群众的意志时，执政党的意志才能在逻辑上，同时也是在宪法规范意义上建立起与人民意志之间的真正联系。执政党意志形成的过程包含多个"意见或意志的传导"环节，其中任何一个环节运转失灵，都会损害其代表或表达功能，进而危及执政党的意志与人民意志之间的联系性。如果党组织试图简化程序，"绕开"党代表与党员直接联系人民群众，汲取与整合民意，那么党代表与党员的政治与法治功能就会逐步弱化。在这种情况下，党的代表性主要靠党员干部的行为来实现。二是通过民主协商机制，指执政党与党外（各民主党派以及社会各界无党派人士）代表，通过政治协商会的形式，就国家治理的重大问题进行意见交流和协商的机制。执政党通过这种机制可以高效地汲取与整合民意。至于这些党外代表如何建立、保持与被代表的人民群众之间的联系性，尚需进一步研究。

2. 领导立法时必须尊重人大的主导地位

根据宪法规定，国家立法权专属于全国人民代表大会及其常务委员会，这种权力是在执政党的领导下行使的。因此，领导立法的权力与主导立法的权力之间的规范关系是我国立法秩序的主要命题。执政党是通过立法机关中的党组织和党员代表贯彻执政党的主张来影响立法进程的。但众所周知，立法机关中，除了执政党的党员代表外，还有民主党派和无党派人士的代表。这些不具有执政党党员身份的代表并不直接受到执政党党纪的约束，他们在选民的授权与委托下自主地表达被代表者的意志。因此，从民主决策的角度看，在立法机关内部实际上也存在着执政党的主张与各阶层和界别非执政党代表的主张之间的竞争和协调关系。因此，如果

① 一切国家权力来源于人民这个表述，并不意味着人民具有意志的一致性，与此相反，它将人民意志的多样性与对立性设定为自己存在的前提条件，这些多样性与对立性的因素不断更新着政治统一体的创制，使其能够成为国家权力产生与作用所必需的前提条件。[德] 康德拉·黑塞：《联邦德国宪法纲要》，李辉译，商务印书馆 2007 年版，第 107 页。

② 党要确实地认识和了解人民群众中的不同阶层的不同的甚至矛盾的现实利益要求，通过提出正确的方针、政策，对这些不同的利益要求进行必要的整合，力求通过贯彻和执行这些方针、政策使各个阶层的利益要求都能得到适度的满足，表明自己有为实现全体中国人民的各个利益阶层的现实利益而奋斗的意识，也表明自己有实现全中国人民的各个利益阶层的现实利益的能力。张恒山：《中国共产党的领导与执政辨析》，载《中国社会科学》2004 年第 1 期。

非执政党代表在立法程序中不能或不愿意表达其真实的意见，那并非表明执政党领导立法取得了成功，而恰恰相反，它表明，执政党对立法的介入太深，对立法机关在不同政党或者界别之间进行意见统合中应当发挥的主导作用构成不利影响。在公共政策领域，凡是宪法上的民主原则不能得到切实贯彻的地方，都极有可能产生决策的偏差和失误。这种偏差和失误不会在立法的成果——法律制度上立刻体现出来，它是导致执法和司法工作常常处于难以"自圆其说"的困境之中的根本原因。实践证明，在立法环节，如果真实存在的各种利益诉求关系没有得到恰当协调，这种矛盾常常会延续到执法和司法工作中去。

执政党对立法的过度介入对于当前宪法确认的国家权力格局具有一定的破坏作用。这会导致庞大的人民代表大会系统在人力、物力资源上的虚置和浪费，无疑也会弱化民意机关在国家意志的形成方面所具有的天然优势。人们对民意机关的认同是他们对整个国家政权的认同的最为重要的组成部分。因此，执政党必须尊重在自己领导之下制定的宪法所确立的人民代表大会的宪法地位。立法机关是充分表达民意的场所，在这个场所里社会各阶层和界别之间在政治见解上展开比较充分的论辩，这本身就是立法工作的特色，各种意见的交锋和争论是国家政策得以形成必须依靠的信息基础。但是当意见分歧较大、难以达成共识时，就需要执政党这个政治上的权威进行多方协调和沟通，最终促成整体意志的形成。另外，立法机关的意见纷争背后往往顾及的是形式各异的局部性利益诉求，常常会忽视国家整体利益，因此，在国家统合原理的运用中，执政党不仅需要善于整合矛盾丛生的民意，同时还必须善于按照宪法的要求表达国家整体利益（比如国家安全的维护）。诚然，执政党也需要通过民主的方式争取人民和人大代表对其所表达的国家整体利益的认同和理解。

三、在宪法确立的价值秩序下领导立法

执政党领导立法不仅需要依照宪法确立的权力秩序，还必须遵循宪法确立的价值秩序。如此即可在规范意义上说明，执政党领导立法的权力不仅有合法性依据，还有其正当性基础。我国宪法明确地确立了两大价值目标，即守护国家目的与实现国家根本任务。这是执政党领导中国人民在长期的政治实践中达成的基本政治共识。执政党在宪法所确立的价值秩序下领导立法，是执政党依宪执政的最为重要的内容，也是证明执政党尊重宪法和维护宪法权威最有说服力的方式。

（一）为守护国家目的而领导立法

对于任何国家（共同体）的领导者而言，其首先需要弄清楚的是，"若干人之所以形成一个共同体，只是因为一个规范性秩序在调整着他们的相互行为"。① 而一个规范性秩序为什么会形成呢？如果没有某种支撑着这个规范秩序的被特定时代的人们所普遍接受的价值原则存在，那么这个规范性秩序又是如何可能的？在这个规范秩序的建构中，必须有一个表达国家目的的原则在发挥其关键作用。对于实践思维而言，人的群体为一个联结性的目的所统一。实现特定目的的职能的相同性和延续性使承担该职能的前后承续的载体表现为一个统一体。如果时间上共存的个体也能以同样的方式被共同的目的连接在一起，那么这些个体就能被统合为一个共同体。很明显，将个体统一起来的目的越强烈、越持久，统一体的特征就越鲜明。② 在近代宪法诞生之前，国家目的问题就被自然法学派以如下方式提出：国家如何在道义上和法律上成为可能，它如何使自己正当化；更准确地说，如何在个人面前得以正当化。③

中国（近代意义上的）立宪虽远晚于西方，但仍然无法绕开国家目的的理论思考与制度建构问题。在开始执政之前，中国共产党之所以能够取得革命的胜利，并最终掌握国家政权，其根本原因在于这个政党始终秉持并在实践上有效地贯彻了全心全意为人民服务的立党宗旨。这个立党宗旨是新的国家（共同体）得以形成的真正根基所在。在当下中国，能够在现实意义上将分散的个体凝聚成一个共同体的目的首先通过执政党的立党宗旨体现出来，而在新中国的立宪时刻，这种以政治话语形式表现出来的目的则会顺理成章地嵌入新中国的宪法，进而上升为法律意义上的国家目的。当然，无论是从法治理念还是从立法技术上看，我国宪法关于国家目的的规定都有深入研究的必要。我国宪法文本关于国家目的的表述显然承袭了政治话语的特色（即从文本上看依然保持着与政治语言高度一致的"为人民服务"的典型表述），但将国家目的归结为"为人民服务"，势必会引起宪法内部的诸多矛盾和冲突。④ 因此，对于中国宪法学而言，建构

---

① ［奥］凯尔森：《法与国家的一般理论》，沈宗灵译，中国大百科全书出版社1996年版，第205页。

② ［德］格奥格·耶利内克：《主观公法权利体系》，曾韬、赵天书译，中国政法大学出版社2012年版，第24页。

③ ［德］格奥格·耶利内克：《主观公法权利体系》，曾韬、赵天书译，中国政法大学出版社2012年版，第87页。

④ 陈玉山：《论我国宪法的效力根据——基于一种开放的规范主义立场》，载《浙江学刊》2010年第3期。

更为合理的国家目的是实现宪法体系化,甚至整个法秩序的体系化所必须承担的一种学术责任。世界各文明国家的法治实践均表明,保障公民基本权利乃近代立宪主义宪法以降无论各种性质的国家存在的目的。社会主义国家所应该做到的就是比资本主义国家更有效地实现这个目的。[①]2004年,我国宪法修正案第24条正式将"国家尊重与保障人权"条款置入宪法文本,从而为我国国家目的的建构奠定了明确的制度基础。[②]

在宪法学上厘清国家目的对于中国法治实践而言具有十分重大的意义。执政党作为宪法规范的对象,其在领导立法时首先必须以国家目的为根本性的指针。国家尊重与保障人权,首先就意味着执政党必须尊重与保障人权。因为,虽然不能将执政党等同于国家,但是执政党无论是在法律上还是在实践上行使国家权力的事实都要求执政党必须履行如下宪法义务,即执政党必须将国家目的贯彻到其领导的包括立法在内的所有公权力行为中去。诚然,在理念上认识到尊重和保障人权比较容易,而在实践上真正地做到尊重和保障人权则不仅需要政治担当,还需要有法律智慧。宪法上的基本权利具有原则的特性,需要立法者结合国家发展的实际情况在一般法律中予以具体化。这就要求,在立法中凡涉及基本权利保障问题,执政党必须慎之又慎,必须在最大限度上恪守不可在实质意义上否认基本权利的底线。守住这个底线就等于守住了国家和共同体得以形成并继续维系下去的道德基础。

(二)为实现国家根本任务而领导立法

虽然从终极意义上说,国家存在的目的就是通过有效地保障公民的基本权利,使每个公民有人格尊严地在这个国家生活;然而,国家目的的(规范性)理想却不容易实现。从宪法实践的实际情况看,国家目的的实现意味着,国家在面对公民提出的要求其作为或不作为的请求时,需要履行与这些诉求相应的宪法义务。国家义务,尤其是积极作为义务(比如发展教育、保护环境与保障社会保险等)的履行需要国家耗费大量的人力、物力与财力资源。很显然,为了实现国家目的,国家必须积极作为,维护和发展

① 世界上各个国家由于历史文化、经济社会发展水平以及自然环境等方面存在差异,因此在具体发展道路与政治体制的选择上会有所不同,但是在一些根本性的诉求方面,比如谋求人民的生活幸福以及基本权利的充分保障方面,世界各国还是遵循普世的价值标准的。

② 关于国家目的的具体论述,详见陈玉山:《中国宪法序言研究》,清华大学出版社2016年版,第117~120页。

公共利益（公共福祉），这是世界各国宪法的共同要求。^① 如果说，保障公民基本权利是国家（共同体）得以存在的道德基础，那么实现与维护公共利益则是国家（共同体）得以存在的现实条件。因而，国家在公法上的直接义务（责任）就是维护和实现公共利益。从中华人民共和国宪法实践的历史进程看，正是基于迫切地寻求摆脱国家贫弱状况的民族心理和现实压力，新中国成立以来的"四部宪法"^② 均选择在其序言中集中表达国家根本任务的内容，这个国家根本任务是对本国所欲实现的公共利益的最具个性化的表达。^③

我国宪法内在的体系性与逻辑性突出地表现在，它不仅在宪法序言中提出国家根本任务这个抽象层次最高的公共利益条款，而且颇具匠心地在宪法总纲部分将国家根本任务予以具体化，进而形成我国宪法之内除基本权利规范（体系）与国家机构规范（体系）之外的第三大规范体系。宪法总纲内的大部分条款（包括经济秩序、教育、科学、文化、卫生以及体育等方面的规定）都是公共利益方面较为具体的指导性方针。^④ 作为客观的法律制度，这些公共利益条款的意义非常重大，因为，一方面，正是基于这些条款，国家才能要求公民承担各种公法上的服从义务（比如纳税的义务、服兵役的义务等）并正当地行使其强制性权力；另一方面，国家必须通过立法将这些抽象的公共利益条款予以具体化。执政党在行使其领导立法的权力时，必须受到宪法上的公共利益条款的约束，在具体历史情境下按照民主程序汇集民意，充实（具有比较广泛的意志形成空间的）公共利益

---

① 传统的社会主义国家宪法均明确规定国家任务；以美国、德国与法国等为典型的西方国家虽然没有明确使用"国家任务"的表述，但这方面的内容隐含在国家机关的各项职能之中；而韩国、保加利亚等国宪法则介于上述两类宪法之间，既以比较集中的"纲领性条款"直接地表述国家任务，又在国家职能条款中间接地表达国家任务。陈玉山：《中国宪法序言研究》，清华大学出版社 2016 年版，第 105~108 页。

② 所谓"四部宪法"，只是一种通俗的说法，在中华人民共和国历史上，只有一次立宪活动，即始终只有一部宪法。1954 年宪法是我国宪法的最初形态，1975 年宪法是对 1954 年宪法的修改，1978 年宪法是对 1975 年宪法的修改，而现行宪法（1982 年宪法）则是对 1978 年宪法的修改。

③ 乔晓阳认为，我国宪法的核心要义是规定了国家的根本任务，为完成这一根本任务，确立社会主义制度为国家根本制度，而且实行的是中国特色社会主义。乔晓阳：《树立宪法观念和意识 正确贯彻落实基本法——乔晓阳在国家宪法高端论坛暨纪念香港基本法颁布 28 周年研讨会上的讲话》，https://mp.weixin.qq.com/s?__biz=MzA4NTIzNTU5Mw%3D%3D&idx=1&mid=2650771045&sn=1b0824e07d3c8018ca1236c768cf0718，访问时间：2022 年 7 月 16 日。

④ 我国宪法总纲除了国体条款（第 1 条）、政体条款（第 2 条）、民主集中制条款（第 3 条）、民族政策条款（第 4 条）、法治国家条款（第 5 条）、国家机关工作作风条款（第 27 条）、行政区划条款（第 30 条）、特别行政区条款（第 31 条）外，其余第 6 条至第 26 条，以及第 28 条、第 29 条都是关于公共利益的规定。

条款的具体内容。尤其是在立法方面，只要是在遵循民主的议事程序的前提下，执政党在具体化公共利益方面总是拥有十分明显的组织和资源优势。我国《立法法》第 5 条规定的立法应当坚持"从国家整体利益出发"的原则正是宪法上的国家维护公共利益的宪法义务在一般法律上的表现。对于我国立法学而言，深入研究执政党如何形成与维护国家整体利益这个问题，无论是理论上还是实践上都具有深远的意义[①]。

正是因为立法是实现依法治国的首要环节，执政党才对立法工作给予高度重视并在实践上试图全面控制立法。从执政权有效运用的角度看，这种做法似乎并不让人感到意外。因为控制立法就等于执政党可以高效地将其主张转化为国家意志，进而实现对整个国家的治理。不过，这并不意味着执政党对立法的领导可以取代人大对立法的主导。将执政党对立法的领导定位于政治原则的审查和宏观政策的输入上更加契合我国在权力架构上的基本要求。这种定位既有利于执政党将注意力集中在提升国家（公共）政策的水平上，保证立法在宪法的框架内规范运行，又有利于尊重与维护人大作为代表机关的宪法地位，充分发挥其汲取、整合民意与审议法律案的功能。总体而言，这种关系模式既能保证执政党在事关全局的重大问题上提出指导性意见，保证其对立法秩序的控制，同时又能维护国家与公民之间意见交流反馈机制的通畅，确保执政权始终在宪法所确立的国家权力秩序的框架内运行。

[①] 笔者认为，执政党在不同时期所做决议的主体部分都是在详细阐释宪法上的公共利益规定在当代的具体内涵。诚然，这种阐释也或隐或现地包含着某些宪法变迁的因素。

第三章　立法的宪法依据

在任何立宪国家，立法都是实施宪法中最为重要的公权力行为。尽管立法者具有非常广泛的意志形成空间，但立法在本质上依然是在法律的约束下进行的规范性行为。在现代各立宪国家，正是宪法为立法提供了根本性的活动准则。立法对宪法的具体化必须在宪法所确立的国家权力秩序与基本价值秩序内进行。然而，由于受立宪时期诸多条件的限制，我国宪法并没有像有些国家那样，在宪法文本中比较详细地规定了立法制度。[①]

经过改革开放 20 多年（1978—2000 年）的探索和经验积累，我国于 2000 年制定了详细确立我国立法制度的《立法法》（该法于 2015 年、2023 年进行了修改）。《立法法》的出台填补了我国法律体系的重大空白，是我国任何层次上的立法机关行使立法权时必须遵循的基本法律。《立法法》的颁布与实施并不意味着宪法在立法领域已无用武之地，毋宁说，《立法法》只是确立了我国立法体制（即立法原则、立法主体、立法权限和立法程序）的基本框架，它只是在比较宏观的层面上为立法机关提供了如何结合具体情况将宪法确立的权力秩序和价值决定予以具体化（法律化）的程序。至于为什么所有的立法必须以宪法为依据，通过立法实施宪法的具体内容是什么，以及如何通过宪法控制立法等重大问题，只有将立法与宪法联系起来进行考察，才能得到清楚的说明。

第一节　依宪立法的纷争与理据

在我国学界有一种比较有影响力的学术见解，即认为全国人大拥有高于宪法的权限。[②] 这种奇特的学术景象鲜见于法治发达的国家。在《物权

[①]　比如美国、德国等国家宪法均对立法机关的立法权限与立法程序作了规定，在没有制定内容详细的《立法法》的情况下，这些规定起到指引与规范立法活动的作用。

[②]　持这种观点的学者主要是我国当代比较著名的民法学者。相关论述详见梁慧星：《必须转变公法优位主义观念》，载《法制日报》1993 年 1 月 21 日第 3 版；梁慧星：《不宜规定"根据宪法，制定本法"》，载《社会科学报》2006 年 11 月 16 日。另外一位著名的民法学者徐国栋教授则认为："民法所调整的市民社会，为社会整体的二分之一（另一半为政治国家），因此民法是与宪法相并列的存在，高于其他部门法，为根本法之一。"这种"宪法与民法同位论"实际上也否认了宪法作为民法之立法根据的学说。徐国栋：《市民社会与市民法》，载《法学研究》1994 年第 4 期。以上对相关论文的列举并不全面。

法（草案）》讨论的过程中，梁慧星教授指出："《物权法（草案）》（第五次审议稿）第 1 条规定'依照宪法，制定本法'，将人民代表大会制度混淆于西方'三权分立'的政治制度，直接抵触和违背人民代表大会制度。"依照他的论证逻辑，正是因为全国人民代表大会在其产生的时候就拥有了包括制定宪法的权力在内的全部国家权力，因此其所行使的立法权不是依赖于任何法律规定而产生的，不是来自宪法的"授权"。^① 这里实际上已经触及中国宪法制度的根本问题，即究竟全国人民代表大会是制定宪法的机关，为不受宪法约束的国家机关，还是其权限来源于宪法并受宪法约束的国家机关。

很显然，梁慧星教授的上述论断已经并非个别性地认为包括物权法在内的民事立法不需要以宪法为根据，而是概括式地认定全国人大的所有立法都可以不受宪法的约束。这无疑在明确地承认全国人大的制宪权。而承认全国人大的制宪权的必然结论就是，由全国人大制定的所有的法律都与宪法具有同等的法律效力。按照这种逻辑，不仅宪法与民法无位阶上的高低之分，甚至所有由全国人大通过的法律在位阶上都与宪法相同。

一、立法权源于宪法的授予

从中华人民共和国立宪史的角度看，我国 1954 年宪法是由第一届全国人民代表大会第一次会议审议通过的，这的确是一件无可争议的政治事实。^② 然而，由这个历史事实却无法在规范意义上推导出全国人大高于宪法的结论。诚如梁慧星教授所言，实行三权分立的国家，是先召开制宪会议（国民大会）制定宪法，通过宪法将国家权力划分为"立法权、行政权和司法权"，并分设"议会、总统和法院"三个国家机关，再授权议会行使立法权，总统行使行政权，法院行使司法权。^③ 因此，在实行三权分立的国家，立法机关在宪法之下，其制定法律时，负有服从宪法的义务。中西方虽有政治体制方面的显著差异，但在立法机关是否服从宪法这一点上没有区别。按照梁慧星教授的逻辑，宪法典由哪个机关通过，哪个机关即具有至高无上的地位，这个机关是宪法所不能统御的特殊机关。很可惜，这样的机关在中西方成文宪法的立宪史中从未出现过。

以美国为例，当初由一些社会精英组成的制宪会议只是一个动议制定

---

① 梁慧星：《不宜规定"根据宪法，制定本法"》，载《社会科学报》2006 年 11 月 16 日。

② 1954 年 9 月 20 日，新中国宪法在第一届全国人民代表大会第一次会议上通过。许崇德：《中华人民共和国宪法史》，福建人民出版社 2003 年版，第 272 页。

③ 梁慧星：《不宜规定"根据宪法，制定本法"》，载《社会科学报》2006 年 11 月 16 日。

宪法并起草宪法的临时性机关，这个机关并不拥有直接决定宪法草案能否通过的权限。该草案必须由当时 3/4 以上的州批准后才算通过。由于美国式的立宪行为将表决权下放给各州，因此可将其视为一种典型的"分权立宪模式"。该模式为"非常时期"的人民"出场"直接参与制宪活动提供了机会。在宪法通过之后，制宪会议解散。此时，我们可以追问，产生并高于宪法的制宪权来源于哪里呢？没有人认为制宪会议拥有制宪权，在美国立宪时刻，制宪权无论从事实层面上还是从规范意义上看均来源于人民。这是近代立宪主义时代以降，宪法得以产生以及构筑宪法之根基的人民主权原理的要求。[①] 反观中国，1954 年宪法虽然由第一届全国人大第一次会议通过，但这仅仅表明，中国当时的立宪行为根据本国的具体情况采取的是一种较为典型的"集权立宪模式"[②]；这只是表明，第一届全国人民代表大会第一次会议（基于人民的充分信任而代表人民）扮演了制宪机关的角色，宪法一经通过，该次会议所履行的制宪会议的功能即告结束。作为一个常态化的国家机关，全国人民代表大会在我国法秩序内从未拥有过制宪权，只能按照宪法的授权行使修宪权、立法权以及重大人事任免权等国家权力。宪法没有，也不可能认可全国人大拥有制宪权。制宪权的主体在世界各立宪国家都是一样的，即都是人民。

倘若对 1954 年宪法以及现行宪法的文本内容进行分析，梁慧星教授关于全国人大与宪法之间关系的论断更缺乏规范依据。中华人民共和国成立后出现的四部宪法，即 1954 年《宪法》第 2 条、1975 年《宪法》第 3 条、1978 年《宪法》第 3 条以及 1982 年《宪法》第 2 条，均在规范意义上确认"中华人民共和国的一切权力属于人民。人民行使权力的机关是全国人民代表大会和地方各级人民代表大会"[③]。人民是拥有包括制宪权在内的国家主权的主体，全国人大只是在人民的授权之下代表人民行使国家权力的机关，不能将两者等同视之。全国人大虽然在组织意义上早于宪法而

[①] 芦部信喜指出，如果（宪法）修改权将自身存在之基础的制宪权之所在（国民主权）加以变更，则属于"自杀行为"，在理论上不被容许。[日]芦部信喜：《宪法》（第 3 版），林来梵、凌维慈、龙绚丽译，北京大学出版社 2006 年版，第 347 页。

[②] 这种说法并不具有十分精确的含义，它只是表明作为最高权力机关的全国人大自己就能决定通过宪法的决议，而不需要获得符合特定比例的地方国家机关（比如省级人大）的批准。按照许崇德教授的描述，1954 年宪法草案由毛泽东为首的起草小组写成，但在该草案草拟的过程中，不仅前后开了七次宪法起草委员会会议进行深入的讨论，而且确实广泛征求了社会各界的意见。这种民主形式与西方有所不同，具有协商民主的性质。许崇德：《中华人民共和国宪法史》，福建人民出版社 2003 年版，第 167~242 页。

[③] 1975 年宪法的表述与其他三部宪法的表述稍有不同，它将人民行使权力的机关确定为"以工农兵代表为主体的各级人民代表大会"。

存在，但其规范意义上的存在最终是由在时间上比其出现更晚的宪法确立的。这是由中华人民共和国成立时期的特殊情况决定的。1953 年 1 月 13 日，中央人民政府委员会举行第二十次会议，会议根据《中央人民政府组织法》第 3 条的规定①，通过了《关于召开全国人民代表大会及地方各级人民代表大会的决议》。② 从宪法文本的明确规定看，全国人大的权限是由在时间上比其更晚产生的宪法赋予的。我国 1954 年《宪法》第 27 条、第 28 条与第 29 条明确规定了全国人大所享有的各种权限，其中并不包含制定宪法的权力。虽然 1954 年《宪法》第 27 条第 14 项、1978 年《宪法》第 22 条第 10 项以及 1982 年《宪法》第 62 条第 16 项都有关于全国人大拥有权力的兜底条款的规定，但目前尚未见任何学说或官方声明，认为该条款包含全国人大的制宪权。1975 年《宪法》第 17 条、1978 年《宪法》第 22 条与第 23 条以及 1982 年《宪法》第 62 条、第 63 条与第 64 条也是如此。我国宪法从未也不可能认可全国人大的制宪权。这是中国宪法制度自始以来的一贯要求。

全国人大是在宪法的授权之下行使国家权力的国家机关，它负有按照宪法行使职权的宪法义务。现行《宪法》第 5 条规定："一切法律、行政法规和地方性法规都不得同宪法相抵触。一切国家机关和武装力量、各政党和各社会团体、各企业事业组织都必须遵守宪法和法律。一切违反宪法和法律的行为，必须予以追究。"这是宪法向作为立法机关的全国人大下达的准确无误的命令：必须根据宪法，制定法律。无论是从学术意义还是从实践意义上看，在宪法的所有功能中，最为重要的就是控制立法。③ 如果梁慧星教授的上述观点是正确的话，那么宪法不具有约束国家权力的根本法地位，因为全国人大可以完全按照自己的意志制定法律，这将不可避免地导致"它说宪法是什么，宪法就是什么"的荒谬结论。果真如此，在中国，合宪性审查制度无论在理论上还是在实践上再也没有探讨的必要。④ 几乎每一个成文宪法国家均遵循宪法至上原则，而不是议会至上原则。英国

① 该法第 3 条规定："在普选的全国人民代表大会召开前，由中国人民政治协商会议的全体会议执行全国人民代表大会的职权，制定中华人民共和国中央人民政府组织法，选举中华人民共和国中央人民政府委员会，并付之以行使国家权力的职权。"

② 许崇德：《中华人民共和国宪法史》，福建人民出版社 2003 年版，第 168~171 页。

③ 张千帆教授认为，宪法的主要职能就是保证立法者所制定的法律具有"法"所应有的理性与目的。张千帆：《宪法学导论》，法律出版社 2004 年版，第 26 页。

④ 依照戴雪之观点进行判断，像中国全国人大及其常委会这样的立法机关与英国的"巴力门"不可等量齐观，其并非"主权的立法机关"（即仅拥有立法的权限，而并不拥有制宪的权限）。[英] 戴雪：《英宪精义》，雷宾南译，中国法制出版社 2001 年版，第 162 页。

沿袭议会至上原则，至今都无成文宪法。① 宪法是包括民法在内的所有法律的立法根据的判断，是宪法的最高法与根本法地位所包含的规范性结论，也是市民社会及其市民法自身在资产阶级革命的背景下向法秩序提出的客观要求。无论是公法学者还是私法学者都应当摈弃抽象的公法优位或者私法优位二元对立的概念式思维模式，只有贯彻体系化的思考方式，才有可能真正厘清，到底宪法是否为（包括民法在内的）所有法律的立法根据。

二、依宪立法的形式性依据

宪法成为包括私法在内的所有法律的立法依据的形式性理由在于，所有的一般法律均毫无例外地从宪法那里获得它们的效力根据。

要理解上述判断，有必要重温凯尔森曾经提出的"法律体系如何可能或者在法学上法律规范、法律义务、法律权利等所有这些法学陈述如何可能"的命题。依凯尔森之见，这一问题是和规范效力的理由问题密切联系在一起的。在规范领域内，一个规范效力的理由始终是一个规范，而不是一个事实。探求一个规范效力的理由并不导致回到现实去，而是导致回到由此可以引出第一个规范的另一个规范。探求规范效力的理由，并不是像探求结果的原因那样，是一个无止境的回溯；它终止于一个最高规范，这个最高规范是规范体系内的效力的最终理由，即基础规范。从逻辑上看，基础规范是法律体系能够成立的必要的预定。只要一个法律规范决定着创造另一个规范的方式，而且在某种范围内，还决定着后者的内容，那么，法律就调整着它自己的创造。② 基础规范作为法律体系成为可能的预定，其在实在法内的"肉身"就是宪法，因为实在法体系内的所有法律规范都是由宪法赋予权限的主管机关（即立法机关）按照法定程序制定出来的。在我国的实在法体系内，宪法之所以成为包括私法在内的所有一般法律的立法根据，是因为它们都从宪法那里获得其效力根据，它们都是从宪法那里获得授权的全国人大及其常委会按照法定程序制定出来的。上文关于宪法与全国人大之间关系的判断不仅涉及宪法是否在实在法体系内具有最高权威的问题，它也是决定统一的法律体系如何可能的关键所在。坚持民法优位论在学说上的危害性很大，因为它不仅否认了宪法在我国法律体

---

① [美] 安·赛德曼、罗伯特·鲍勃·赛德曼、那林·阿比斯卡：《立法学：理论与实践》，刘国福、曹培等译，中国经济出版社 2008 年版，第 373 页。

② [奥] 凯尔森：《法与国家的一般理论》，沈宗灵译，中国大百科全书出版社 1996 年版，第 141 页。

系内的最高权威，也会不可避免地否认统一的法律秩序在中国存在的可能性。梁慧星教授为了证明民法无须从宪法那里获得立法根据，还试图从宪法体制的角度推论出全国人大高于宪法，乃至全国人大制定的所有法律均与宪法在效力上平等的结论。①

需要说明的是，本书主要围绕"统一的法秩序如何可能"这个问题的探讨，来阐明民法与宪法之间的效力关系问题。统一的法秩序的形成必须以某个对复杂多样的具体法律制度肩负统合功能的高级法的存在为前提，这个高级法只能是以法典形式存在的宪法。上文关于全国人大与宪法之间关系的界说，只是从宪法发生史意义上说明宪法是统摄包括私法在内的整个法秩序的根本法与最高法。宪法作为所有立法的法律根据首先是从形式上予以认定的。

宪法有资格作为一般法律的立法根据，可以从以下三点予以形式上的判断：第一，宪法的最高法与根本法地位是由其自身予以确立的。对于以法典形式存在的宪法来说，无论宪法典对宪法自身的最高法地位是否明确地作出规定，这都是一种比较普遍的看法。更何况，我国宪法典在其序言部分最后一个自然段以及正文第 5 条明确地规定了自身的最高法与根本法地位。任何强调私法优位的观点在实在法以及法律位阶意义上都是不能成立的。第二，宪法的最高法与根本法地位必须借助法典形式予以保障。上述关于宪法之最高法与根本法地位的确立是有条件限制的，因为它只适用于成典宪法，对于像英国那样没有宪法典的国家，宪法性法律与其他法律不存在位阶与效力上的高低之分。② 是故，根本法之概念在英国议会主权至上思想处于支配地位的情况下，在法律体系内已经失去存在的空间。"从历史的角度来看，近代成文法实践在刚开始的时候是为了对抗英国那种主要基于习惯与惯例的宪法实践。"③ 更为重要的是，人们基于宪法在法体系内具有极端重要性的认识，认为有必要通过权威的机构与权威的程序以成文（准确地说是成典）的形式将其内容固定下来，这样不仅可以使宪法变得容易证实，也可以保证宪法的稳定性，防止其处于不确定或朝令夕改的状态。如果将宪法典作为判断宪法存在的依据，那么英国就没

---

① 陈玉山：《中国宪法序言研究》，清华大学出版社 2016 年版，第 177 页。

② 在英国，虽然在巴力门主权之下，宪法性法律与一般法律处于同等位阶，但是宪法性法律并不因此就失去根本法特性。因而，其相关宪法性规定（比如，人权规定以及国会与内阁之关系方面的规定）在法治实践中是否就与其他普通法律具有相同的地位，则不无疑问。因此，即便是英国这样的不成典宪法国家，其法秩序的稳定性与统一性也是需要依赖其实质意义上的宪法（包括宪法律和宪法惯例）才能实现。

③ ［德］卡尔·施米特：《宪法学说》，刘锋译，上海人民出版社 2005 年版，第 18 页。

有这种形式意义上的宪法。第三，宪法的最高法与根本法地位是通过宪法自身确立的繁难的修改程序予以保障的。与宪法法典化所追求的目标相同——确保宪法的持久性、稳定性与权威性，成典宪法本身［宪法上的刚性条款（entrenched constitutional clauses）］通常都规定比较繁难的修改程序。以宪法修改程序为标准可以将宪法区别为"刚性"宪法与"柔性"宪法。所谓刚性宪法就是指通过设定一定的程序确保宪法修改比普通法律修改更为困难的宪法。目前世界上完全禁止对宪法上的任何条款进行修改的宪法，即绝对刚性的宪法并不存在。对宪法修改程序与普通法律的修改程序不作区分的宪法，称为"柔性"宪法。在英国，宪法性法律分散在大量法律文件之中，不存在宪法性法律对立法机关的修改权的宪法限制。也就是说，在英国，宪法是什么，是由立法机关说了算的。在这一点上，梁慧星教授所主张的观点恰恰印证了英国的宪法体制与宪法实践。① 一般认为，英国宪法即柔性宪法的典范。除了新西兰等少数国家宪法外，所有的成典宪法都处于绝对刚性宪法与柔性宪法之间，它们在宪法修改方面设置的障碍在程度上存在着一定的差别。其中，有的国家的宪法修改由议会的绝大多数就可以完成，有的还必须要求其他机构或人民（选民）的合作和同意才能完成。可以看出，刚性宪法主要是一个与成典宪法密切关联的概念。

以上三个判断宪法之最高法与根本法地位的标准之所以是形式性的，那是因为它们是从实质意义上的宪法派生出来的观念，因此只能从相对的意义上去理解。如果将宪法在形式上的特征错误地当作其本质，那么在理论与实践上都会面临严峻的挑战。比如，说宪法是效力最高的法律，必须从宪法规定的实质内容上才能得到理解，而且这是将宪法作为一个整体加以判断的，尤其是从宪法典的角度上去判断的。构成宪法的所有的条款具有同等的重要性吗？② 构成宪法的所有条款都比一般法律效力高吗？即便宪法比一般法律效力高，且被认为是一般法律的效力来源，然而它又在何种意义上成为一般法律，尤其是民法的立法根据？宪法果真把构成一国法秩序的最为根本或基本的内容都规定在宪法典里了吗？难道在宪法实践中至为重要的宪法惯例在效力上低于宪法典内的某些规范？③ 正是认识到

① 陈玉山:《中国宪法序言研究》,清华大学出版社 2016 年版,第 182 页。
② 关于何为构成宪法的最为重要的内容,规范论与事实论提供不同的答案。比如我国当下的规范宪法学与政治宪法学就分别提出了不同的,甚至是对立性的看法。
③ 诚如劳伦斯·却伯所言,正是位于宪法典之外的"'看不见的宪法'告诉我们什么样的文本被接纳为美国的宪法,以及赋予那种文本多大的效力"。See Laurence H. Tribe, *The Invisible Constitution*, Oxford University Press, 2008, p.9.

从形式上理解与适用根本法具有局限性,K.C. 惠尔(K.C. Wheare)教授适切地指出:"在某些宪法中,对宪法的任何部分的任何种类的修改,只能通过某种一致的修改过程来完成。设计这种过程的本来目的是保障宪法的某些特定部分,但是,后来,它的适用范围被扩展至整部宪法。这是没有必要的。完全正当的说法是:宪法的某些部分可以通过立法机关的简单多数来改变,其他部分只能由人民的同意来改变。"[1] 更为重要的是,宪法设计的繁难的修改程序能否达到保障宪法持久性与稳定性的目的,还要取决于现实中起主导作用的政治力量是否真的就宪法中的规定达成了共识,否则,只要"某一党派或党派联盟在议会中占有必要的多数,并且能够以某种方式满足繁难的先决条件,这种保证和稳定性显然就不起作用了"。[2]

三、依宪立法的实质性依据

包括私法在内的所有一般法律不仅从宪法那里获得效力根据,更为重要的是它们还从宪法那里获得价值导向上的实体性规范根据,如此,法律秩序不仅表现为外在形式上的统一,还具备内在精神上的统一。

几乎所有的私法优位论者对宪法在形式上的最高法与根本法地位视而不见。他们更愿意从法社会学的意义上强调私法对于现代中国市场经济与法治社会形成,乃至健康发展的重大意义。诚然,在中国实行计划经济的历史背景下,私法与私权的作用空间极为狭小,甚至在某些方面被压缩至零,相形之下,国家公权力广泛作用于社会生活的方方面面。在改革开放的过程中,私法与私权的观念伴随着市场经济的繁荣而逐渐发展起来。在这种情形下,强调私法地位与私权保障的重要性无可厚非,因为这不仅是现实的经济与社会发展的内在需要,而且是对私法与私权观念相对淡薄的中国传统法制结构进行改良的需要。然而,私法毕竟只是法秩序之一部分,过度抬高其作用,将会妨碍我们对何谓统一法秩序的正确认识。当然,私法优位论者矫枉过正的做法也不可避免地导致他们集体性地无视,甚至蔑视宪法至上的不良后果。

如果简要地考察一下我国当下市场经济以及市民社会成长的特点,我们就会发现它不是自然生长的结果,相反,它是自上而下有意识改革的产物。在改革开放的进程中,我国宪法作了相应的修改,这是一个为市场经

---

① 就此而言,印度宪法作了有益的探索。它将涉及各州与联邦之间关系的规范修改与其他部分的修改予以区分,从而避免了一体化修改程序带来的弊端。See K.C. Wheare, *Modern Constitutions*, Oxford University Press, 1966, p.142.

② [德] 卡尔·施米特:《宪法学说》,刘锋译,上海人民出版社 2005 年版,第 22 页。

济以及市民社会的逐步发展奠定法秩序的过程。中国的市场经济的发展在宏观上是由公权力主导的，在微观上是由在利益驱动下的公民不断累积起来的。诚如韩大元教授所言："从《物权法（草案）》制定的环境与基本条件看，没有宪法确认的市场经济制度、没有宪法对私有财产权地位的充分肯定、没有宪法对国家基本经济制度的确认，《物权法》的制定也会失去必要的社会基础。应当承认，2004 年的宪法修改为《物权法》的制定提供了理念支持与良好的社会环境。在宪法规范不承认个人的私人财产权，不保护私人财产权的环境下，仅仅依靠《物权法》是不能承担保护私有财产权功能的。"① 很显然，离开以保障公民基本权利与权力制约为主要内容的宪法性支撑，为市场经济与市民社会的发展直接提供规范依据的私法是很难发挥其社会功能的。

要解释清楚宪法在实质意义上是私法之立法根据的问题，必须说明私法在宪法上的立法根据究竟体现在哪里，也就是说，没有宪法，私法是否能真正实现自治？在宪法统揽法秩序之全局的情况下，私法自治究竟有多大的空间？以及宪法在规范效力上是如何向私法辐射的？有国家以来的历史已经证明，撇开政治国家的私法自治只有在观念层面上存在过，或者说，即便是在法秩序的范围内，私法自治也是有条件限制的。原因在于，所有时代的公权力均不允许一个不受其控制的所谓私法自治的独立王国存在。市民社会不断发展的历史就是它与政治国家的斗争的历史，这场斗争最终不是以否定政治国家的存在，而是以产生以保障市民社会和市民权利为目标的宪法作为其最终的胜利成果，因为人们相信唯有立宪主义意义上的宪法才能在精神实质上真正改造政治国家的性质，而市民社会及其法权形式即市民法才能获得其最为完善的历史形态。正是立宪主义的宪法界定了政治国家，同时也不可避免地界定了市民社会及其市民法在整个国家法秩序内的法律地位。立宪主义的宪法不仅是对人类自身历史经验的总结，也是为了实现人类的幸福生活而描绘的最具智慧的规划蓝图，其精神实质有以下几个方面：

（一）以保障基本权利作为核心价值诉求

对于宪法的这种特质，卡尔·罗文斯坦作了最为经典的表述，他认为立宪主义的宪法不得不为个人自律的领域，即个人权利和自由作出明确的确认，同时不得不因为某个特定的权力持有者或者整体的权力持有者可能实施的侵犯而对此领域作出保护性的规定。宪法所保障的这个私人领域

---

① 韩大元：《由〈物权法（草案）〉的争论想到的若干宪法问题》，载《法学》2006 年第 3 期。

就是市民法所调整的市民社会。① 那么，宪法是如何实现这个仅凭市民社会自身无法实现的目标的呢？

一是基本权利的"王牌"。宪法不直接调整公民之间在市民法上的法律关系，它以调整公民与国家权力（主要表现为立法、行政与司法权力）之间的关系直接或间接地保障公民在市民法上的权利和自由。立宪主义的宪法将国家（权力）视为侵犯公民权利和自由最为重要（而非全部）的来源，因此，防御性自由至今仍然是公民基本权利谱系中最为核心的部分。在国家权力中，由于行政与司法行为都以代议制机关制定的法律作为其行为的依据，因此其侵犯公民权利和自由的行为绝大部分已被立法行为所吸收，立法权成为国家权力分支中侵犯公民权利和自由最为主要的来源。② 是故，在西方宪制比较成熟的国家，公民均可以侵犯其私法上的权利的法律违宪为由，提起违宪审查或宪法诉愿的请求。私法优位论者应该明白，在政治国家不可避免的情境下，是宪法为市民社会保护其所谓的私人自治空间提供了法治基础。

二是权力分立与相互制衡的政治架构。诚然，要发挥公民基本权利的"王牌"作用，还必须以国家权力的分立与相互制衡的政治架构作为前提。无论是公民还是各类社会组织，在实力强大的国家权力面前都是非常弱小的。由宪法所安排的法权关系，尤其是公民与国家之间的关系，必须借助国家权力的分立与相互制衡才能实现。因此，宪法上的公民与国家之间的关系表面上看是公民直接面对国家，实际上是公民通过借助某一个国家权力的分支才能实现对另外一个国家权力分支的法律制约。这是市民社会在现代法治条件下所能获得的最为精巧的自我保全技术。倘若一个国家不能有效地约束它的政府的权力，市民社会及其市民法是不可能独善其身的。任何民事立法背后都有一个国家权力矗立在那里，这是一个毋庸置疑的事实。宪法上所有约束国家权力的规范都与基本权利规范一起塑造本国市民社会及其市民法的性格。

（二）为政治国家提供了编程原理

自立宪主义宪法诞生以来，政治国家就以人民主权原则作为其国家权力形成与运作的基本原理。人民正是运用民主程序选举他们的代表，表达他们的政治意愿并最终促使国家法意志的形成。政治国家的民主性质以及与这种性质相协调的所有制度安排为市民社会健康发展提供了根本性

① 林来梵：《从宪法规范到规范宪法——规范宪法学的一种前言》，法律出版社2001年版，第314页。

② 张千帆：《宪法学导论》，法律出版社2004年版，第26页。

的政治保障。为了这个目标,宪法必须切实保障公民所享有的除人身自由、契约自由与财产之外的一系列政治权利和自由,因为政治权利和自由既是人民主权原则及各种具体的民主制度的必然要求,同时也是实现人民主权原则及各种具体的民主制度所不可或缺的前提条件。相对于宪法所保障的公民的一系列与市民社会相适应的私权,政治权利则是一种实现这些权利所不可或缺的程序性权利。倘若想要实现私法优位论者所持有的政治情怀即通过强调民法的基本性、独立性或者根本性,不仅要实现公民私权的保障,而且要实现对公权力的制约[①],势必仍需回到宪法上来,才能找到其制度性根据。[②]

宪法虽然有其特有的方式,即围绕所谓的宪法关系来间接地调控着市民社会,但是它对市民社会自身暴露出来的问题并非漠不关心或缺乏回应能力。在实然的私法领域,确实存在着规范意义上的平等主体之间在实力上的不对等关系。市场经济越是发展,一些私法组织越是强大(肥大化的私人),虽然它们不具有公法授予的国家权力,但在处理这些私法组织与和它们有平等私法地位的私人,尤其是与和它们有经营上或内部管理上的从属关系的私人之间关系时,私法自治可谓岌岌可危。正是基于这种事实,传统的宪法效力范围理论发生了变化,从而认可宪法由只限于调整公民与国家关系转向有条件地调整公民之间的私权之争。[③]

四、在程序性与实体性宪法模式之间

宪法在一个国家的诞生并不意味着这个国家的执政者与国民对本国宪法的根本精神作同样的理解。对于宪法实践比较成熟的国家来说,这已经不是什么重要的问题,因为人们已经就宪法的根本精神达成基本的共识,宪法得到有效实施的事实也反过来证明这种共识的存在。对中国而言,这个问题依然值得关注,因为社会各界,尤其是学界对宪法的理解还存

---

① 韩世远教授曾明确地指出:"中国民法典的政治使命就是促进中国民主政治的发展和法治建设的实现。"韩世远:《论中国民法的现代化》,载《法学研究》1995 年第 4 期。与此类似的观点详见邱本、崔建远:《论私法制度与社会发展》,载《天津社会科学》1995 年第 3 期;王利明:《我国民法的基本性质探讨》,载《浙江社会科学》2004 年第 1 期;郭明瑞:《论公法与私法的划分及其对我国民法的启示》,载《环球法律评论》2006 年第 4 期;梁慧星:《靠什么制约公权力的滥用》,载《经济管理文摘》2006 年第 18 期。

② 笔者并不否认私法对国家权力具有法律上的约束力,但这种约束力只有在国家机关以私法主体的身份参与民事活动以及国家机关(主要指司法机关)以民事争议的裁判者的身份出现时,才直接作用于国家机关。

③ 关于宪法对私权的效力之争问题,学界有"直接效力说"与"间接效力说"之争。林来梵:《从宪法规范到规范宪法——规范宪法学的一种前言》,法律出版社 2001 年版,第 100~104 页。

在分歧。这不仅影响宪法的实施，也牵涉到对民事立法是否须依据宪法等问题的答复。

诚如上文所述，立宪主义意义上的宪法正是通过权力分立与相互制衡的政治架构来实现保障公民基本权利的目的。[①] 宪法的这种实质性内容能否得以实现，尚需精细化地考察国家权力与基本权利之间究竟存在怎样的关系。如阿列克西所言，只有通过比较纯粹程序性的与纯粹实体性的这两个极端的宪法模式，才可以了解基本权利所意旨者为何。在纯粹程序性的宪法模式中，宪法完全由组织与程序规范构成。对立法机关而言，有规则地且按照规定的程序与形式产生的所有事项都是实在法。一种纯粹程序性的宪法只能对何者可以成为实在法的内容起到间接的作用。在纯粹程序性宪法模式之下，立法机关的意志对于法律的内容具有最终的决定性。这种模式相当于这样一种基本权利理论，即按照这种理论，宪法基本权利对立法机关不具有约束力，也就是说，在这种理论之下，立法机关具有只要按某种形式就可任意限制宪法基本权利的权限。在这种理论之下，宪法自由就会成为乔治·耶里涅克所说的"不受非法力量干涉的自由"，而且宪法基本权利的实体意义就会缩减至零。[②] 在这种情况下，宪法就是凯尔森所言的为制定法律提供权威的且其本身并不具有特定内容的授权规范，而法律体系就是一个动态体系，构成这个动态体系的"诸规范，只能由那些曾由某个更高规范授权创造规范的个人通过意志行为而被创造出来"。[③]

与纯粹程序性的宪法模式相对应的是纯粹实体性的宪法模式。在这种模式之下，宪法完全由实体性的基本权利规范构成，通过运用某些方法就可以从中推导出法律体系内每一个规范的内容。以这种宪法所构成的法律体系就是凯尔森所言的静态法律体系，构成这个法律体系的"所有特殊规范，只能通过一种智力的作用，即通过从一般到特殊的推论才能得到"。[④] 如果真的有什么立法机关存在的话，那么它的作用就是限于宣告已经由宪法决定的事项。在纯粹程序性的宪法模式下，宪法条款范围内的规定所解决的事项，则由对纯粹实体性模式下的宪法条款之内容的承认所

---

① 需要说明的是，本部分关于宪法之实质性内容的论述并非对我国实在宪法之实质性内容的解释性描述。笔者并不认为基本权利的规定是我国实在宪法中唯一重要的实质性内容。

② See Robert Alexy, *A Theory of Constitutional Rights*, translated by Julian Rivers, Oxford University Press, 2002, pp.349-350.

③ [奥] 凯尔森:《法与国家的一般理论》，沈宗灵译，中国大百科全书出版社 1996 年版，第 127 页。

④ [奥] 凯尔森:《法与国家的一般理论》，沈宗灵译，中国大百科全书出版社 1996 年版，第 127 页。

取代。虽然符合纯粹程序性模式的宪法是完全可能的，但是纯粹实体性模式的宪法的存在会遭到质疑。朱利安·里沃斯认为，宪法存在于从纯粹程序性到纯粹实体性之间的一个幅度内。在戴雪式的议会至上观念里，联合王国的宪法便是尽可能接近于纯粹程序性的。它向任何内容开放，只要这种内容通过了特定的议会立法程序并具有合法的形式。除了实施一般性立法过程的程序性权利外，不存在什么宪法性权利。这种观念的危险性在于：此种法律体系亦向不正义的内容开放。另一方面，一部如德国宪法般将人权作为最高法而具有可实施性的宪法则有着变为纯粹实体性的危险。所有法律就都变成了解决宪法性权利与原则之冲突的外围工作，同时此种解决工作的正确性又是可以为司法所审查的。此时立法机关不再拥有任何独立自治的立法功能，这就导致承认正在运作中的民主立法实际上是无意义的。很显然，一些较为折中的解决方案是适当的。第一种解决方案是将宪法权利理解为是针对立法活动所设置的管辖权限制（jurisdictional limits）。立法机关可以做它乐意做的事，只要其不侵害特定的具体权利。这些权利的制约是绝对的。另一种替代性方法是将宪法权利理解为对落入其范围内的立法施加额外的程序性限制。此种限制仅是相对的，因为它们常常以某种方式被跳跃过去。[1] 从世界各立宪国的宪法实态与宪法实践的角度看，宪法既非完全实体性的，又非完全程序性的，而是具有实体与程序相混合的特征。它的实体性构成部分包括国家目的条款以及宪法基本权利规范，它的程序性部分的核心由关于立法程序的规范构成。笔者认为，这两种规范共同构成宪法的实质性内容，它们是一对矛盾统一体。一部成功的宪法必须将这两种因素恰当地统合起来。宪法不仅为立法机关的意志形成提供权威性的基础，同时，因为基本权利规范的价值核心与根本法地位，其也为立法机关的意志形成设置了实质性的障碍，即它在本质上要求法律必须具有或禁止具有某些内容。[2]

综上所述，以梁慧星为代表的民法学者正是将我国宪法理解为"完全程序性的"，因而他们才能顺理成章地得出全国人大高于宪法的结论，因为全国人大可以做它想要做的任何事情。既然全国人大可以通过立法任意

---

[1]　Julian Rivers, A Theory of Constitutional Rights and the British Constitution, See Robert Alexy, *A Theory of Constitutional Rights*, translated by Julian Rivers, Oxford University Press, 2002, pp. xix-xx.

[2]　凯尔森虽然认为实质意义上的宪法主要是由为立法提供权威的程序性规范构成，但是仍然认为宪法既可以决定未来法律的内容，又可以消极地决定未来法律必须不要某种内容。这种见地无疑是非常深刻的。[奥]凯尔森：《法与国家的一般理论》，沈宗灵译，中国大百科全书出版社1996年版，第143页。

地界定对于保障市民社会及市民法极其重要的基本权利,那么,主张以宪法作为民法的立法根据,岂不是作茧自缚、自讨苦吃吗?再加上一些学者对宪法上的政治性条款进行片面性的解释,更加剧了民法学者对在民事立法中标明"根据宪法,制定本法"做法的反抗情绪。之所以称之为"情绪",而非理性表达,是因为中国宪法自始就不应作如是理解。

五、依宪立法的宪法义务

全国人大及其常委会在立法时,是否必须在所立法律(通常在第 1 条立法目的条款)中标明"根据宪法,制定本法"的字样呢?从以往的立法实践看,全国人大及其常委会的做法并不统一,有时标明,有时没有标明,似乎没有什么规律可言。比如,同为私法,《物权法》《民法通则》《著作权法》等都标明"根据宪法,制定本法"字样,而《公司法》《合同法》《婚姻法》《继承法》《担保法》《商标法》等却没有标明;与此类似,在公法的范畴内,《选举法》《立法法》《行政复议法》《国家赔偿法》《行政处罚法》《行政许可法》《行政强制法》等都标明"根据宪法,制定本法"字样,而《全国人民代表大会组织法》《国务院组织法》《人民法院组织法》《治安管理处罚法》等却没有标明。[1] 这种现象所反映的已经不再是单纯的立法技术问题,而是作为立法者的全国人大及其常委会如何履行其宪法义务的问题。

全国人大及其常委会在立法时,在法律文件中标明"根据宪法,制定本法"字样并非只是个形式问题,毋宁说,它意在表明,立法者已经将宪法作出的基本价值决定内化于具体法律之中。[2] 我国《宪法》第 5 条第 2 款规定:"国家维护社会主义法制的统一和尊严。"作为立法者,全国人大及其常委会乃是维系国家法制统一的"首要责任主体",其所负有的宪法义务就是以宪法为根本指针完成各项立法任务。而这种宪法义务能否真正地得以履行,则不仅取决于全国人大及其常委会是否遵循宪法上的授权性规定以及立法程序规定,而且取决于其是否能够落实国家目的和国家根本任务等实质性宪法内容。因此,无论是从宪法的程序性还是从宪法的实体性的角度看,立法机关都应当毫不迟疑地在每一部法律中写明"根据宪法,制定本法",因为这是其不容置疑的宪法义务。

---

[1] 此处所引部分法律随着近年来的陆续修法已经失效。
[2] 韩大元教授认为:"在基本法律上写不写'根据宪法'并不只是形式问题。"参见韩大元:《由〈物权法(草案)〉的争论想到的若干宪法问题》,载《法学》2006 年第 3 期。

第二节　通过立法实施宪法

当今世界典型的立宪国家不仅通过立法机关制定法律实施宪法,而且通过司法机关(无论是普通法院,还是宪法法院)以裁判案件的方式直接实施宪法。在这些国家,关于宪法在特定历史条件下的具体内涵是什么,不是仅由一个国家机关说了算的。这种宪法实施体制贯彻的是权力分立与相互制衡的法理念与宪法原则。我国的宪法实施体制则与这些国家有很大的区别。我国宪法目前还只能倚重立法机关予以(直接)实施:制定法律靠立法机关,维持法律(包括授权立法下的法规)与宪法之间的一致性(即合宪性审查)也要靠立法机关①。虽然我国宪法规定,所有的国家机关均负有实施宪法的义务,但只有立法机关可以通过立法直接实施宪法,其他国家机关(包括行政机关、监察委员会、法院和检察院)只能通过实施法律的方式间接地实施宪法。由此可见,我国立法机关在实施宪法方面比其他国家的立法机关肩负更为重大的责任。说它是世界上责任最重大的立法机关也不为过,因为它不仅要解决如何通过立法实施宪法的问题,还要采取有效措施解决如何通过宪法控制立法的问题(即自我约束问题)。

一、通过立法实现国家机构的法制化

日本著名宪法学家芦部信喜认为,宪法可以分为立宪主义意义上的宪法与固有意义上的宪法。立宪主义意义上的宪法是近代资产阶级革命胜利后才出现的主张以限制政府专断性权力来保障公民基本权利的宪法;而固有意义上的宪法则是约束国家机关以及调整国家机关之间关系的规范,这种宪法无论在什么时代、什么国家都存在。②从规范主义的角度看,国家统治机构与国家组织法之间是相互依存和互为表里的关系。虽然从立宪主义意义上讲,宪法并不将国家机构视为宪法的核心价值诉求,而将之作为实现公民基本权利的手段,但是并不意味着国家机构不重要,恰恰相反,国家机构如何设置直接关系到宪法所确立的权力秩序究竟能否发挥国家整合的功能,同时也决定了宪法所确立的价值秩序(国家目的和国家根本任务)能否实现。笔者甚至认为,如果单从我国学科发展的实际情况看,国家机构问题应当成为我国宪法学研究的重中之重。

---

① 此处所指的立法机关是在狭义上使用的,即专指拥有国家立法权的全国人大及其常委会。

② [日]芦部信喜:《宪法》(第3版),林来梵、凌维慈、龙绚丽译,北京大学出版社2006年版,第4页。

从构造上看，我国《宪法》由 5 个相对独立的部分组成，其中第 3 章对国家机构作了专门的规定，这部分总共 84 个条文（第 57 条至第 140 条），占整部宪法条文总数的近 59%。[①] 仅从比例上亦可以看出国家机构在宪法中的地位。然而，尽管国家机构条款在数量上占优，但这不能改变其高度抽象的框架法性质，这些只是对从中央到地方各国家机关的性质、组成、任期以及权限作了原则性规定，这些规定为国家权力的产生与行使奠定了基本的法律秩序。但是仅靠这些"简约"的条款，远远不足以界定清楚多层次与多类型的国家机关相互之间的配合与制约关系、各自的权限范围以及权力行使程序等问题，因而也难以达到规范与约束国家机关及其工作人员的公权力行为的目的。建构与规范国家机构的法律需求的紧迫性甚至在 1954 年宪法制定之前就显现出来。比如我国于 1953 年 2 月 11 日通过《中华人民共和国全国人民代表大会和地方各级人民代表大会选举法》，依据这部法律，我国才建构起全国人民代表大会和地方各级人民代表大会。而宪法本身也是通过第一届全国人民代表大会第一次会议的表决才得以公布并实施的。从法理上讲，应该先有一部宪法，然后根据宪法才能制定其他法律。但是，由于我国当时的特殊情况，并没有按照这样的逻辑顺序来确定整个国家的权力秩序。这也从一个方面说明，一个合法政府对国家实施统治和管理，一时一刻也不能离开国家组织法。然而，令人遗憾的是，在宪法诞生以后，国家机构法制化的内在需要并没有推动我国进入大规模的国家组织法的立法时期，这也从一个侧面说明权力在本性上有抗拒宪法与法律约束的倾向，这种情况客观上推迟了国家组织（机构）的法治化进程。在 1954 年 9 月 20 日宪法通过以后至 1978 年，我国制定的国家组织法为数甚少，比如《全国人民代表大会组织法》（1954 年 9 月 20 日第一届全国人民代表大会第一次会议通过）、《国务院组织法》（1954 年 9 月 21 日第一届全国人民代表大会第一次会议通过）以及《城市街道办事处组织条例》与《公安派出所组织条例》，后两部法律都是于 1954 年 12 月 31 日由全国人民代表大会常务委员会第四次会议通过的。[②]

[①] 虽然宪法第三章比较集中地规定了国家机构，但这并不意味着关于国家机构的规定只局限于这一部分。从广义上看，在宪法总纲部分，第 1 条至第 3 条关于国体、政体以及中央与地方国家机构职权划分关系的规定，第 4 条关于民族关系的规定，第 27 条关于国家机关与国家机关工作人员工作作风的规定，第 30 条关于行政区划的规定以及第 31 条关于特别行政区的相关规定也属于国家机构规范的组成部分。没有这些规定（尤其是第 1 条至第 3 条），我们几乎无法理解和把握我国国家权力秩序建构的基本逻辑和整体面貌。

[②] 全国人大常委会法工委立法规划室编著的《中华人民共和国立法统计》（2008 年版）提供的信息有误，该书标明的 1978 年前通过的法律中并没有《全国人民代表大会组织法》与《国务院组织法》。全国人大常委会法工委立法规划室编：《中华人民共和国立法统计》，中国民主法制出版社 2008 年版，第 90~93 页。

改革开放以后，国家组织法的立法停滞情况得到极大的改善。我国不仅分别于 1979 年与 1982 年对《宪法》与《选举法》进行了全面的修改，而且根据需要制定了一系列国家组织法，它们分别是：《地方各级人民代表大会和地方各级人民政府组织法》（1979 年通过）、《人民法院组织法》（1979 年通过）、《人民检察院组织法》（1979 年通过）、《中国人民解放军选举全国人民代表大会和县级以上地方各级人民代表大会代表的办法》（1981 年通过）、《全国人民代表大会组织法》（1982 年通过）、《国务院组织法》（1982 年通过）、《全国人民代表大会常务委员会关于县级以下人民代表大会代表直接选举的若干规定》（1983 年通过）、《民族区域自治法》（1984 年通过）、《全国人民代表大会常务委员会关于在沿海港口城市设立海事法院的决定》（1984 年通过）、《全国人民代表大会常务委员会议事规则》（1987 年通过）、《全国人民代表大会议事规则》（1989 年通过）、《城市居民委员会组织法》（1989 年通过）、《香港特别行政区基本法》（1990 年通过）、《全国人民代表大会和地方各级人民代表大会代表法》（1992 年通过）、《澳门特别行政区基本法》（1993 年通过）、《国家赔偿法》（1994 年通过）、《法官法》（1995 年通过）、《检察官法》（1995 年通过）、《戒严法》（1996 年通过）、《香港特别行政区驻军法》（1996 年通过）、《行政监察法》（1997 年通过）、《村民委员会组织法》（1998 年通过）、《澳门特别行政区驻军法》（1999 年通过）、《立法法》（2000 年通过）、《反分裂国家法》（2005 年通过）、《各级人民代表大会常务委员会监督法》（2006 年通过）以及《国家监察法》（2018 年通过）。与改革开放之前的情况相比，我国规范国家机构的组织法得到快速的发展，各种国家权力的运行基本上实现了有法可依：无论是人大还是行政机关与司法机关，无论是中央国家机关还是地方国家机关都有组织建构与运行的规范依据。值得注意的是，国家组织法的完善也体现了新的发展动向，即不仅出现了专门用于不同性质或不同级别的国家机关之间监督与制约的法律，比如《监察法》与《各级人民代表大会常务委员会监督法》；还出现了专门用于规范国家机关权力运行的程序性法律，如《立法法》即是典型的代表。另外，我国学界一直在呼吁出台规范行政权力运行的《行政程序法》。① 这也反映了我国国家组织法呈现出由单纯的组织（地位）权能性立法日益向职能性立法发展的趋势。显然，这是法秩序对时代需求的正确回应。

---

① 虽然我国尚未制定统一性的规范所有行政行为的行政程序法，但是我国已经制定的不同领域的行政法，比如《行政许可法》《行政复议法》《行政处罚法》《行政强制法》等，从其内容看，主要是程序性规定。这也是我国当前行政立法的特点。

从总体上看，我国国家组织法在功能上侧重于向不同的国家机关授权，而在限制权力方面的规定比较薄弱。这就导致国家组织法在结构上的失衡。国家组织法在立法宗旨方面不仅要解决为了保障国家机关及其工作人员管理国家各项事业必须赋予其何种职权的问题，同时也必须解决如何制约权力以防止权力滥用的问题。也就是说，国家组织法要同时考虑划定国家机关能为与不能为的界限问题。① 防止权力的滥用应当成为未来国家组织法完善的主要目标。我国当前出现的比较严重的权力滥用与腐败现象应当引起立法机关的高度重视，这促使立法机关从法治国家与法治政府的高度反思国家组织法在结构上存在的缺陷。可以预见，随着我国国家监察法的颁布与实施，立法机关又将步入一个对国家组织法进行全面审视与系统修改的时期。

二、通过立法保障基本权利

立宪主义意义上的宪法将基本权利的保障视为核心价值诉求。我国虽与资本主义国家在政治体制上有很大的区别，但在保障公民基本权利这个实质性内容方面与资本主义宪法并无根本性的不同。社会主义国家所应该做到的就是比资本主义国家更有效地实现这个目标。我国现行宪法在改革开放中能够做到与时俱进，与世界上通行的宪法理念相吻合，在第4次修宪中以第24条修正案的形式在《宪法》第33条中增加了"国家尊重和保障人权"的内容，该条款的重大意义在于，它从文本上明确了国家存在的目的，为整部宪法的体系化解释奠定了坚实的文本基础。在我国的宪法制度内，国家保障人权的义务主要通过立法机关履行保障人权的职权体现出来。因此本次修宪也更为明确地表达了宪法的如下规范性要求：立法机关必须通过立法保障公民的基本权利。我国宪法规范具有高度的抽象性，② 基本权利规范也是如此。③ 因此，通过立法保障基本权利就是指立法机关通过制定法律将抽象的基本权利予以具体化，明确其规范内涵与保

---

① [美]安·赛德曼、罗伯特·鲍勃·赛德曼、那林·阿比斯卡：《立法学：理论与实践》，刘国福、曹培等译，中国经济出版社2008年版，第468~469页。

② "宪法规范的原则性与其他法律规范的具体性形成鲜明的对照。宪法规范面对它所调整的广泛的社会关系，只能作出原则性的规定，既不可能也没有必要作出具体而详尽的规定。由此可见，这一特点是由宪法规范根本性的特点决定的。即宪法规范的根本性决定着宪法规范的广泛性，而广泛性又决定着宪法规范的原则性。"许崇德主编：《宪法》，中国人民大学出版社2014年版，第20页。

③ 罗伯特·阿列克西认为，宪法上的基本权利大都具有原则的性质。See Robert Alexy, *A Theory of Constitutional Rights*, translated by Julian Rivers, Oxford University Press, 2002, pp, 44-110.

护范围,将之转换为具体法律上的权利。①

我国宪法典规定的基本权利主要有以下几种类型:平等权、政治权利、精神文化活动的自由、人身自由和人格尊严、社会经济权利、获得权利救济的权利。公民在宪法上所享有的基本权利反映的是公民与国家之间的关系,即公民的基本权利就意味着国家应承担相应的义务。然而,宪法所规定的基本权利在性质上并不完全相同,甚至同一个基本权利也有不同的面向,继而也形成公民与国家间的不同关系。耶利内克认为,公民面对国家时,有四种地位:(1)公民对国家的被动地位(passive status),由此派生出公民的义务;(2)公民对国家的消极地位(negative status),由此派生出公民的自由权,即一种必须排除或逃避国家干涉的权利;(3)公民对国家的积极地位(positive status),由此派生出公民的受益权,如诉讼、请愿等权利;(4)公民对国家的能动地位,由此派生出公民的参政权(active status)。英国哲学家柏林将基本权利分为两种类型,即消极权利与积极权利。消极权利是要求国家不作为的权利,自由权即这种权利;积极权利是要求国家积极作为的权利,比如诉讼权、政治权利与社会权等。② 不同性质的基本权利对立法机关提出了不同的要求,因而在具体化这些基本权利时需要考虑的侧重点则应有区别。

（一）平等权的具体化

与一般的基本权利不同,平等权是一种概括性的宪法权利,也就是说,当我们讨论平等权时总是指权利主体在某种具体权利上地位的平等。这种权利需要与其他权利或法律主体结合起来,才能予以具体的判断,比如,教育权的平等、选举权的平等、男女平等、民族平等。平等权对立法机关制定法律时提出如下要求,即同等情况同等对待,不同情况不同对待;在同等情况不同样对待或者不同情况同样对待的情况下,必须给出合理的理由。在现实生活中,不平等现象时有发生,只有实力上构成均势的社会群体或个体之间才会有事实上的平等可言。作为实施宪法的立法机关有义务通过立法制止显失公平、公正的不平等现象,以保障公民人格尊严不致坠落。由于判断公平、公正的标准不是只有平等,它还包括自由、贡献、效率等其他因素,因而立法机关所能保护的平等主要是形式上的平等,它是

---

① 必须指出的是,当基本权利被立法机关通过立法转换成具体的法律权利后,基本权利并没有因此失去其规范立法的作用。我国虽然没有设置司法性的宪法审查机制,但是由立法机关进行的违宪审查机制依然对法律具有合宪性控制的作用。

② 林来梵:《从宪法规范到规范宪法——规范宪法学的一种前言》,法律出版社 2001 年版,第89~90页。

指法律所保障的公民在人格形成与实现的过程中的机会平等。比如，国家通过教育立法保障公民入学的平等，国家在事实上与法律上都不能保障凡入学者都能升学这种结果上的平等。就我国立法机关而言，在具体化平等权时，首先要考虑的就是如何贯彻形式上的平等，要做到这一点并非易事。比如我国 1953 年制定的《选举法》就公然地违背了凡年满 18 周岁的中国公民一人一票、票票等值的这个形式平等的要求，该法在经历了 1979 年、1986 年、1995 年、2004 年以及 2010 年五次修改后才最终实现公民选举权在法律上的平等。但是，要求立法机关主要保障公民在法律上的形式平等，并不意味着实质意义上的平等可被忽视。这种平等是形式上的平等的补充形式，并非优化版的替代形式。总而言之，形式上的平等主要适用于精神、文化活动的自由，人身自由与政治权利等基本权利；而实质意义上的平等主要适用于两种情形：其一主要是指特定权利主体的平等，如男女平等、民族平等；其二主要适用于对社会经济权利的保障，其目的在于使经济强者与经济弱者之间恢复法律内在地所期待的那种主体之间的对等关系。①

（二）自由权的具体化

自由权属于第一代人权，其产生与发展和自由竞争的市场经济之间存在十分紧密的关联性。自由权主要包括财产权，人身自由，精神文化活动的自由，非政治性的言论、出版、集会、结社的自由以及宗教信仰的自由。这些性质的宪法权利既有消极权利的面向，也有积极权利的面向。它要求国家履行其不作为的义务，同时要求国家在这些自由遭受侵害时提供法律保护，有些情况下为了实现这些自由，它也要求国家提供物质、设施方面的帮助。对于立法机关而言，它主要通过立法具体界定各种自由权合法行使的范围与界限。一般情况下，立法机关限制公民自由主要是出于维护公共利益。自由权的保障不仅是公民人格尊严得以形成和维护的必要前提，也是市民社会以及市场经济得以健康发展的必要条件。

（三）社会权的具体化

社会权是要求国家采取积极措施或者提供物质帮助的权利，它属于第二代人权。世界上主要的资本主义国家皆因对社会权的保障而逐渐演化成社会国家或者福利国家。与社会权相对应的是国家的给付义务。而给付义务的履行考验的则是国家的财政支付能力。劳动权、受教育权、环境

① 林来梵：《从宪法规范到规范宪法——规范宪法学的一种前言》，法律出版社 2001 年版，第 106~107 页。

权等基本权利属于典型的社会权。立法机关在制定劳动与教育等方面的法律时应当考虑本国的经济发展状况以及财政在这些领域可能的分配份额,来具体化这些权利的法律保障程度。比如,新中国成立初期,根本没有经济条件实行 9 年义务教育,而现在有一些地区已经实现了 12 年义务教育(即小学一年级至高中三年级)。在涉及民生的社会权具体化时,立法机关应当充分发挥民主广泛地采集民意,并争取更多的财政支持。在设计具体的制度时,"立法机关须确定给付的种类、额度、受给的情形等,否则相关给付无法直接启动"。①

(四)政治权利的具体化

政治权利具有十分重要的宪法地位,它既是人民主权原则及各种具体的民主制度的必然要求,同时也是实现人民主权原则及各种具体的民主制度不可或缺的前提条件。而且,政治权利是一种为实现其他基本权利而存在的基本权利,具有程序性。②公民政治权利的保障是民主国家法意志的形成与法秩序的创造的必要条件。我国已经制定了《选举法》《代表法》《集会游行示威法》《城市居民委员会组织法》《村民委员会组织法》等法律保障公民的政治权利。但是,这些法律往往在程序性要件的设置方面过于简单,比如《选举法》第 30 条规定,由选民直接选举人民代表大会代表的,代表候选人的人数应多于应选代表名额 1/3 至 1 倍。之后的正式代表候选人酝酿程序,选举法却置之不理。而选举中的关键环节是:由谁、依照什么样的程序与标准来确定正式代表候选人名单;能够作出决定的选民小组由哪些人构成,他们依据什么样的标准讨论、协商,确定正式代表候选人名单。在实践中,人们往往认为,参与选举的意义非常有限,事实上能够当选的人或隐或现总有政治背景或经济上的优势,进而对所谓的"阶层固化"现象产生强烈的不满。有的法律名为保障基本权利,实则通过过于苛刻的许可限制,达到了该权利无法行使的效果。有些对于保障公民政治权利必需的《出版法》与《新闻法》等,虽然规划很久,但至今立法机关仍未制定法律。③

---

① 陈鹏:《论立法对基本权利的多元效应》,载《法律科学》2016 年第 6 期。

② 林来梵:《从宪法规范到规范宪法——规范宪法学的一种前言》,法律出版社 2001 年版,第 106~121 页。

③ 1997 年 4 月,国家新闻出版署在《新闻出版业 2000 年至 2010 年发展规划》中,对新闻领域立法设定了如下目标:"到 2010 年新闻出版法制建设要建立以《出版法》、《新闻法》和《著作权法》为主体及与其配套的新闻出版法规体系。"然而,时至今日,这三部法律中,立法者只制定了《著作权法》,而《出版法》《新闻法》仍然不见踪影。谢立斌:《论基本权利的立法保障水平》,载《比较法研究》2014 年第 4 期。

（五）救济权利的具体化

我国《宪法》第 41 条规定，公民对任何国家机关和国家工作人员的违法失职行为，有向有关国家机关提出申诉、控告或者检举的权利；公民因国家机关和国家工作人员侵犯公民权利而受到损失时，有依照法律规定取得赔偿的权利。为了实现这些权利，国家有义务制定法律提供相应的机构与程序保障。[①] 在救济权利的具体化方面，我国已经制定了《民事诉讼法》《刑事诉讼法》《行政诉讼法》《行政复议法》《仲裁法》《国家赔偿法》等系列性的权利救济法律。虽然保障救济权的法律已经比较齐全，调整范围已经比较广泛，但是具体制度的设计仍然存在诸多保障效果方面的缺陷。对于立法机关而言，未来的主要任务就是进行深入的执法检查与执法监督，对实践中出现的问题及时予以反馈和研究，适时地修改法律，以提高救济权的保障水平。

三、通过立法维护公共利益

（一）公共利益的含义

公共利益是法律中最重要的概念之一，同时也是法学上最难界定且聚讼纷纭的概念之一。在界定公共利益概念的众多学者中，德国学者纽曼（Franz-Josef Neumann）的观点值得予以重视。他所确立的界定公共利益的标准得到学界的广泛认可。纽曼从利益与公共两个方面来分析公共利益概念。第一，他将利益分为主观利益与客观利益。主观利益是指构成团体的每个成员的直接利益；而客观利益则是指超越个人利益而具有重大意义的且具有普遍性的目的或目标。当然，这种客观利益并非与主观利益处于截然对立的地位上，其存在从终极意义上说是为个人利益服务的。第二，他从两种意义上界定公共。首先，公共是指开放性，任何人均可接近和利用，不封闭也不是为某个人或特权阶层所保留；其次，国家机关或地方自治团体所肩负的责任或任务。纽曼将客观利益与公共之含义中的制度性要素予以有机地结合，极富洞见地指出，客观公益就是国家机关根据国家、社会的需要运用公权力所要达成的目的或目标。在这个意义上可将客观公益与国家任务等同视之。[②] 由此可见，纽曼主张依借国家公权力达成公共利益，肯定公权力为满足公共利益而负有责任，这种看法符合现代宪法对公共利益的认定。韩大元教授对此敏锐地指出："从解释学的角度看，

---

① 赵宏：《作为客观价值的基本权利及其问题》，载《政法论坛》2011 年第 2 期。
② 陈新民：《德国公法基础理论》（上册），山东人民出版社 2001 年版，第 185~186 页。

宪法文本中'国家'地位的实证分析是非常重要的问题……我国宪法文本中国家有不同的表现形式与功能。在'国家为了公共利益的需要'条款中出现的'国家'并不是抽象意义上的存在体,它首先指的是国家机关,特别是指政府的功能。"① 由此可见,国家机关存在的理由之一就是实现公共利益。将宪法上的公共利益予以具体化是立法机关必须履行的宪法义务。

（二）公共利益在宪法上的表现

我国《宪法》序言第7自然段的核心内容就是国家根本任务,它是我国宪法内抽象层次最高的公共利益条款,因其重要地位,可被视为我国宪法的根本法之一。② 在宪法典的框架内,将国家根本任务予以具体化的是宪法总纲内诸多公共利益条款,这些条款为立法机关实现公共利益提供了明确的宪法依据。

我国《宪法》"总纲"里涉及公共利益的条款主要分为两大类:

第一类是关于国家经济制度的公共利益条款。"总纲"第6条至第18条集中规定我国的经济制度。这一部分在内容上又可以分为三种类型:其一是规定三种经济形式与两种分配制度,其中第6条、第7条、第8条、第11条不仅规定公有制经济（包括全民所有制经济与劳动群众集体所有制经济）与包括个体经济、私营经济等在内的非公有制经济的法律地位,还规定了按劳分配与按生产要素分配两种分配方式,并确立按劳分配为主体、多种分配方式并存的分配制度。第18条规定了外资经济形式。其二是规定自然资源的所有权制度与财产权制度。其中,第9条规定矿藏、水流、森林等自然资源在法律没有特别规定的情况下均属于国有;第10条规定城市土地属于国有,农村和城市郊区的土地,除由法律规定属于国家所有的以外,属于集体所有;宅基地和自留地、自留山,也属于集体所有。第12条与第13条规定公共财产制度与私有财产制度。其三是与市场经济有关的制度。包括国家完善经济管理体制和企业经营管理制度（第14条）;国家实行社会主义市场经济（第15条）以及保障各种经济组织的自主经营权（第16条与第17条）。这些条款所涉事项与每个人的利益息息相关,所涉利益兼具客观与公共的双重特性,在性质上属于公共利益条款。

第二类是关于公共事业方面的公共利益条款。"总纲"第19条至第26条规定了国家在发展教育、科技、医疗卫生与体育、文化、精神文明建设、计划生育以及环境保护等公共事业方面所负有的极其广泛的职责。这些

---

① 韩大元:《宪法文本中"公共利益"的规范分析》,载《法学论坛》2005年第1期。
② 陈玉山:《论国家根本任务的宪法地位》,载《清华法学》2012年第5期。

条款属于狭义的公共利益条款，在这个问题上，中外法律的实践与法学理论的认识比较统一。

第三类是关于维护国内秩序与国家领土安全方面的公共利益条款。"总纲"第 28 条规定，国家负有维护国内秩序（政治秩序、社会秩序与经济秩序）的义务；第 29 条规定，国家武装力量负有巩固国防，抵抗侵略，保卫祖国，保卫人民的和平劳动的义务。对于任何一个国家而言，维护国家内部秩序与维护国家领土安全都是涉及国家整体利益最为重要的事项，需要立法机关制定法律予以重点保护。

需要指出的是，即便是在宪法的框架内，上文也没有穷尽对公共利益条款的列举。[①]

（三）公共利益的具体化

在改革开放 40 多年来的立法实践中，立法机关已经将宪法上几乎所有的公共利益条款予以具体化，制定了数量可观的法律，如表 3-1 所示。

表 3-1　国家立法机关关于公共利益条款的立法[②]

公共利益条款	全国人大与全国人大常委会制定的法律
《总纲》第 6 条至第 8 条	《全民所有制工业企业法》（2009）
《总纲》第 9 条	《矿产资源法》（2009）、《草原法》（2013）、《野生动物保护法》（2016）
《总纲》第 10 条	《土地管理法》（2004 年）、《农村土地承包法》（2009）
《总纲》第 11 条、第 18 条	《中外合资经营企业法》（2016 年）、《外资企业法》（2016 年）、《中外合作经营企业法》（2017 年）
《总纲》第 14 条	《社会保险法》（2010）
《总纲》第 19 条	《职业教育法》（1996）、《国防教育法》（2001）、《义务教育法》（2006）、《高等教育法》（2015）、《教育法》（2015）、《公共文化服务保障法》（2016）、《民办教育促进法》（2016）
《总纲》第 20 条	《科学技术进步法》（1993）、《科学技术普及法》（2002）

[①] 在西方典型宪政国家的宪法里，公共利益主要是作为国家权力各分支机构的管辖权限和基本权利规范的限制性因素而出现的，一般没有像我国宪法这样在宪法中直接规定公共利益的内容。

[②] 需要说明的是，本表所列法律只具有示例方面的意义，不具有统计方面的意义。另外每部法律后所标注的时间不是制定时间（部分新制定的除外），而是最新修改时间。

续表

公共利益条款	全国人大与全国人大常委会制定的法律
《总纲》第 21 条	《国境卫生检疫法》（2009）、《执业医师法》（2009）、《精神卫生法》（2012）、《食品卫生法》（2015）、《体育法》（2016）、《中医药法》（2016）
《总纲》第 22 条	《文物保护法》（2015）、《公共文化服务保障法》（2016）、《非物质文化遗产法》（2011）
《总纲》第 26 条	《水污染防治法》（2008）、《海洋环境保护法》（2013）、《大气污染防治法》（2015）、《环境保护法》（2016）、《固体废物污染环境防治法》（2016）、《环境保护税法》（2016）
《总纲》第 29 条	《国防法》（1997）、《反分裂国家法》（2005）、《反间谍法》（2014）、《国家安全法》（2015）、《刑法》（2015）

　　与具体化宪法上的国家机构条款与基本权利条款相比，立法机关在具体化公共利益条款时拥有更为宽泛的意志形成空间。诚然，这也并非意味着立法机关在充实公共利益的具体内容时享有不受制约的权力。我国《立法法》（2000 年制定，2015 年和 2023 年修改）为立法机关制定法律确立了法定的权限和程序。立法在本质上是一种在特定国家政策引导下、以对人民的意愿进行统合与对客观事实进行研究的基础上进行的决策行为，它一方面要受到执政党的决策部署的限制，另一方面也受到立法程序的限制。只有遵循立法程序，立法机关才能够有效地贯彻立法的民主原则与科学原则，在具体化公共利益条款时，深入地进行调查研究，认真地听取人大代表的意见，广泛地征求社会各界的意见和建议，通过立法论证会等形式吸纳专家学者就专业或科学问题提出的论证结论，凡此种种，都会明显地改善立法机关的立法质量，使公共利益的法律化变得更加透明、公开，获得社会大众的广泛认可。

第三节　法律案的合宪性审查

　　世界上所有成文宪法都规定，宪法是本国法律体系中效力最高的法律，凡是违背宪法的法律一律无效，保障宪法的最高法律地位的机制主要分为两种：一是事后纠正机制，即当（生效）法律被指认为违反宪法进而引发对其审查并作出裁决的机制。这种机制在西方国家通常被称为违宪审查机制或宪法诉讼机制。二是事前预防机制，即立法机关对法律案进行的合宪性控制机制①。自近代宪法产生以来，关于合宪性审查的议题，主要围绕事后审查而展开②。就我国当前审查实践来看，事后审查所涉及的主要是合法性审查，即主要纠正（在效力上低于法律的）行政法规、地方性法规以及自治条例与单行条例违反上位法的情况③。而真正狭义上的事后合宪性审查目前仍处于"停滞"状态，其主要原因在于：第一，虽然宪法规定全国人民代表大会与全国人民代表大会常务委员会有监督宪法实施的权力，却没有明确规定全国人大能否审查自己通过的法律是否符合宪法④；没有明确全国人大常委会是否可以审查全国人大通过的法律是否符合宪法；也没有明确全国人大常委会是否可以审查自己通过的法律是否符合宪法。第二，合宪性审查程序尚付之阙如。在这种情况下，即便有关组织或公民提起合宪性审查的诉求，全国人大及其常委会也不知如何回应⑤。

虽然人们对事后合宪性审查的法治意义抱有很高的期许，然而，在我国，关于它的研讨依然只具有理论建构或制度构想的意义，离制度实践尚有一定的距离。相较之下，事前合宪性审查在实践上却不存在难以逾越的"制度壁垒"。⑥不过，这也并不意味着立法中的合宪性审查无论在理论上还是在实践上都已经达到了比较成熟的程度。事实上，事前审查的程序并没有如人们预想的那样清晰可见；审查的事项（重点内容）也不能轻易确定；至于审查的方法（即如何审查）是什么，理论界与实务界迄今也未能达成基本共识。很显然，在现有的制度框架下，审慎且深入地探究这些问题，逐步积累专业见解，对于稳步推进立法中的合宪性审查工作无疑具有参考价值。

———————

① 笔者认为，违宪审查与合宪性审查是内涵相同的概念，因为对法律（或法律案）是否符合宪法进行判断的结果，要么是违宪，要么是合宪，因此违宪审查与合宪性审查是同一行为的不同指称。

② 无论是从媒体报道的重点，还是从已经发表的论著的主题上看，目前关于合宪性审查的讨论主要聚焦于事后审查。

③ 只有在行政法规、地方性法规以及自治条例与单行条例没有上位法律（专指全国人大及其常委会制定的法律）作为立法根据时，才会出现需要审查其是否符合宪法的问题。

④ 虽然《宪法》第62条第12项规定，全国人大有权改变或撤销全国人大常委会不适当的决定，但是尚不清楚的是，全国人大作出决定的依据是全国人大通过的（基本）法律，还是宪法。如果属于前者，那么这个决定仍然属于合法性审查；如果属于后者，则属于合宪性审查。即便是属于后者，这种决定如何在组织程序上行得通，依然是不清晰的。

⑤ 2003年孙志刚案件与2014年黄某某嫖娼案件发生后，有学者向全国人大常委会提出对《城市流浪乞讨人员收容遣送办法》与《卖淫嫖娼人员收容教育办法》进行合宪性审查的诉求，全国人大常委会均未对此作出公开且正面的答复。这种"沉默"恰恰表明，在审查程序尚不明晰的情况下，全国人大常委会并无意主动打破现状。诚然，这两个案件均发生在《立法法》出台之后，全国人大常委会完全可以按照合法性审查程序解决问题。

⑥ 关于合宪性审查的方式，翟国强教授提出"事前预防为主，事后纠正为辅"的观点。翟国强：《中国宪法实施的理论逻辑与实践发展》，载《法学论坛》2018年第5期。

一、审查程序：双重"过滤"机制

我国宪法规定，全国人大与全国人大常委会既是实施宪法的主要国家机关，又是监督宪法实施的专门国家机关。它们实施宪法的最重要的方式就是根据宪法，制定法律；而它们监督宪法实施的重要方式之一则是对自身的立法行为进行合宪性控制。这种控制从积极意义上看就是保证立法能够将宪法的抽象规定具体化，从而实现宪法对国家与社会的规范作用；从消极意义上看就是保证违反宪法的立法事项必须得到有效的排除。全国人大及其常委会对立法的合宪性控制主要体现在对法律案的合宪性审查上。虽然从表面上看，所有的法律都是由全国人大及其常委会制定的，立法的合宪性控制无非是立法机关的自我控制，而实际情况要复杂得多，因为，当绝大多数的法律案是由作为法律实施机关的国务院、中央军事委员会、最高人民法院与最高人民检察院等国家机关提出时，审查程序的监督针对性就会凸显出来。这恰恰是理解审查程序需要关注的要点。《立法法》为法律案的合宪性控制提供双重"过滤"程序①。

（一）审查机关与审查机构的必要区分

有权对法律案进行合宪性审查的国家机关只有全国人大及其常委会。由于全国人大每年只召开一次会议且会期短暂（通常只有 10 多天），再加上全国人大代表绝大多数都是兼职代表，因此，那些需要全国人大表决通过的法律案通常都由全国人大常委会先行完成合宪性审查。② 如此安排，在很大程度上补强了全国人大在组织上的效能，也建立了全国人大与其常委会之间的内部联系，即在（向全国人大提交的）法律案的合宪性审查这个特定问题上，全国人大及其常委会之间是审议机关与审查机构的关系。尽管全国人大常委会具有独立的宪法地位与法律地位，但是它在这种关系中所扮演的就是全国人大的"工作机构"的角色。这种"前置性"审查是法律案列入全国人大会议议程并通过全国人大大会审议和表决的基础。否则，全国人大会议是不可能在较短的会期内完成法律案的合宪性审查工作的。全国人大除了依靠常委会的力量进行合宪性审查外，其自身也有常

---

① 需要指出的是，立法机关对法律案的审查包括必要性审查、可行性审查以及合法性审查。合宪性审查只是合法性审查的一个重要组成部分。

② 根据《立法法》第 19 条的规定，向全国人民代表大会提出的法律案，在全国人民代表大会闭会期间，可以先向常务委员会提出，经常务委员会会议依照向常委会提出的法律案同样的程序审议后，决定提请全国人民代表大会审议。全国人大常委会在审议时应当以各种形式征求全国人大代表的意见。对于直接向全国人大提出的法律案，则不存在先行审查的问题。

设的专门委员会开展具体的法律案合宪性审查①。它们之间也是审查机关与审查机构的关系。由于在全国人大闭会期间，各专门委员会受全国人大常委会的领导，因此，向全国人大提交的法律案一般情况下已经由全国人大常委会进行审查，而负责具体审查工作的就是各专门委员会。

类似地，在对向全国人大常委会提交的法律案进行合宪性审查时，也存在审查主体与审查机构之间的关系问题。全国人大常委会在决定法律案是否列入常委会会议议程时，可以先交有关的专门委员会审议、提出是否列入会议议程的意见，再决定是否列入常委会会议议程。对于列入常委会会议议程的法律案，由有关的专门委员会进行审议，提出审议意见，印发常委会会议。在各专门委员会之中，对法律案的合宪性控制最为重要的是宪法和法律委员会，它有权根据常务委员会组成人员、有关的专门委员会的审议意见和各方面提出的意见，对法律案进行统一审议，提出修改情况的汇报或者审议结果报告和法律草案修改稿。由于专门委员会的组成人员数量有限且工作非常繁重，因此大量的具体工作（如对常委会分组审议意见、有关专门委员会审议意见以及常委会"院外"各方意见的汇总和分析，提出法律草案修改稿草稿等）则需要由全国人大常委会的工作机构（如法制工作委员会）来完成。在这些机构的辅助下，各专门委员会才能顺利地完成审议工作。由此可见，正是这些"工作机构"或辅助机构的默契配合与协调沟通为全国人大常委会的合宪性审查提供了坚实的组织保障。

审议机关与审议机构之间是互为表里的关系，将两者进行区分的意义在于，我们既要认识到，在法律案的合宪性审查中，是什么样的机构以什么样的方式在进行具体的审查工作，它们为审查机关最终作出权威性的审查决定做了哪些必要的准备；同时我们也能够预见到，未来合宪性审查工作的改善需要围绕哪些重要的环节展开。

（二）"前置性"程序的"初步过滤"

从理论上说，为了提高立法质量与更有成效地进行立法，所有的法律案都要经历一个"前置性"程序的预备审查，才能最终决定是否进入正式审议程序。由于全国人大主席团、全国人大常委会、全国人大常委会委员长会议以及各专门委员会具有特殊的法律地位，它们提出的法律案可被视为已经进行了自我审查，因此可以直接列入大会会议议程。但是其他提案机关提出的法律案一般要经过全国人大各专门委员会的"前置性"审议程

① 为了加强人大对"一府两院"的监督，在参考国外议会经验的基础上，1982年宪法明确规定，设立民族委员会、法律委员会、财经委员会、教科文卫委员会、外事委员会与华侨委员会，作为全国人大的常设工作机构。

序,才能决定是否列入大会会议议程。这种"过滤"机制为立法机关对法律案进行合宪性审查提供了契机。

初步审查之所以不同于正式审查,是因为审查机构可以花费的时间与可以调动的资源非常有限,因而将审查侧重点放在法律案的形式要件上比较合适。根据《立法法》第58条与第64条的规定,这个形式要件包括如下内容:(1)立法议题,它是向立法机关提出的制定某项法律的建议,其表述一般具有原则性和概括性。(2)法律草案,它是将立法议题予以具体化之后的规范形态,是生效法律的"原型",是立法机关审议的对象。(3)立法理由说明,它是对法律草案的内容与形式进行全面论证的书面文件,主要说明立法的必要性、可行性、合法性与主要内容。立法机关就是通过对立法理由的审查来最终认定法律案的成熟度。(4)附件,它是用来支撑立法理由不可或缺的证明材料。立法机关通过对立法材料真伪的鉴别来判断立法理由是否成立。在形式要件中,审查的重点内容是对法律草案的说明。这其中的合法性说明是狭义的(即仅说明法律草案与其他法律相关规定不一致),并不包含合宪性说明。

诚然,《立法法》虽然没有明确规定立法机关可以对法律案进行合宪性审查,但也没有否认这样做的必要性与可行性。在立法机关拥有宪法解释权限与宪法监督权限的前提下,《立法法》的"暧昧态度"显然不利于立法机关通过法律案的合宪性审查这个更为具体且具有实施宪法与监督宪法双重性质的行为来维护宪法的最高法与根本法地位。更何况,这种审查并不会导致(如事后审查那样的)有可能危及其自身权威的情况出现。这种审查的主要目的恰恰是立法机关以自身对宪法的权威性理解来纠正提案机关对宪法的不正确理解。

一个可行的方案就是,全国人大常委会要求提案人在对法律案进行合法性说明时,特别要求其说明法律草案的各项规定不存在违反宪法的情形。这种要求不仅迫使提案机关在起草法律案时充分认识到立法必须与宪法保持一致,必须高度重视违宪风险的控制,而且有利于立法机关在短时间内迅速地确定合宪性审查的重点内容。这种对实施宪法、监督宪法的政治诉求作出积极回应的审查行为,可能会随着实践的逐步推进,被人们视为一种行之有效的立法惯例。①

---

① 诚然,立法机关认为时机成熟时,也可以对《立法法》第64条进行修改,将狭义的合法性转换成包含合宪性在内的广义的合法性。

（三）正式程序的"再次过滤"

一般而言，列入全国人大常委会会议议程的法律案一般都要经过三审程序，在没有较大意见分歧的情况下才能交付表决[①]。在三审程序中，合宪性审查工作可以通过几个方面的要点得以有序地展开。

1. 一审中的提案人说明义务

在全国人大常委会第一次审议法律案时，提案人一般需要对制定法律的必要性、可行性、合法性与主体内容作出说明。全国人大常委会如果认为必要，可以要求提案人对法律草案中可能涉及违宪的事项作出特别说明。在常委会分组会议上，提案人也有义务派人答复关于法律草案的部分条款是否合宪的询问。

2. 二审中的意见统合机制

法律案的二审非常关键，因为它是立法机关内外意见表达与意见统合最为集中的阶段。宪法和法律委员会在对各方意见进行统合的过程中，应当对提出法律草案的部分条款涉嫌违宪的意见进行专门化处理：首先，宪法和法律委员会可以组织合宪性评价专题论证会，听取并整理有关专家的意见；其次，宪法和法律委员会可以任命宪法问题专席顾问，专门研究法律案的合宪性问题。[②]

3. 三审中的意见分歧解决机制

宪法和法律委员会负责法律案的统一审议，在立法过程发挥着极其重要的作用。由该委员会主要负责法律案的合宪性审查，主要是基于其机构特点的考虑[③]。然而，这并不意味着宪法和法律委员会垄断了法律案的合宪性判断的权力。如果其他专门委员会不认同宪法和法律委员会的审议意见，立法程序应当为此预留意见交流的机会。[④] 根据《立法法》第36条第2款规定，宪法和法律委员会在对法律案进行统一审议时，应当邀请有关

[①] 虽然列入全国人大会议议程的法律案不可能全部经过三审程序才能进行表决，但是这些法律案一般均涉及事关全局的重大事项，它们经过全国人大常委会三审程序的审议，可以说已经达到比较成熟的程度。

[②] 根据《全国人民代表大会组织法》第36条的规定，各专门委员会可以根据工作需要，任命专家若干人为顾问，顾问可以列席专门委员会会议，发表意见。

[③] 与其他各专门委员会相比，无论是在法律专业人才的储备上，还是从丰富的审查工作经验上看，由宪法和法律委员会主要负责解决合宪性审查事务都是最为妥当的选择。

[④] 季卫东教授指出，程序参加者如果完全缺乏立场上的对立性，就会使讨论变得迟滞，问题的不同方面无法充分反映，从而影响决定的全面性、正确性。而且，党派性的活动意味着不同的目标追求，这种竞争机制也会强化程序参加者的动机，促进程序的改善。不言而喻，矛盾的制度化并不意味着矛盾的普遍化。在程序中，对立的各方具有统一性，并不排斥协商解决问题的可能性。季卫东：《法律程序的意义》，载《中国社会科学》1993年第1期。

的专门委员会的成员列席会议并发表意见。如果参与会议的专门委员会和宪法和法律委员会关于法律草案相关条款的合宪性判断产生了分歧，一般会尽量通过沟通达成共识。笔者认为，专门委员会关于法律案的合宪性问题产生的意见分歧属于"重要意见不一致"，根据《立法法》第38条的规定，这种情况应当向委员长会议报告。

综上可见，立法程序提供的双重"过滤"机制为立法机关行使合宪性控制权提供了契机和空间，只要立法机关抓住审查的重点事项并运用恰当的审查方法，法律案的合宪性审查工作是完全可以稳健地进展下去的。

二、审查事项：从宪法构造到实践经验的考量

对生效法律的合宪性审查，无论是抽象审查还是具体审查，在审查程序上都要求申请人必须清楚地说明宪法性争议的具体内容。[1] 在这种情况下，审查机关可以迅速地确定需要审查的具体事项。相较之下，对法律案的合宪性审查面临的情况则有所不同，当提案机关不能或不愿主动地说明法律案可能涉及的合宪性问题时，审议机关只能靠自己想办法确定审查事项。显然，在审查事项无法确定的情况下，审查工作根本就无从谈起。虽然在短时间内确定审查事项并非易事，但也不全于"无迹可寻"。事实上，对本国宪法结构的深刻理解，以及对他国审查经验和本国实践需求的准确认知，都可以帮助审查机关有效地确定审查事项，至少缩小审查事项的范围。

（一）从我国宪法的内在构造谈起

从内容上看，我国宪法确立了两大规范秩序，即宪法价值秩序与国家权力秩序。宪法价值秩序由基本权利规范体系与公共利益规范体系构成；[2] 国家权力秩序由执政党与人民代表大会统合下的国家机构规范体系构成。[3] 宪法价值秩序与国家权力秩序之间是目的和手段的关系：前者是目的，后者是手段。具体而言，国家权力的合法性与正当性既来源于保障公民基本权利，也来源于维护（或实现）公共利益。基本权利保障是近代

---

① ［德］康德拉·黑塞：《联邦德国宪法纲要》，李辉译，商务印书馆2007年版，第512页。

② 《宪法》第二章不仅确立了国家尊重与保障人权的一般性条款，而且集中地规定了公民享有的一系列基本权利。《宪法》序言第7自然段规定的"国家根本任务"是我国宪法里抽象层次最高的公共利益条款，第一章总纲部分第6条至第26条均是关于公共利益的规定，这些规定是对国家根本任务的具体化。陈玉山：《中国宪法序言研究》，清华大学出版社2016年版，第124~129页。

③ 《宪法》"总纲"第1条至第3条规定的国体与政体条款共同确立了我国国家权力秩序的基本框架，《宪法》第三章则具体规定各国家机关的职权以及它们之间的相互关系。

宪法诞生以来为世界各国普遍认同的宪法核心价值诉求，在宪法的价值序列中具有道德上的"天然"优越地位。但是，这并不意味着，公共利益在价值上从属于基本权利，因为维护公共利益是维系国家与社会存在的前提条件，也是保障公民基本权利的物质基础。[①] 由于公共利益具有不可化约为个别利益的特征，因而其具有独立的价值和地位，[②] 为了实现这两大价值目标，国家权力常常需要根据具体情况在这两者之间进行适当的平衡。这恰恰表明两者之间没有任何一方处于绝对的、无条件的优先地位，两者毋宁说是相互限制的"竞争关系"。我国宪法的部分条款以比较直观的方式表达了宪法的这种结构性关系。

我国《宪法》第51条规定，公民在行使自由和权利的时候，不得损害国家的、社会的、集体的利益和其他公民的合法的自由和权利。这个概括性条款对于公民而言是限制性条款，对于立法机关而言则属于授权性条款，即立法机关可以以实现公共利益或者保障其他公民的基本权利为理由对基本权利进行立法上的限制。除了第51条这个概括性条款外，我国宪法还规定了一些针对具体基本权利的限制性条款（如表3-2）。[③]

表3-2 我国《宪法》中基本权利的限制性条款

条款序号	具体基本权利	限制理由
第10条第3款	土地使用权	公共利益的需要
第13条第3款	私有财产权	公共利益的需要
第34条	选举权与被选举权	依照法律被剥夺政治权利
第36条第3款	宗教自由	保障社会秩序、公民身体健康与国家教育制度的需要
第37条第2款	人身自由	因检察院、法院以及公安机关侦办、审理案件的需要

① 在基本权利的谱系中，相较而言，积极权利对国家权力的依赖性较强。即便是消极权利也不能脱离国家权力而存在，因为在国家秩序与公共安全这种公共利益无法维护的情况下，公民也很难行使其自由权。

② 阿列克西认为，公共利益无论是在概念上、事实上还是法律上都不能被拆分为各个部分并把它们作为应得份额分配给个人。[德]罗伯特·阿列克西：《法 理性 商谈：法哲学研究》，朱光、雷磊译，中国法制出版社2011年版，第234页。

③ 除了明确规定的限制外，第38条的规定（公民的人格尊严不受侵犯。禁止用任何方法对公民进行侮辱、诽谤和诬告陷害）客观上对第35条规定的言论、出版自由构成限制，也对第41条规定的申诉、控告以及检举的权利构成限制。另外，表3-2所言的"限制"是在广义上使用的，包括"剥夺"这种特殊的类型。

续表

条款序号	具体基本权利	限制理由
第 40 条	通信自由与通信秘密	因国家安全或者追查刑事犯罪的需要
第 41 条	申诉、控告或者检举的权利	保护他人合法权益的需要

宪法的结构性关系必然会"映射"到立法行为上，几乎所有的立法在内容上都无法回避公共利益与基本权利的关系问题。对基本权利的限制与对基本权利的保障之间注定存在紧张关系。事实上，当立法机关对基本权利进行的限制超过必要的限度时，就会导致侵害基本权利的后果。因此，这就需要对限制行为本身进行限制。[①] 这种对限制进行限制的典型形态就是合宪性审查（或违宪审查），既可以以事后的方式进行，也可以以事前的方式进行。

（二）借鉴他国经验与立足本国国情

从理论上看，宪法里的所有规定都存在被违反的可能性，然而各国的宪法实践表明，违宪行为主要集中在一些特定事项上。世界上凡是违宪审查机制比较成熟的国家，都有一个共同的特点，即这种机制最为显著之处就是能够发挥有效地保障公民基本权利的功能。这项制度之所以会成功，主要得益于它有效地回应了公民维权的现实需求（用中国老话说，就是顺应了民意）。在这种维权诉求牵引下采取的维权行动是推动合宪性审查最为重要的力量。从审查实践看，立法机关制定法律时最有可能出问题的就是"公民基本权利具体化"领域。而这个问题又常常突出地表现在立法机关以维护公共利益为理由而限制公民基本权利的立法事项中。对审议机关与提案人而言，法律案的合宪性说明中最为重要的内容，就是证明法律草案中涉及限制基本权利的条款不存在违反宪法的情形[②]。

将审查对象锁定在可能违宪的"高发领域"，有利于立法机关"将好钢（有限且宝贵的立法资源）用在刀刃上"。从我国的立法实践看，需要审查的法律案主要是非代议制机关提出的，其中绝大多数是由国务院提出的。作为国家最高行政机关，国务院无论是在保障公民基本权利，还是在维护和实现公共利益方面，均肩负着极其重大的责任，因而国务院在提出法律

---

① 林来梵、季彦敏：《人权保障：作为原则的意义》，载《法商研究》2005 年第 4 期。

② 拥有法律案提案权资格的主体，大都肩负着维护和实现公共利益的重大责任。出于缓解政治压力和提高行政效率的考虑，这些国家机关在提出法律案时，往往倾向于在法律草案中设置数量不少的限制基本权利的条款。

案时，时常需要在保障公民基本权利和维护、实现公共利益之间作出适当的平衡。这种平衡是基于国务院对宪法的理解基础上作出的。当国务院提出的法律草案规定，为了维护某种公共利益，需要限制公民的某项基本权利时，这表明国务院已经基于其对特定法律秩序的认识，对宪法所确立的两种基本价值之间的关系做了权衡。至于这种权衡是否侵犯了公民的基本权利，常常需要在事后法律执行或法律适用的过程中才能显现出来。然而，立法机关需要对这种"权衡"保持高度敏感，需要重点审查法律草案中包含的限制公民基本权利的行使方式与范围的条款。① 这其中蕴含的"紧张"关系如下：法律规定公民享有的权利越少，则意味着行政机关拥有的自由裁量权就越大；反之，法律对公民权利保障得越充分，行政机关需要履行的法律义务就越多，其行使自由裁量权的空间就越小。审议机关将重点审查的范围锁定在国务院提出的法律案上比较符合中国的实际情况，同时这样做也符合立法权对行政权进行监督的理念。②

三、审查方法：合宪性推定下的违宪排除

在任何国家，立法都被视为实施宪法最为常规、最为重要的方式。对于立法机关而言，宪法既是授权规范，也是限制权力的规范。在授权规范的作用下，立法机关拥有非常广泛的法意志形成空间，它可以根据社会经济发展的实际情况和现实需求，将宪法确立的价值目标具体化，进而制定不同领域与不同内容的法律制度。在这种情况下，审查机关要判断立法的合宪性，其需要考虑的因素非常复杂，判断难度非常大，因为立法机关只要在宪法确立的价值秩序与权力秩序的框架内行使立法权，审查机关就应当对立法行为给予最大限度的尊重。因此，当某些法律（包括立法中的法律案）并非与宪法形成矛盾和冲突，而只是引发疑虑和思索（尽管这种疑虑和思索涉及的主题比较严肃），那么审查机关无论如何也不能对该法律（或法律案）作出违宪的判断。③ 换言之，审查机关在绝大多数情况下更倾向于对法律（或法律案）进行合宪性推定，而不是违宪判断。而在限制权利

① 这种倾向在国务院制定的行政法规中体现更为突出，比如，《城市流浪乞讨人员收容遣送办法》与《卖淫嫖娼人员收容教养办法》都存在为维护公共利益而过度限制公民人身自由的问题。
② 以国务院的名义提出的法律案大多数都是由国务院的各部委（根据法律案涉及的行政管理事项）草拟的。这种类型的法律案如果没有得到有效的审查，就极有可能导致"立法中的部门化倾向、争权夺利、相互推诿现象突出"情况的发生。2015年《立法法》修改的动因之一就是力图克服这种立法上的弊端。全国人大常委会法制工作委员会国家室：《中华人民共和国立法法释义》，法律出版社2015年版，第3页。
③ [德]康德拉·黑塞：《联邦德国宪法纲要》，李辉译，商务印书馆2007年版，第56页。

规范（往往通过禁止性规范的形式表现出来）的作用下，在判断立法机关的行为是否符合宪法方面，宪法所确立的界限通常是比较清楚的。①因此，关于法律案的合宪性审查主要应从消极意义上进行，即审查机关只要能够证明法律案不存在违反宪法上的禁止性规定的情形，就算完成了合宪性审查的工作。然而，这种思路事实上却并不适合于我国当前的宪制状况。因为，从文本上看，中国宪法只是倾向于向全国人大及其常委会进行大量的授权，并没有明确地以禁止性规范的形式为立法权划定界限。这就是说，以宪法上的禁止性条款为依据对法律案进行合宪性审查的设想在我国是行不通的。然而，这并不意味着宪法限制立法权的规范属性因此而改变，在这种前提下，审查机关应当创造性地开展审查工作，紧紧围绕最易引起宪法争议的事项，在遵循合宪性推定原则的前提下恰当地运用违宪排除的方法，逐步累积审查经验与规范性教义，如此，才能循序渐进地探索出一种符合中国国情的合宪性审查机制。

（一）抽象公益条款的禁止

虽然立法机关根据宪法的授权可以为了公共利益的需要对基本权利进行限制，但公共利益的概念非常抽象，属于典型的不确定性概念。公共利益概念不仅存在内容上与受益对象上的不确定性，而且会随着国家任务的扩大（或缩小）以及宪法基本原则的具体实践的展开而改变。②公共利益概念的复杂性并不能免除立法机关将其具体化的义务。这是维护公共利益与保障基本权利的共同需要。只有含义比较具体的公共利益条款才能成为对公民基本权利进行限制的依据。如果法律中限制基本权利的公共利益概念停留在像宪法那样非常抽象的层面上，那么立法机关实际上就是授权法律实施机关来界定公共利益。从制度设计的角度看，这种授权是造成滥用权力和侵犯公民基本权利的重要原因。因此，对于提案人与立法机关而言，其需要说明法律草案中的哪些条款实现了对涉及的公共利益的界定：什么样的（即具体的可被理解的）公共利益必须予以维护，被限制的行为需要满足哪些要件（行为特征、时间与地点等），实施限制措施的程序如何等。对于法律案中未经界定的公共利益条款，审查机关应当明确地

---

① 《美国宪法》第1条第9款规定，国会不得通过公民权利剥夺法案或追溯既往的法律。《美国宪法第一修正案》第1款规定，国会不得制定确立国教或禁止宗教活动自由的法律；不得制定剥夺言论或出版自由的法律；不得制定剥夺人民和平集会和向政府诉冤请愿权利的法律。凯尔森认为，实质宪法不仅可以决定立法的机关和程序，在某种程度上还可以决定未来法律的内容。宪法可以消极地决定法律不要某些内容。[奥]凯尔森：《法与国家的一般理论》，沈宗灵译，中国大百科全书出版社1996年版，第143页。

② 陈新民：《德国公法基础理论》（下册），山东大学出版社2001年版，第349页。

予以禁止。站在守法者的立场上看，公民或组织通过对法律的理解，应当能够清楚地知道他们的行为在什么样的情况下，即可被认为违反了公共利益，进而行为人需要接受什么样的不利后果。因此，从立法技术的角度看，禁止违反公共利益的法条应当明确构成要件与法效果的内容。

立法者所负有的将抽象的公共利益予以具体化的义务包含如下思想，即当公民基本权利与公共利益存在冲突的情况下，立法者并非采取以某个一般性的标准为依据作出选择的做法，而是采取在两个同样需要保障的法益（即基本权利与公共利益）之间进行平衡的方法来解决问题。因此，立法者经过审慎的思考并确信，只有在维护公共利益绝对必要的范围内，才能对基本权利（或自由）进行限制。[①]

（二）平等原则的"过滤"

我国《宪法》第 33 条第 2 款规定，中华人民共和国公民在法律面前一律平等。该条款表明凡中国公民在宪法与法律上皆具有需要国家同等对待的法律地位，即享有平等权。作为宪法上的概括性基本权利（也可以称为平等原则），其包含如下规范内涵：立法机关不得制定违反平等对待的法律。在实践中，审查机关贯彻平等原则的一个重要表现就是阻止个案法律的产生。这就说明宪法要求限制基本权利的法律必须具有可一般化的特征（即不能仅针对特定人或特定群体），以使得适用该法律的当事人及案件具有不确定性的数量，从而避免造成对部分人有利或不利的情形出现。[②]因此，经过平等原则的"过滤"是法律案的合宪性审查必须完成的一个重要的步骤。[③]

（三）比例原则的审视

我国宪法没有对比例原则作出明确的规定，该原则主要在学理上被经常用以判断立法行为与行政行为（尤其是在自由裁量权比较大的情况下）是否合乎理性的要求。这种判断建立在对所要实现的目的（立法目的或行政目的）与实现目的的手段之间的关系进行客观评估的基础上，它由三个子原则构成，即妥当性原则、必要性原则与均衡性原则。妥当性原则要求所采取的（限制公民基本权利的）手段可以达到实现（公共利益的）目的。所谓妥当与否，就看手段是否能实现目的。该原则具有很明确的目的导向

---

① [德]卡尔·拉伦茨：《法学方法论》，陈爱娥译，商务印书馆 2005 年版，第 279~280 页。

② 陈新民：《德国公法基础理论》（下册），山东大学出版社 2001 年版，第 364 页。

③ 《德国基本法》第 19 条第 1 款为我们提供了一个非常重要的立法例参照依据，该款规定："凡基本权利依本基本法规定得以法律限制者，该法律应具有一般性，且不得仅适用于特定事件，除此该法律并应具体列举其条文指出其所限制之基本权利。"

性，它表明立法机关认为某种公共利益事关重大，为此不惜牺牲公民的部分权益。如果限制性手段不足以达到目的或不是实现目的所必需的，就会造成公共利益与基本权利都会受损的后果。这当然不符合妥当性原则的要求，审查机关应杜绝这种情况出现。必要性原则要求在所有能够达到目的的多个手段之中（即在符合妥当性原则的前提下），必须选择对公民基本权利损害最小的那个手段。如果手段具有唯一性，那么该原则即没有适用的空间。该原则要求立法机关在维护公共利益的前提下应尽量使用比较温和的手段，以减轻人民的负担。均衡性原则要求一个手段虽然是达到目的所必要的，但不能给予公民造成过度的负担。所谓过度是指所要实现的目的与所采取手段造成的损害之间，在价值上不成比例。① 比如给予卖淫嫖娼人员 6 个月至 2 年的限制人身自由的行政处罚即被认为是过度处罚，因为在限制人身自由方面它比管制、拘役，甚至部分有期徒刑的刑事处罚更为严厉。② 妥当性原则与必要性原则倾向于在维护目的的前提下对手段进行选择，而均衡性原则的运用则可能导致限制性手段的弃用。这三个原则在运用上是逐步递进的关系。审查机关应当对法律案的限制性措施进行妥当性与必要性论证之后，再最终思考该措施是否会造成公民过度的负担，以做取舍。③

总而言之，维护与实现公共利益以及尊重与保障基本权利是宪法所确立的两大基本价值目标，这两个目标在立法中往往处于相互限制的"紧张关系"，这就需要审查机关采取一些方法在这两者之间进行平衡。这些方法可以帮助审查机关将法律案"违宪"的可能性降低到最低限度。理论上看似可行的审查方法需要在审议实践中予以检验和改进，而在实践中被证明有用的方法同样会为理论研究提供更为新鲜的研究素材。

对法律案的合宪性审查具有双重属性，它既是实施宪法的主要方式（因为它是立法行为的重要组成部分），也是监督宪法的主要方式（因为它是排除法律违宪的重要途径）。这两种性质的行为共同"击中"了我国当

---

① 陈新民：《德国公法基础理论》，山东大学出版社 2001 年版，第 368~371 页。

② 2014 年 5 月 16 日，著名演员黄某某因嫖娼被移送到拘留所。2014 年 5 月 31 日，拘留期满的黄某某并没有被北京警方释放，而是宣布继续对黄某某施行收容教育 6 个月的处罚决定。针对这种处罚决定的规范依据，江平、应松年等 40 余位学者律师联合向全国人大常委会提出废除《卖淫嫖娼人员收容教养办法》的建议。建议的理由是，根据《立法法》第 11 条的规定，国务院无权制定限制公民人身自由的行政法规。从比例原则的角度看，该条例的处罚措施显然超过必要的限度，给公民造成过度的负担。

③ 笔者认为，比例原则的运用可以有效地防止立法为追求公共利益而侵害基本权利之"内核"。关于基本权利之内核保护的相关论述，详见陈慈阳：《宪法学》，台湾元照出版公司 2005 年版，第 444~445 页。

前宪法理论与宪法实践中的一个重要命题：宪法是如何以一种"看得见"的方式实施的？当提案机关必须对法律草案中涉及限制公民基本权利的条款进行合宪性说明时，当立法机关对院内与院外关于法律案的部分条款的合宪性质疑进行公开的论证和回应时，宪法就会以一种社会各界可理解、可评价的方式逐步昭示其所蕴含着的丰富意义。在这些意义的指引下，所有的国家机关、社会组织与公民都会切实地体会到，我们的宪法所要维护的是什么样的价值秩序，为什么它神圣不可侵犯。

第四章 立法者的构成与地位

立法者不是一个具体的人，而是由不同的国家机关及其机构，以及通过各种途径和形式参与立法过程的主体构成的一个具有内在关联性的共同体。① 在这个共同体之中，不同的主体发挥着各自的作用。从一定意义上说，立法质量的高低取决于立法主体的权限设置情况和组织活动能力。是故，对立法机关中在不同环节扮演关键角色的具有特别重要的组织意义的机构（比如委员长会议、宪法和法律委员会以及法制工作委员会等）进行功能视角的深入研究，对于改善我国立法体制和提高立法质量都具有值得关注的理论与实践意义。

第一节 立法者的概念与分类

一、立法者的概念

在我国立法制度的框架内，只有立法机关或立法主体的概念，没有立法者的概念。然而，立法主体主要是从立法权限的角度得以界定，它是指所有的拥有制定法律（即广义的法律，除狭义的法律外，还包括行政法规、地方性法规、自治条例与单行条例、部门规章与地方政府规章）权限的国家机关的总称。这个概念最大用处就是指明我国的立法权是如何在各立法主体之间进行分配的，这种划分具有法定性和稳定性，相应地，其表现的主要是立法主体的静态特点；其缺点是不能清晰地揭示，在立法过程中，无论是在立法机关之内还是立法机关之外究竟有哪些具体的主体参与了立法活动，它们分别对法律的产生发挥了怎样的作用。相较之下，立法者则是指在立法规程中实际发挥不同作用的各类组织或个人的总称。立法者是具有反映动态的立法过程的概念，它可以弥补立法机关或立法主体概念的缺陷，能够有效地描述"立法者是什么人、他们立什么法和怎样立

---

① 正如富勒所言，"我们不断地追问'立法者的意图'，虽然我们知道并不存在这样的个体。另一些时候我们会说到'立法机构'的意图，虽然我们知道投票支持一部法案的那些人往往是抱着对其含义的不同理解而这样做的，而且往往对其中的条文缺乏真正的理解"。[美]富勒：《法律的道德性》，郑戈译，商务印书馆 2007 年版，第 101 页。

法"。① 因此，从规范立法学的角度看，以宣示立法权能的立法机关概念固然有其重要性，然而以描述立法功能的立法者概念则更具有理论与实践上的研究价值。②

根据我国《立法法》及相关法律的规定，我国的立法机关包括：全国人大、全国人大常委会，省、自治区、直辖市的人民代表大会及其常务委员会，设区市的人民代表大会及其常务委员会；国务院、国务院各部、国务院各部委委员会、中国人民银行、审计署和具有行政管理职能的直属机构，省、自治区、直辖市和设区的市、自治州的人民政府；中央军事委员会以及中央军事委员会各总部、军兵种、军区、中国人民武装警察部队。③ 从这些立法机关的构成看，我国立法机关既包括中央国家机关，也包括地方国家机关；既包括代议制机关，也包括行政机关，在特定范围内还包括军事机关。④ 以上这些立法主体当然属于立法者的范畴，不过本书并不打算也不可能对不同性质与不同层级的立法机关制定法律时的参与者进行全面的研究。因此，本书所探讨的立法者仅指在全国人大及其常委会立法时发挥重要作用的各种组织或机构。

《立法法》第 10 条规定，全国人民代表大会和全国人民代表大会常务委员会行使国家立法权。这两个国家机关在各自的权限范围内制定法律，它们是法律秩序内权威性最高的立法者。然而，如果将产生法律的立法者与立法机关等同起来，也就是说将立法者仅仅限定在这两个主体上，我们就难以理解立法过程的复杂性与立法过程的动态性，更难以准确地把握控制立法质量的重要环节。在法律（狭义上）的制定过程中，我们不仅要探讨全国人大与全国人大常委会这两个最重要的立法者，还要论及对立法工作进行宏观领导的执政党；以及作为全国人大与全国人大常委会之组成部分的内部机构，还有各种法律案的提案权主体与法律草案的起草主体；还包括通过各种途径和形式向立法机关提出意见、建议或提供立法咨询服务的公民个体。法律虽然是由全国人大与全国人大常委会表决通过的，但是它在实质上是由以上各种组织或个人的共同作用下形成的。因此，立法者

---

① 严存生：《也谈"立法者"》，载《河北法学》2016 年第 1 期。

② 功能论将那些能对立法活动起实质性作用的、即便不具有法定立法权，或不具有被授予的立法权的主体也视为立法主体。周旺生：《立法学》，法律出版社 2009 年版，第 165 页。

③ 根据《立法法》第 117 条规定，中央军事委员会根据宪法和法律，制定军事法规。中央军事委员会各总部、军兵种、军区、中国人民武装警察部队，可以根据法律和中央军事委员会的军事法规、决定、命令，在其权限范围内，制定军事规章。

④ 我国当前的立法体制是党中央统一领导和一定程度上的分权、多级并存、多类结合的立法权限划分体制。周旺生：《立法学》，法律出版社 2009 年版，第 149 页。

在动态意义上是一个由多种主体构成的整体，而不是一个单独的、孤立的机构或机关。所谓立法机关表达的立法意志只不过是各种参与立法的组织或个人的各种意志经过整合后的结果。

二、立法者的类型

诚然，在立法意见聚合的过程中，各种主体所发挥的作用各不相同，这也体现了它们在立法中的功能与地位不同。对于那些在立法过程中具有特殊地位的主体，下文将分而述之。在此之前，对立法者进行一个学理意义上的分类应该是推进这方面研究的基础性工作。

（一）立法领导者与立法主导者

我国《宪法》序言第 7 自然段宣明，中国特色社会主义现代化建设必须在中国共产党的领导下进行。①《立法法》将宪法确立的原则予以具体化，该法第 3 条规定，立法应当坚持中国共产党的领导。很显然，执政党对包括立法权在内的国家权力进行全面的领导。作为立法领导主体，执政党是立法者的重要组成部分。执政党对立法的领导主要体现为在事关政治方向、政治原则以及重大立法问题上，立法机关要及时向党中央请示报告，经党中央讨论决定，以确保重大立法决策体现党的主张和人民的共同意志。在立法实践中，每届全国人大常委会编制的立法规划都必须经党中央批准后才能公告并实施；重大法律的制定和修改，涉及的重大问题都必须由全国人大常委会党组向党中央请示报告；有些问题虽然不涉及重大体制和重大政策调整，但社会关注度高、各方面意见分歧较大，难以达成共识的，也需要向党中央报告，由党中央决策。根据党的十八届四中全会的要求，党对立法工作中重大问题的决策程序也要尽快地实现制度化、规范化。这也是依宪执政、依法执政的题中之义。

全国人大及其常委会虽然必须在党的领导下开展立法工作，但是其在本质上不是执政党在立法方面的具体实施机关。全国人大及其常委会是我国宪法与立法法规定的拥有国家立法权的机关，它们在行使国家立法权的过程中处于主导地位。这种主导地位体现在：全国人大常委会负责立法规划和年度立法计划的编制和草拟工作以及立法规划与立法计划的督促

---

① 2018 年宪法修改第 36 条修正案将"中国共产党领导是中国特色最本质的特征"写进《宪法》第 1 条第 2 款之中。自此，中国共产党的执政地位由宪法序言描述性语句（尽管也包含规范性意义）予以确认，提升到以条文形式的规范性语句予以确认。这种修改的意义在于：执政党对国家机关（包括立法机关）的领导有明确的宪法依据，同时，执政行为必须接受宪法确立的权力秩序与价值秩序的约束。

实施工作；负责起草一般涉及国家政治制度、立法制度、监察制度、代表制度、人大自身建设等事项的法律草案，以及组织综合性、全局性、基础性的重要法律草案的起草工作；提前介入有关政府部门的法律草案的起草工作。法律案从提案到能否列入会议议程的前置性审查，再到大会的正式审议以及最终通过，全国人大及其常委会都在主导着立法过程。可以说一部法律的质量主要取决于立法主导主体的工作方法与工作能力。

立法领导主体与立法主导主体之间的关系是我国立法体制中的重大问题，本书第二章第二节对此做了初步的探索，关于如何实现两者关系的规范化、制度化的问题，尚需我国学界给予更多的关注和研究。

（二）立法提案者与立法审议者

提案权主体是指在立法程序中有权向全国人大及其常委会提出法律案的主体，它们是立法程序的启动者，是立法者的重要组成部分。我国《立法法》规定有权向全国人大提出法律案的主体有：全国人民代表大会主席团、全国人民代表大会常务委员会、国务院、中央军事委员会、最高人民法院、最高人民检察院、全国人民代表大会各专门委员会以及一个代表团或者30名以上联名的代表。有权向全国人大常委会提出法律案的主体有：委员长会议、国务院、中央军事委员会、最高人民法院、最高人民检察院、全国人民代表大会各专门委员会以及常务委员会10人以上联名的委员。以上向全国人大及其常委会提出法律案的主体既有不同之处，亦有重合之处，大体可以分为两类：第一类是民意机关，包括常设性的代议制机关或代议制机构与临时性的代议制机关。其中，常设性代议制机关是全国人大常委会，常设性代议制机构是全国人大各专门委员会以及全国人大常委会委员长会议。各专门委员会受全国人民代表大会领导，在全国人民代表大会闭会期间，受全国人民代表大会常务委员会领导。由于全国人大会议少且会期短，因而各专门委员会虽在某些领域有独立的法律地位，但从总体上看是人大常委会的内部工作机构[①]。临时性代议制机关是指全国人大主席团、一个代表团或者30名以上联名的代表以及常务委员会10人以上联名的委员。由于这些临时性的组织发挥着代议制机关的功能，因而也在特定条件下具有代议制机关的地位。第二类是非代议制国家机关，主要

[①] 各专门委员会的主任委员、副主任委员和委员的人选虽然是由全国人大大会选举产生的，但是人大常委会也部分地掌握专门委员会成员的人事权，从而实现对专门委员会的领导。大会闭会期间，全国人民代表大会常务委员会可以补充任命专门委员会的个别副主任委员和部分委员，由委员长会议提名，常务委员会会议通过。

由行政机关、司法机关与军事机关这三种机关组成①。其中,国务院因其工作性质,被视为最为重要的提案权主体。《立法法》规定,有提案权的主体向全国人大及其常委会提出法律案,应当同时提出法律草案。法律草案是法律通过之前的原型,它的起草质量对后续的审议工作影响很大。从这个意义上看,提案权主体的确是对立法具有重要影响力的立法者。

从外观上看,全国人大与全国人大常委会是各种主体所提法律案的审议主体。而实际上具体负责审议工作的主体则是全国人大代表、全国人大常委会组成人员,以及作为全国人大与全国人大常委会之工作机构的各专门委员会,尤其是负责统一审议工作的宪法和法律委员会。无论是在决定法律案是否列入会议议程,还是在对法律案进行正式审议的程序中,各专门委员会都发挥着十分重要的作用。立法中的两个最重要的主体就是提案主体与审议主体,它们各自的工作能力以及它们之间的沟通与协作效果如何,都会深刻影响"立法质量"问题的解决。

（三）立法决策者与立法工作者

从我国立法体制运作的实际情况看,执政党在涉及立法上的重大问题方面扮演着无可替代的立法决策者角色。除了统领全局的根本性问题,在大多数情况下,立法决策主体是全国人大与全国人大常委会。它们不仅制定立法规划和立法计划,还负责督促立法规划和立法机关的落实。通过立法规划和立法计划,它们将执政党在特定时期作出的有关立法的决策部署转化成立法决策,其中最为重要的决策报请党中央批准。立法机关作出的立法决策必须由具体的机构负责完成,在全国人大及其常委会内部,这些机构就是全国人大各专门委员会和全国人大常委会各工作委员会。其中,作为全国人大常委会工作机构之一的法制委员会,无论是在立法规划和立法计划的拟定方面,还是在大会的组织、大会各方面意见的整理与汇报以及组织各种意见征询活动方面,以及在进行立法调查研究及法律草案的草拟、参与和提前介入其他国家机关的法律草案起草工作等方面,都是落实常委会工作部署的中坚力量。立法决策主体控制着立法的原则和方向,对立法工作作出总体的部署,而所有的执行性工作都是由立法工作主体来贯彻落实的。高质量法律的产生不仅取决于宏观决策是否正确,也取决于具体工作部门处理细节问题的执行能力。

---

① 2018年宪法修改,我国国家机构中新增了监察委员会。在中央层面,国家监察委员会与国务院、最高人民法院和最高人民检察院同样由全国人民代表大会产生,对它负责,受它监督。尽管《立法法》尚未根据宪法修正案做相应的修改,但是从学理上讲,这四类中央国家机关在全国人大及其常委会立法过程中的提案权地位上应当是平等的。

（四）立法权拥有者与立法参与者

由上文论述可知，所有提案权主体和审议主体，以及全国人大及其常委会之内部的各种委员会都是国家机关主体或者是受国家机关委托行使权力的主体。然而，尽管它们在立法过程的各个环节或处于提案人地位或处于审议者地位，但它们并不是立法者的全部。在国家机关之外，还有像非人大代表的专家学者和社会各界的普通公民，当他们通过某种途径和形式参与到立法工作中，他们也是立法者的不可缺少的组成部分。其中，专家学者在立法中的地位尤其值得重视，他们的专业性意见或建议往往会直接决定着法律草案的内容，将他们视为立法者是理所当然的。

由以上对构成立法者的各种主体进行类型化描述可知，立法者的构成是非常复杂和多样化的，这大概也能从一个侧面说明为什么在法律实践中理解立法者的意图是一件非常困难的事情。[①] 不过，我们仍然可以清楚地感受到，在这些为数众多的立法者当中，全国人大及其常委会内部的各种委员会在立法过程中扮演着极其重要的角色，其中，最引人注目的当属全国人大常委会委员长会议、全国人大宪法和法律委员会以及全国人大常委会法制工作委员会。立法学只有对这三类"委员会"性质的组织体进行深入的分析和研究，才能对作为整体的立法者的构造有更为清楚的认识，也才能把握住提高立法质量的组织环节。

第二节　作为立法领导机构的委员长会议

委员长会议是全国人大常委会内部最具权威性的领导机构，在为数众多的立法者当中，它是从实质意义上对立法具有重要影响的机构之一。它是能够发挥多种类型的立法者功能的主体：既是立法提案者，又是立法审议者；既是立法权的享有主体，又是立法决策的主要执行主体。将委员长会议视为我国立法机关的"大脑"亦不为过。

一、会议会期与议程的控制权

仅从立法的角度看，如果立法机关（即全国人大常委会）内部某个机构有权确定会议会期与会议议程，那么这个机构无论如何都具有掌控全局

---

① "法律与自然法则不同，它是由人类为人类所创造的，它表现立法者创造可能的——符合社会需要的——秩序的意志，法律背后隐含了参与立法之人的规定意向，其价值、追求，以及其对于事物的考量。"[德]卡尔·拉伦茨：《法学方法论》，陈爱娥译，商务印书馆 2005 年版，第 198 页。

的权能。^① 理由很简单，立法就是一个靠集体决策将法律草案转化成法律的过程，也就是说立法就是通过会议的形式输入法律草案、经过审议（的转换）、然后输出法律的过程。决定会期就是决定什么时候开会，开多长时间的会议。这种表面上不决定任何法律草案实质内容的权限，却在实际上对立法的运行过程施加决定性的影响。不开会，法律草案永远只是法律草案；会期的长短同样也影响法律草案的审议效果，甚至决定审议的结果。与全国人大相比，全国人大常委会的开会频率要高多了（即每两个月一次），但是仍然与其肩负的沉重立法任务不相匹配，将大量的权限下放给内部机构也潜藏着某种危险。有时灵活地运用临时会议制度也不失为一种明智的选择。根据《全国人民代表大会常务委员会议事规则》第3条的规定，全国人民代表大会常务委员会会议一般每两个月举行一次；有特殊需要的时候，可以临时召集会议^②。因此，委员长会议可以根据法律案审议的实际需要，提议委员会召集常务委员会临时会议。^③

与会期相比，更为重要的还是会议议程的确定问题。一般能够决定会议议程的机构（或人物）都是会议的真正控制者，它虽不能决定会议最终得出的结论是什么，但它可以决定谁可以参加会议或者会议讨论什么样的问题。就立法而论，委员长会议可以决定什么样的法律案可以列入会议议程。如果法律案连被正式讨论的机会都没有，对于提案人而言无论如何都是一种打击。根据《全国人民代表大会常务委员会议事规则》第5条的规定，委员长会议拟定常务委员会会议议程草案，提请常务委员会全体会议决定。常务委员会举行会议期间，需要调整议程的，由委员长会议提出，经常务委员会全体会议同意。从条文的规定看，会议议程的最终决定权并不在委员长会议，而在常委会全体会议，然而这恐怕是对拟定与表决之间关系的误解。如果拟定只是在委员长会议这个狭小的范围内完成的，即没有在更大的范围内进行讨论和酝酿，那么拟定就是一种相对集权式的议事方式。也就是说，拟定者具有支配地位，表决只是对议程草案的赞同或不赞同的表达而已。对会议议程草案不赞同的委员难道还有提出会议议程修

---

① 会期制度在很大程度上反映了立法机关在立法过程中的地位和作用，并最终影响立法质量的高低。刘建兰、张文麒：《美国州议会立法程序》，中国法制出版社2005年版，第27页。

② 委员长是委员长会议的组成人员，他负责召集并主持委员长会议。关于何谓"特殊需要"，委员长有相当的判断余地。由此可见，临时性的委员长会议能否启动，往往取决于委员长的意见。

③ 蒋劲松教授认为，关于全国人大常委会的会期，1982年宪法的"修宪原意"是要求全国人大常委会像经常工作的国会那样经常开会，方便人民管理国事。全国人大常委会的当务之急其实是逐渐拉长会期，以认真对待其职责，提高工作水准。蒋劲松：《代议会期制度探究》，载《法商研究》2015年第1期。

改稿的权利吗？而这种类型的表决在实践中往往仅是一种形式而已。当会议议程需要调整时，委员长会议依然是主导者，关于如何调整，由委员长会议提出方案，再交由委员会全体会议表决。

二、与法律案相关的权力

（一）法律案"前置性"审议权

在委员长会议享有的与法律案有关的权力中，与会议议程关联密切的是对法律案的"前置性"审议权限。根据《立法法》第 29 条第 2 款以及《全国人民代表大会常务委员会议事规则》第 11 条第 2 款的规定，对于国务院、中央军事委员会、最高人民法院、最高人民检察院、全国人民代表大会各专门委员会以及常务委员会组成人员 10 人以上联名提出的法律案，委员长会议并非当然地将其列入会议议程。委员长会议对于上述主体提出的法律案，区分不同情况予以处理：对于被认为比较成熟的法律案，委员长会议直接列入会议议程；对于基本成熟但仍有一些问题需要进一步研究的法律案，由委员长会议交有关的专门委员会进行审议并提出报告，再决定是否列入会议议程[①]。"之所以规定由委员长会议决定列入会议议程，是因为委员长会议负责拟定常委会会议议程草案，有权根据常委会会议议程情况，决定将审议事项具体列入哪次会议议程，也就是按照需要审议的具体事项的轻重缓急，决定哪些事项优先列入议程，哪些事项决定列入以后的会议议程，以提高常委会的议事效率。"[②] 从委员长会议的组织构成看，它是由常务委员会的委员长、副委员长、秘书长组成的，这些组成人员均为政治性人物。[③] 由人数非常有限的政治性人物组成的机构在组织架构的功能上看一般不适合从事比较具体的业务性或技术性较强的工作。比如对人大常委会之外的国家机关以及联名的委员提交的法律案进行判断（是否成熟以及是否重要）就属于业务性比较强的工作。因此，委员长会议在决定是否将法律案列入会议议程或者进行排序（即决定列入哪次会议议程）之前，应当一律先交付专门委员会进行专业性的审议，再根据审议意见决定是否列入会议议程或者进行先后排序。因此，委员长会议的"前置性"

[①] 委员长会议决定将法律案交给哪个专门委员会进行审议，在很大程度上决定了该法律案的命运，因为不同的专门委员会对待同一个法律案的态度可能是不同的，有的倾向于赞同，有的则倾向于否定。在这种情况下，委员长会议的选择就显得尤为重要。

[②] 张春生：《立法实务操作问答》，中国法制出版社 2016 年版，第 34 页。

[③] 第十一届全国人大常委会秘书长由副委员长李建国兼任，第十二届全国人大常委会秘书长由副委员长王晨兼任，而第十三届全国人大常委会秘书长则由杨振武担任。这似乎说明，由一位全国人大常委会副委员长兼任秘书长的做法尚未成为惯例。

审议权应当是一种非独自完成的、需要专门委员会予以配合之下才能有效行使的权限。如此理解与运用这种权力是对不同组织的特点与功能有正确认识的基础上而作出的选择。

另外，根据《立法法》第 19 条的规定，向全国人民代表大会提出的法律案，在全国人民代表大会闭会期间，可以先向常务委员会提出，经常务委员会会议依照《立法法》第二章第三节规定的有关程序审议后，决定提请全国人民代表大会审议。这就意味着，委员长会议对向全国人民代表大会提出的法律案也发挥着上述类似的重要作用。

（二）法律案的提案权与起草权

根据《立法法》第 29 条的规定，委员长会议自身也拥有向常委会提出法律案的权力。由于委员长会议是会议议程的主导者，因此其提出的法律案不存在需要"前置性"审议的问题，可以直接列入会议议程。一般而言，提出法律案的主体需要同时提交法律草案。然而，正如前文所言，鉴于委员长会议的机构特点，其也不适合亲自起草法律草案，因此，这项工作往往由在委员长会议领导之下的机构负责起草。根据《全国人民代表大会常务委员会议事规则》第 12 条的规定，委员长会议根据工作需要，可以委托常务委员会的工作委员会、办公厅起草议案草案，并向常务委员会会议作说明。这说明，委员长会议本身是有法律案的起草权的，只是出于机构特点，不适合起草，从而委托办公厅或法制工作委员会进行起草，后者向前者负责。其实，从工作原理上看，委员长会议与工作机构之间是领导与被领导的关系，这种内部工作关系一般不用"委托"称谓予以表示，委托一般发生在与外部机构或组织之间的关系中。这些工作机构实际上充当的是委员长会议的"秘书局"或"秘书处"角色。①

（三）搁置审议与终止审议权

在特定情况下，委员长会议有权决定搁置法律案的审议工作。根据《立法法》第 44 条的规定，法律草案表决稿交付常务委员会会议表决前，委员长会议根据常务委员会会议审议的情况，可以决定将个别意见分歧较大的重要条款提请常务委员会会议单独表决。单独表决的条款经常务委员会会议表决后，委员长会议根据单独表决的情况，可以决定将法律草案表决稿交付表决，也可以决定暂不付表决，交宪法和法律委员会与有关的

---

① 在美国州议会的立法实践中，这种机构属于州议会辅助机构中最为重要的一种，常常冠名为"议会立法参考局"，其主要功能是为立法工作提供信息服务以及接受议员或委员会的委托起草议案、修正案或替代修正案，从事提案分析，为议员或委员会提供法律咨询。刘建兰、张文麒：《美国州议会立法程序》，中国法制出版社 2005 年版，第 44 页。

专门委员会进一步审议。在对个别重要条款的意见分歧没有解决的情况下,暂停法律案的审议是一种非常明智的选择。基于法律案审议效果与提高立法质量的考虑,常委会各机构应当各司其职,各尽所长,充分发挥审议整体优势。委员长会议根据审议发生的具体情况调整审议程序,符合其把控全局的机构特点。委员长会议对法律案作出终止审议的决定,也是属于这种情况。根据《立法法》第45条的规定,列入常务委员会会议审议的法律案,因各方面对制定该法律的必要性、可行性等重大问题存在较大意见分歧搁置审议满两年的,或者因暂不付表决经过两年没有再次列入常务委员会会议议程审议的,由委员长会议向常务委员会报告,该法律案终止审议。另外,委员长会议终止法律案的审议也可能是基于提案人的撤回请求。根据《立法法》第43条的规定,列入常务委员会会议议程的法律案,在交付表决前,提案人要求撤回的,应当说明理由,经委员长会议同意,并向常务委员会报告,对该法律案的审议即行终止。

三、立法规划与立法计划的审批权

根据《立法法》第54条的规定,全国人民代表大会及其常务委员会加强对立法工作的组织协调,发挥在立法工作中的主导作用。全国人大及其常委会在立法中发挥主导作用的最重要表现就是拟定对整个立法活动进行宏观引导与控制的立法规划与立法计划。根据《立法法》第56条的规定,全国人民代表大会常务委员会通过立法规划、年度立法计划等形式,加强对立法工作的统筹安排。编制立法规划和年度立法计划,应当认真研究代表议案和建议,广泛征集意见,科学论证评估,根据经济社会发展和民主法治建设的需要,确定立法项目,提高立法的及时性、针对性和系统性。立法规划和年度立法计划由委员长会议通过并向社会公布。尽管在立法规划向社会公布之前,人大常委会党组必须就拟定的立法规划请示党中央批准,但是在人大常委会内部,委员长会议毕竟是进行全局把控的机构。

除了上述重要的职权外,委员长会议还享有一定的人事权力,这也是保障其能够有效地进行内部管理的重要权限[①]。根据《全国人民代表大会组织法》第30条的规定,在大会闭会期间,全国人民代表大会常务委员会可以补充任命专门委员会的个别副主任委员和部分委员,由委员长会议提名,常务委员会会议通过。委员长会议还要负责指导和协调各专门委员会

---

① 根据《全国人民代表大会组织法》第27条的规定,委员长有权提请常务委员会任免常务委员会副秘书长若干人。笔者认为,此项权限应当由委员长会议行使更为合适,如此增强的不是委员长个人的权威,而是作为一个内部领导机构的委员长会议的权威。

的日常工作。作为人大常委会的"大脑",委员长会议所行使的权力对于维系常委会的工作秩序,顺利地完成立法任务具有十分关键的作用。人大常委会的工作效能在很大程度上取决于委员长会议的工作效能。

第三节　作为"意见统合中枢"的宪法和法律委员会

改革开放 40 多年以来,全国人大各专门委员会在全国人大及其常委会领导下,根据宪法和有关法律规定,认真履行职责,充分发挥其专业化优势,在协助全国人大及其常委会依法行使立法权、监督权、重大事项决定权等方面,发挥了重要的作用。"实践证明,专门委员会制度是人民代表大会制度的一项重要内容,是全国人大及其常委会依法履行职权不可或缺的组织保障。可以说,如果没有专门委员会的协助,很难想象全国人大及其常委会的工作能够取得现在这样的成效。"[①] 宪法和法律委员会是由我国宪法规定的全国人大的专门委员会之一。由于它在全国人大及其常委会的立法工作中对各种意见的统合发挥着关键作用,因而在理论与实践中都备受关注。本节在集中讨论宪法和法律委员会在立法过程中的地位的基础上,尤其着重探讨它的组织架构与其应当发挥的功能之间的匹配关系问题。这种探讨的目的在于,宪法和法律委员会在组织结构上如何改进,才能更有利于实现"提高立法质量"的目标。

一、立法的权限与职能

宪法和法律委员会在国家立法上的地位,有时通过其拥有的特定权限表现出来;而在更多的情况下其通过作为全国人民代表大会及其常务委员会领导下的一个常设机构应当担负的各种立法职能表现出来。

（一）法律案的提案与起草

1. 独立的提案权主体地位

在我国国家立法权运行的层次上,即全国人大立法与全国人大常委会立法中,宪法和法律委员会都是法律案的提案权主体。从《立法法》第 17 条与第 29 条的规定看,宪法和法律委员会是与全国人大常委会、国务院、中央军事委员会、最高人民法院与最高人民检察院等我国国家权力体系中最为重要的国家机关并列的提案权主体。由此可见,包括宪法和法律委员会在内的各专门委员会在我国立法体制内居于十分重要的地位,而且这种

---

① 陈斯喜:《充分发挥专门委员会"专"的优势》,载《人大研究》2005 年第 15 期。

地位是独立的。各专门委员会可以基于各自的专业判断独自提出法律案。由于我国各专门委员会在设置上主要以专业为依据,大体上与行政部门形成了对应的关系,因此,在我国《立法法》的制度框架内,在理论上亦存在着民意机关与行政机关在提案权上的竞争关系①。

2. 法律草案的起草

宪法和法律委员会不仅在国家立法层面上享有提案权,其重要地位亦体现于它在法律草案起草领域的广泛职责。

第一种情况是自我起草(职权性起草)。宪法和法律委员会向全国人大或全国人大常委会提出法律案时应当同时提交法律草案。在这种情况下,宪法和法律委员会提交法律草案,既是其权限也是其法定义务。《立法法》第 58 条规定,提出法律案,应当同时提出法律草案文本及其说明,并提供必要的参阅资料。修改法律的,还应当提交修改前后的对照文本。法律草案的说明应当包括制定或者修改法律的必要性、可行性和主要内容,以及起草过程中对重大分歧意见的协调处理情况。

第二种情况是组织起草(职能性起草)。根据《立法法》第 57 条的规定,宪法和法律委员会可以负责组织有关部门与人员共同起草综合性、全局性、基础性的重要法律草案。与自我起草不同,这种起草是由全国人大常委会以内部直接分派任务的形式进行的。它反映的是全国人大常委会内部的工作关系。一般而言,综合性、全局性、基础性的重要法律案的提案权主体应该是全国人大常委会。全国人大常委会对外是一个整体性的拥有多种重要职权的国家机关,然而,全国人大常委会的各种权限与职能是通过其内部负责具体事务的工作机构来实现的。全国人大常委会在立法上的水平和能力,主要是通过落实具体职能的内部机构的工作效能体现出来的。离开这些工作机构谈论全国人大常委会的职能是没有实证意义的,否则,人们就会将之视为一个虽有极高的权威性但缺乏具体行动能力的"抽象实体"。全国人大常委会所有对外权能都必须具体落实到其内部机构及其工作人员身上,才能得到具体的贯彻执行。因此,全国人大常委会虽然握有重要法律案的提案权,然而落实提案权相关所有具体事宜(包括

---

① 目前我国实在法的相关规定已经在落实对口审议的要求,比如《全国人民代表大会常务委员会议事规则》第 16 条规定,提请批准决算和预算调整方案的议案,交财政经济委员会审议,也可以同时交其他有关专门委员会审议,由财政经济委员会向常务委员会会议提出审查结果的报告。提请批准条约和协定的议案,交外事委员会审议,也可以同时交其他有关专门委员会审议,由外事委员会向常务委员会会议提出审核结果的报告。至于与专业相对应的提案权规定虽然不宜于在实在法上明确其提案范围,但是从工作效能的角度看,各专门委员会在其自由决定提案时,一般应以本委员会专长为限。

起草法律草案）则只能由具体的机构或委员会负责完成。①

第三种情况是提前介入起草（主导性起草）。根据《立法法》第57条的规定，全国人民代表大会有关的专门委员会（当然包括宪法和法律委员会）应当提前参与有关方面的法律草案起草工作。对于国务院、中央军事委员会、最高人民法院、最高人民检察院等方面牵头起草的法律草案，包括宪法和法律委员会在内的各专门委员会应当提前参与法律草案的起草工作。这些部门在起草法律草案的过程中，人大为了加强对起草工作的指导，以避免部门利益法制化，提高立法质量，可以决定由宪法和法律委员会提前介入这些部门的法律草案的起草工作。在提前介入工作中，宪法和法律委员会应当做好以下工作：一是把握和宣传立法宗旨、思路，以凝聚共识；二是加强与起草单位、提案单位的联系，明确立法依据，收集相关资料，了解实际情况；三是把握法律草案的重点、难点及制度设计要解决的主要问题；四是对法律草案的合法性、可行性提出意见等。②

提前介入起草工作具有非常重要的意义。首先，提前介入可以彰显人大在立法工作中的主导地位。主导地位主要表现在对立法宗旨的宣传方面。立法宗旨是法律草案的"灵魂"，对草案具体内容与具体条款的起草具有指引作用。这就要求宪法和法律委员会自身必须对立法宗旨有很强的把握能力和解释、宣传能力。其次，提前介入起草也是人大获取立法信息的重要契机。与部门有关的法律草案起草工作所需要的大量信息、资料往往掌握在起草部门自己手中，如果宪法和法律委员会没有提前介入，实际上很难与这些部门分享它们所"垄断"的重要信息和资料。这些信息和资料是对法律草案进行辩论和论证时不可或缺的事实依据。只有掌握这些信息和资料，人大才能在根本上弥补其在管理经验以及信息资料占有方面的不足。在信息不对称的状况没有得到根本改变的形势下，政府部门会继续利用其在信息方面的压倒性优势左右立法的走向。在这种情况下，人大要实现其在立法工作中的主导地位的确是极其困难的。

法律草案的起草是立法程序中的关键性环节，无论在自我起草，还是在组织起草以及参与其他主体牵头的起草工作中，宪法和法律委员会都拥有广泛地决定或影响法律草案内容的权限或职能。由于法律草案的质量对未来通过的法律的质量具有直接的影响，因此，仅从能够直接决定或影

① "国会政府乃委员会政府。会期中的国会是向公众展示的国会，而委员会会议室中的国会才是运转中的国会。"[英]安德鲁·海伍德：《政治学》，张立鹏译，中国人民大学出版社2006年版，第381页。

② 张春生：《立法实务操作问答》，中国法制出版社2016年版，第24页。

响法律草案内容的角度看,宪法和法律委员会可以算得上是立法中的关键机构之一。

(二)法律案的"前置性"审议

在我国虽然有权向全国人大及其常委会提出法律案的主体有 11 种之多,但各主体提出的法律案并非都必然被列入人大或人大常委会大会会议议程。其中,全国人民代表大会主席团、全国人民代表大会常务委员会、全国人民代表大会常务委员会委员长会议以及各专门委员会提出的法律案,因提案主体在立法程序中的特殊地位,它们提出的法律案一般不存在不能列入大会会议议程的问题。也就是说,国务院、中央军事委员会、最高人民法院、最高人民检察院、一个代表团、30 名以上联名的代表以及 10 人以上联名的人大常委会委员这 7 种主体提出的法律案——除非人大主席团或委员长会议决定直接列入会议议程只有经过《立法法》要求的"前置性"审议之后,才能由大会主席团或委员长会议根据审议结果报告决定是否列入大会会议议程。我国《立法法》为了保证进入大会正式审议程序的法律案的质量,特地设置这种具有筛选功能的过滤程序。这种制度设计并非为我国所特有。比如,"在美国,每个委员会在其管辖权内对议案拥有专有发言权。未经委员会事先审议的议案,不可能直接得到议院的审议。议案一提出就被交给相关的委员会,议案的命运在很大程度上由委员会决定,委员会的作用非常之大。"[1]

向全国人大提出的法律案,如果大会主席团不能直接决定是否列入大会会议议程,可先交有关的专门委员会审议、提出是否列入会议议程的意见,再决定是否列入会议议程。向全国人大常委会提出的法律案,如果委员长会议不能直接决定是否列入常委会大会会议议程,可先交有关的专门委员会审议、提出是否列入会议议程的意见,再决定是否列入常务委员会会议议程。不列入常务委员会会议议程的,应当向常务委员会会议报告或者向提案人说明。

具体负责对全国人大主席团或常委会委员长会议交付的法律案审议工作的主体是全国人大各专门委员会。正是在提案权主体与"前置性"审议主体相重合的意义上,笔者认为各专门委员会提出的法律案一般不存在需要进行"前置性"审议的必要。各专门委员会一般按照专业领域的不同对法律案进行审议,并分别向大会主席团或委员长会议提出审议报告,审议报告当然包含是否列入大会会议议程的意见,大会主席团或委员长会

---

[1] 苗连营:《立法程序论》,中国检察出版社 2001 年版,第 203 页。

议依据这个意见最终决定法律案是否列入大会会议议程。包括宪法和法律委员会在内的各专门委员会通过"前置性"审议程序决定着法律案的命运，就此而言，我们不能不再次承认它们是立法过程中的关键机构，将它们称为立法者中的"实权派"亦属恰当。

（三）法律案的统一审议

1982年12月，五届全国人大第五次会议通过的《全国人民代表大会代表法》第37条规定，法律委员会统一审议向全国人大或全国人大常委会提出的法律草案，其他专门委员会就有关的法律草案向法律委员会提出意见。这一规定确立了全国人大及其常委会制定的法律由法律委员会统一审议的制度。"法律委员会的审议对于全国人大及其常委会审议法律案来说，是一种全局性、综合性的审议，是各种审议中的一道关键性关口。"① 法律案的统一审议具有十分重要的意义：有利于社会主义法制的统一；有利于体现人民意志，实现民治政府的理想；有利于防止部门利益法制化；有利于更好地遵循立法程序和完善立法技术。②

经过近20年的立法实践，统一审议制度得以发展，于2000年《立法法》将之完善。根据该法第20条、第24条以及第33条等条款的规定，列入全国人民代表大会或者常务委员会会议议程的法律案，由宪法和法律委员会根据各代表团或常务委员会组成人员以及有关的专门委员会的审议意见和各方面提出的意见，对法律案进行统一审议，向主席团或委员长会议提出审议结果报告和法律草案修改稿以及法律草案表决稿，由主席团或委员长会议提请大会全体会议表决并以全体代表或委员的过半数通过。

毫无疑问，宪法和法律委员会在对提交审议的法律草案的修改中发挥着主导作用。这种作用的关键在于：宪法和法律委员会有权对各方面提出的意见进行整理和取舍，并最终形成法律草案修改稿或法律草案表决稿。很显然，宪法和法律委员会是立法机关内部实际上发挥（院内、院外）各方意见集中（统合）功能的机构。③ 诚然，由于这种集中权限的运用直接关乎立法质量的高低，因而不能不予以高度重视。应当看到，人大作为一个立法机关，在立法时必须切实贯彻民主立法原则，充分发扬民主，广泛听取各

---

① 全国人大常委会法制工作委员会国家法室：《中华人民共和国立法法释义》，法律出版社2015年版，第93页。

② 肖蔚云：《对法律案进行统一审议的必要性》，载《山东人大工作》2000年第10期。

③ 我国《宪法》第3条第1款规定，中华人民共和国的国家机构实行民主集中制的原则。全国人民代表大会及其常委会在立法过程中，尤其是在意见的汲取与整合方面也遵循民主集中制的工作原则。

方面的意见和建议，为制定法律奠定坚实的民意基础和客观事实基础。然而，事实上意见和建议历来就是多样、多元的且纷繁复杂的，其背后总是隐含着各种（常常）相互冲突、相互竞争的利益诉求。立法机关必须科学、合理地将这些意见统合起来，形成一个得到广泛认可的统一意见。

正是因为这种统合意见的权力至关重要，因而也必须受到合理的限制或制约。对宪法和法律委员会统一审议权的制约有两种方法：第一种是我国《立法法》框架内所包含的方法，即说明理由制度。《立法法》第 36 条规定，列入常务委员会会议议程的法律案，由宪法和法律委员会根据常务委员会组成人员、有关的专门委员会的审议意见和各方面提出的意见，对法律案进行统一审议，提出修改情况的汇报或者审议结果报告和法律草案修改稿，对重要的不同意见应当在汇报或者审议结果报告中予以说明。对有关的专门委员会的审议意见没有采纳的，应当向有关的专门委员会反馈。由此可见，宪法和法律委员会应当在汇报或者审议结果报告中对重要的不同意见予以说明。关于何谓"重要的不同意见"，其含义也很难捉摸，尚需在实践中继续探索并总结出一些可操作性的标准。关于"说明"应当理解为"说明理由"，不能理解为仅仅在审议结果报告中指出什么样的重要不同意见没有被采纳，而不说明为什么没有被采纳。"反馈"也不是仅仅指宪法和法律委员会只是告诉相关的专门委员会其意见没有被采纳的事实，其重点是说明没有被采纳的理由。立法是一个理性论辩的过程，过程参加人都是基于理性进行论辩，也只能基于理性认同某种结果。因此，说明理由不仅对宪法和法律委员会是一种制约，使其意见统合工作朝着理性决策的目标前行，同时也体现了对意见未被采纳者的尊重。该条用"应当"的规范词语表达宪法和法律委员会对不采纳意见负有说明理由的义务。当然这种义务属于客观法上的义务，它并不意味着相应的没有收到说明理由信息的主体可以运用某种救济方式对宪法和法律委员会的不作为进行某种形式的申诉，以便起到有效制衡的效果。因此，《立法法》框架内的这种制约属于比较柔和的制约方式。第二种是更具有对抗意味的制约方式。那些意见没有被采纳的代表、委员或相关专门委员会等立法主体可以在宪法和法律委员会完成法律草案表决稿之后与提交大会表决之前向大会提交法律草案修改稿（或法律草案修正案），由大会进行审议并作出决定。这种制度主要是为了解决宪法和法律委员会与其他主与体之间的意见分歧而设置的。意见没有被采纳的代表、委员或有关专门委员会可以利用这种对抗性质的制度装置实现对宪法和法律委员会之意见统合权力的制约。将分歧性的意见放在正式表决之前的大会上予以讨论，虽然在表面上，甚至也在客观上降低了人大或常委会的立法效率，但是如此竞争性意见的表达机制对于确保法律草案的质量以及降低法律草案在大会上无法通过的风险，仍然具有不容忽视的积极意义。①

统一审议的对象只是局限在列入大会会议议程的法律草案，还是也可以延伸到尚未列入大会会议议程的法律案？从《立法法》第23条与第27条的规定看，宪法和法律委员会的统一审议权只局限在大会审议阶段，但是《全国人民代表大会组织法》对宪法和法律委员会的统一审议权并没有作出明确的限定。根据该法第37条第3款的规定，法律委员会统一审议向全国人民代表大会或者全国人民代表大会常务委员会提出的法律草案；其他专门委员会就有关的法律草案向法律委员会提出意见。该条并未对已经列入大会会议议程的法律草案与尚未列入大会会议议程的法律草案作出明确的区分。如果法律委员会的统一审议权限延伸到"前置性"审议阶段，那么，其在立法中的地位更是超越了其他专门委员会。

（四）法律解释中的统一审议

根据《立法法》第49条、第50条与第51条的规定，法律在执行的过程中出现需要解释的问题时，国务院、中央军事委员会、最高人民法院、最高人民检察院和全国人民代表大会各专门委员会以及省、自治区、直辖市的人民代表大会常务委员会可以向全国人民代表大会常务委员会提出法律解释要求。然后由常务委员会法制工作委员会研究拟定法律解释草案，由委员长会议决定列入常务委员会会议议程。法律解释草案经常务委员会会议审议，由宪法和法律委员会根据常务委员会组成人员的审议意见进行审议、修改，提出法律解释草案表决稿。由以上规定可知，宪法和法律委员会自身不仅可以向常委会提出法律解释的要求，掌握着法律解释程序的启动权，更为重要的是，它还在立法解释程序中再次扮演与法律案统一审议中相类似的角色，即拥有意见统合权与定稿权。从某种意义上说，人大常委会法律解释的质量高低直接受制于宪法和法律委员会的审议水平。

（五）法规备案审查

根据《全国人民代表大会组织法》第37条第1款第2项的规定，包括宪法和法律委员会在内的各专门委员会审议全国人民代表大会常务委员会交付的被认为同宪法、法律相抵触的国务院的行政法规、决定和命令，国务院各部、各委员会的命令、指示和规章，省、自治区、直辖市的人民代表大会和它的常务委员会的地方性法规和决议，以及省、自治区、直辖市的

---

① 苗连营：《立法程序论》，中国检察出版社2001年版，第208~212页。

人民政府的决定、命令和规章，审查之后向人大常委会提出报告。由这个规定可以看出，宪法和法律委员会等专门委员会审查的范围既包括行政法规、地方性法规，也包括部门规章与地方性规章。相比之下，《立法法》对各专门委员会的上述审查范围做一定的限制，即只能审查行政法规、地方性法规、自治条例和单行条例是否与宪法或者法律相抵触。根据2015年修改后的《立法法》，宪法和法律委员会等专门委员会的审查对象的范围不仅受到了限缩，而且其审查权限也部分地由常委会法制工作委员会分享。

宪法和法律委员会等专门委员会的规范审查权虽然不是终局性的权力，但是依然是非常重要的。审议之后向全国人大常委会提出报告，常委会自然是根据这个报告作出决定。在审查中，各专门委员会之间如何分工，目前尚无清晰的规定，但是按照各专门委员会的专业特点进行对口审议，应该是一种行之有效的惯例。比如，根据《全国人民代表大会组织法》第37条第2款的规定，民族委员会审议自治区报请全国人民代表大会常务委员会批准的自治区的自治条例和单行条例，向全国人民代表大会常务委员会提出报告。诚然，关于民族委员会对自治条例和单行条例是否享有排他性的专属审议权的问题，目前尚有讨论的余地。

二、与其他专门委员会之间的意见协调机制

根据《立法法》第35条和第36条的规定，宪法和法律委员会与其他专门委员会在法律案的审议方面是有分工的。一般而言，有关的专门委员会审议与该委员会有关的法律案，即大致按照专业对口的原则来安排审议，而宪法和法律委员会负责法律案的统一审议。为了加强各专门委员会相互之间以及它们与宪法和法律委员会在法律案审议工作中的联系，使宪法和法律委员会的统一审议与其他专门委员会的审议有机地结合起来。[①]《立法法》明确规定，在有关的专门委员会在审议法律案时，可以邀请其他专门委员会成员列席会议，发表意见；宪法和法律委员会在对法律案进行统一审议时，应当邀请其他专门委员会成员列席会议，发表意见。对有关的专门委员会的审议意见没有采纳的，应当向有关的专门委员会反馈。这种"相互列席会议"的制度架构对于宪法和法律委员会与其他专门委员会

---

① 关于宪法和法律委员会与其他专门委员会之间在法律案审议上的关系，也有学者认为实在法的规定不妥，甚至有违宪法的根本精神。"法律委员会和其他专门委员会在立法活动中所发挥的作用不同，应该是专业分工和管辖范围的不同，而不是法律地位的不同。不应将其他专门委员会变成法律委员会审议法律案时的咨询机构。"李兴祖：《加强专门委员会在立法审议中的作用》，载《中国法学》1993年第3期。

之间的意见交流和沟通起到了保障作用，有利于化解在法律案审议时各专门委员会因意见不同或对立而产生的矛盾，通过沟通协商解决问题。但是在实践中，并不是所有的问题都是可以通过各专门委员会之间的沟通和协商予以解决的。由于各专门委员会看问题的视角、所掌握的信息与资讯以及基于各自的专门领域的经验等方面的不同，都会导致专门委员会之间，尤其是宪法和法律委员会与其他专门委员会之间在审议法律案时产生意见分歧。在这种分歧不能通过协商化解的情况下，《立法法》提出以下几种可供选择的解决程序：

第一，说明理由的程序。宪法和法律委员会对其他专门委员会的审议意见不予以采纳的，应当向其他专门委员会说明不予以采纳的理由。这是解决宪法和法律委员会与其他专门委员会之间意见分歧的一个意见交涉程序。如果其他专门委员会对宪法和法律委员会给出的理由予以认可，则表明问题已经解决，不再存在以下解决意见分歧的程序的启动。不经过意见分歧的交流程序，意见未被采纳的专门委员会不得启动其他解决争议的程序。

第二，评估程序的启动。对宪法和法律委员会给出的不予以采纳的意见的理由不予以认可的专门委员会，可以向常委会有关工作机构（主要是指法制工作委员会）提议，启动法律案审议中的评估程序。法制工作委员会自己启动法律案的评估程序固然没有问题，但是评估应当有一定的问题意识和解决问题的导向，如果由有异议的专门委员会启动评估程序，则可以为不同意见之间的"竞争"或"对抗"提供更多的机会，这也更加符合保障充分"交涉"的程序设置的目的。

第三，委员长会议决定的搁置程序。当宪法和法律委员会与其他专门委员会之间对法律草案的重要问题意见不一致时，应当向委员长会议报告。委员长会议就有关问题听取专门委员会的介绍，进行研究，提出解决意见。对于该法律制度制定的必要性、可行性有重大分歧意见的，委员长会议可以提出将法律案搁置，暂不列入下次常委会会议议程。这种程序虽然没有最终化解宪法和法律委员会与其他专门委员会之间的意见分歧，但是考虑到立法对社会生活的全面、重大、长期的影响，立法机关以这种消极的方式处理比较棘手的问题，也体现了立法者应有的审慎态度，不失为一种明智的选择。

三、委员会的组织结构及其对立法的影响

上文对宪法和法律委员会在立法中的主要权能进行系统（并非毫无遗漏）的分析中，笔者屡屡使用"关键"一词来表达该机构在立法中的重要作用。可以说，全国人大及其常委会能否在立法中发挥主导作用，在很大程度上取决于宪法和法律委员会之"立法上的议事权能"是否得以有效地运用。宪法和法律委员会的权能运用的实效性又取决于该机构的实际组织架构状况以及其支配资源的实力。也就是说，宪法和法律委员会的立法权能要与该机构的组织结构所决定的行动能力相匹配。是故，唯有对宪法和法律委员会的立法权能与其实际的行动能力进行对应性分析，我们才能更好地理解该机构在立法中的实际地位如何，同时，出于"提高立法质量"的考虑，我们也才能更准确预测未来机构改革的动向在哪里。

（一）委员会结构的一个样本分析

宪法和法律委员会由多少人组成，他们分别具有怎样的年龄结构、性别结构、专业结构以及专兼职结构等，这些情况是分析该机构必须掌握的重要信息。本书以十二届全国人大法律委员会为分析样本[①]。该委员会（以目前全国人大官网公布为准）总共23人，其中主任委员1人，副主任委员8人，委员14人。该委员会的具体构成情况如下：

（1）性别结构：其中女性委员3人，占总数的13.04%；男性委员20人，占总数的86.96%。（2）年龄结构：70岁以上1人，占总数的4.435%；60岁以上18人，占总数的78.26%；50岁以上3人，占总数的13.04%；50岁以下1人，占总数的4.43%。（3）专业结构：其中法学专业9人，占总数的39.13%；经济学专业4人，占总数的17.39%；语言、文学、教育学、哲学、病理生理学、土壤学各1人，各占4.43%，其他不详。（4）专兼职结构：其中没有任何性质的兼职委员有4人（以网络上可供查询的信息为准），占总数的17.39%；有兼职情况的委员18人，占总数的78.26%。有兼职的又分为以下几种情况：有的仅有内部兼职（即除了担任法律委员会委员外，还担任人大常委会内部机构的其他职务），比如信春鹰除了担任法律委员会委员之外，还担任全国人大常委会副秘书长、机关党组副书记；李飞除了担任法律委员会副主任委员外，还担任全国人大常委会副秘书长、香港特别行政区基本法委员会主任、澳门特别行政区基本法委员会主任。有的既有内部兼职也有外部兼职（即在全国人大常委会之外的组织或机构内任

---

① 第十二届全国人民代表大会法律委员会主任委员、副主任委员、委员名单（23名）其中，主任委员是乔晓阳，副主任委员有李适时、孙宝树、苏泽林、丛斌、李飞、张鸣起、谢经荣、徐显明；委员（按姓名笔画为序）有王胜明、安建、李连宁、吴浩、沈春耀、张伯里、周光权、郎胜、赵东花（女）、赵胜轩、信春鹰（女）、倪英达、黄汉标、程东红（女）。这是2013年3月16日第十二届全国人民代表大会第一次会议表决通过的名单，本书的分析样本来源于全国人民代表大会官网所公布的信息。因任期中间职务变动，现在的分析样本与2013年公布的信息有一定的出入。不过，这对样本分析结论没有实质性影响。

职，包括党组织），比如李适时除担任法律委员会副主任委员外，还在全国人大常委会担任法制工作委员会主任，在人大常委会之外还担任中共中央机构编制委员会办公室副主任。有的仅有外部兼职，比如孙宝树除担任法律委员会副主任委员外，还担任中华全国总工会副主席。（5）曾任职结构。在 23 名委员中，除周光权委员外，其他 22 位委员都曾在人大、政府、军队、法院、检察院、高等院校以及工会、妇联等组织中担任过领导职务，其中多人职务在副部级以上。

（二）委员会结构对立法的影响

一个机构拥有什么样的职权是一个规范问题，它取决于实在法的具体规定。然而，这个机构能否实现它的权能则取决于诸多主客观因素，其中，最为重要的是人的因素。机构的每项职权最终必须细化为具体的任务，然后根据内部分工，由组成该机构的每一位工作人员去完成。因此，构成这个机构的具体人员的现实状况以及由这些人员形成的相互关系，为整个机构的功能的实现奠定了基础。符合要求的人员结构就是具有决定性意义的因素。

1. 机构功能与年龄构成的关系

年龄与经历和经验有关，构成宪法和法律委员会的委员（除一个委员外）均在 50 岁以上，他们都曾担任各部门或各种组织的领导职务，有丰富的社会经历和宝贵的管理经验，这对于完成宪法和法律委员会的重要职能而言是非常有利的。然而，年龄与人的精力和活动能力也存在密切的关系，一般而言，年龄越大，人的精力和活动能力越差，这是生理规律。根据上文样本分析，80% 以上的法律委员会的构成人员都超过 60 岁，这种年龄结构状况对于完成既非常关键又非常繁重的立法工作而言无疑是不利的因素。法律委员会由 45~60 岁的年富力强的委员为主体，应该是一种比较合理的状态。试图从生理学的角度探究对决策者的工作效能构成限制的因素，至少在法学上是较为罕见的。然而从组织功能意义上看，这种分析的确有必要。①

2. 机构功能与专业构成的关系

全国人大各专门委员会主要是按专业（对口）的要求设置的，因此其专业特点非常明显，如果按照比较理想化的设置要求，像民族委员会应该主要由精通民族问题的专家构成。与其他专门委员会相比，宪法和法律委

---

① ［美］詹姆斯·G.马奇：《决策是如何产生的》，王元歌、章爱民译，机械工业出版社 2013 年版，第 8 页。

员会有些特殊，它负责法律案的统一审议，因此，关于该机构如何设置才能贯彻专业化的要求，存在不同的见解。其中一种观点认为，统一审议不能仅限于法律方面的审议，因此，该委员会应该由不同专业背景的人员构成。从样本分析的情况看，宪法和法律委员会的确是由不同专业的委员构成的，其中具有法律专业的委员占到40%。笔者认为，由于与其他专门委员会在设置上已经完成专业对口的课题，在相应的专门委员会已经完成了专业意义上的审议的情况下，宪法和法律委员会的重点应当放在全方位的法律专业意义上的审议方面。需要指出的是，法律专业是一门概括性的规范科学，其中又包含着不同的二级专业（甚至还有更为细致的划分），这些细化的专业与其他专门委员会的专业领域也能形成对应关系，比如经济法、金融法方面的法律专家与财政经济委员会的审议的主题就有直接的对应关系，环境法方面的专家与环境资源委员会的审议主题也存在着对应关系。笔者认为，宪法和法律委员会应当进一步提升具有法律专业背景的委员的比例，与此同时要进一步优化法律专业委员内部的比例关系与结构关系，尽量能与其他专门委员会之间形成专业人才与相应专业性法律人才之间的对应关系。

3. 机构功能与专兼职结构的关系

对于从事任何工作的人来说，注意力都是一种稀缺资源。任何人集中注意力的时间和能力都是有限的。[1] 将注意力集中在最为重要的事情上是生活中的每一个个体的明智选择。对于生活在组织中的人来说，将多大注意力投入职务工作之中，直接决定着其工作的成效。很显然，如果一个人在其本职工作之外有其他兼职，那么，为完成不同的工作任务，不同职务之间必然会产生关于如何分配注意力的竞争关系。对于任何组织而言，工作人员兼职都是降低组织工作效能的不容忽视的重要因素。由上文分析可知，我国全国人大宪法和法律委员会构成人员的专兼职情况还是比较的严重的，高达80%以上。出于组织架构方面的考虑，有时内部兼职不可避免，比如，在宪法和法律委员会中一般由一位副主任委员兼任常委会法制工作委员会主任，这样有利于这两个机构在工作内容上的承接与联系。但是除非有合理的理由，内部兼职应当受到限制；至于外部兼职，原则上应当一律予以禁止。我们可以想象得到，一位大学校长整天处于怎样的忙碌状态，如果再让他去做宪法和法律委员会委员，他还能将多大的注意力投

---

① 根据詹姆斯·G. 马奇的研究，由于人们注意力集中的时间和能力是有限的，所以不可能同时关注所有的事情。[美] 詹姆斯·G. 马奇：《决策是如何产生的》，王元歌、章爱民译，机械工业出版社2013年版，第8页。

入到法律案的审议上面呢?

很显然,宪法和法律委员会是一个对确保立法质量负有重大责任的机构,它是一个实实在在地靠提供专业智慧证明自身价值的机构,不应是一个为退居二线的官员维系其职位、级别与荣誉的场所。除了通过改进人员结构以适应机构的法律地位之外,根据《全国人民代表大会常务委员会议事规则》的规定,在审议涉及专门性问题的法律案时,宪法和法律委员会可以邀请有关方面的代表或者专家列席会议,发表意见;宪法和法律委员会还可以聘请若干顾问以补强自身的能力。① 也许更具有意义的是,在具体的立法工作中,宪法和法律委员会常常必须依靠组织力量更为强大且更具有行政机构特点的法制工作委员会,才能更好地履行其在立法中的重要职责。

第四节　作为"立法秘书局"的法制工作委员会

法制工作委员会是全国人大常委会的立法工作部门,在委员长会议的领导下,负责对列入常委会会议议程的所有法律草案的具体研究、修改工作,为全国人大及其常委会、委员长会议与宪法和法律委员会审议法律案提供服务。② 作为非民意性质的"官僚机构",该委员会在立法中主要扮演"秘书局"的角色。然而从实在法的角度看,它在某些方面已经超越了"服务机构"的界限,获取了某种"实质立法者"的身份。

一、立法权能的主要内容

（一）立法规划的拟定与实施③

立法规划是指有立法权的人大常委会在职权范围内,根据宪法与立法法确定的原则,为明确其任期内的立法总体安排和部署,围绕国家和地方中心工作,按照一定程序编制的指导立法工作的文件。目前,除全国人大常委会之外,绝大多数省、自治区、直辖市人大常委会都编制了立法规

---

① 根据《全国人民代表大会组织法》第36条的规定,各专门委员会可以根据工作需要,任命专家若干人为顾问;顾问可以列席专门委员会会议,发表意见。顾问由全国人民代表大会常务委员会任免。笔者认为,顾问主要适合于临时性的专业事务,使用此类人员,"聘请"比"任命"更为合适。

② 全国人大常委会法制工作委员会国家法室:《中华人民共和国立法法释义》,法律出版社2015年版,第157页。

③ 本书之所以没有讨论立法计划问题,主要是因为立法计划是对立法规划按年度进行的分解,在工作机制方面与立法规划大致相同。

划。1991年11月七届全国人大常委会编制了《全国人大常委会立法规划（1991年10月至1993年3月）》，这是我国立法机关编制的第一个立法规划。除第一次立法规划因特殊原因没有与人大常委会任期完全吻合外，从八届人大常委会到十二届人大常委会，我国均编制了与人大常委会任期相吻合的5年立法规划。在经历20多年的立法规划实践之后，我国已经形成比较稳定的立法规划工作体制。在该体制中，具体负责拟定立法规划（建议稿）的机构目前已比较固定。在九届全国人大常委会之前，负责全国人大常委会立法规划拟定工作的是全国人大常委会秘书处，十届全国人大常委会立法规划的拟定工作由全国人大常委会办公厅负责。2007年立法规划工作体制再次进行调整，十一届全国人大常委会立法规划的拟定工作首次由全国人大常委会法制工作委员会负责。目前由法制工作委员会负责拟定立法规划的机制已经比较成熟。

1. 立法规划的拟定

立法规划是对全国人大常委会任期内的立法工作的总体部署，体现这种部署的立法规划本身的质量高低决定着具体立法工作的成效。编制立法规划是全国人大常委会实现其在立法中的主导作用的关键环节，是故，负责具体拟定工作的法制工作委员会可谓责任重大。立法规划的核心内容就是确定在全国人大常委会任期内需要完成的立法项目。以十二届全国人大常委会立法规划为例，该立法规划总共列入立法项目102项，其中第一类属于条件比较成熟、任期内拟提请审议的项目（其载体就是法律草案），共76件；第二类属于需要抓紧工作、条件成熟时提请审议的项目，共26件；第三类属于立法条件尚不完全具备、需要继续研究论证的立法项目，包括财政税收、国家经济安全、促进军民融合、行业协会商会、社会信用、航天方面的立法项目，以及强制执行、机构编制、行政程序方面的立法项目，广播电视传输保障、学前教育、社会救助、农村扶贫开发方面的立法项目等①。很显然，法制工作委员会拟定立法规划的主要任务，就是以项目论证的方式确立立法项目。立法规划的拟定主要包括以下几个主要环节：

（1）确定项目拟定指导思想。法制工作委员会首先应当明确项目拟定的指导思想。编制立法规划应当根据经济社会发展和民主法治建设的需要，确定立法项目，围绕党和国家工作大局，围绕本地区工作的中心任务，

①　从八届全国人大常委会到十一届全国人大常委会，常委会立法规划只有前两类立法项目，第十二届全国人大常委会首次明确了第三类研究论证项目，目前列入立法规划的第一类和第二类的立法项目是按照七个法律部门的顺序排列的，即宪法相关法类、民商法类、行政法类、经济法类、社会法类、刑法类、诉讼与非诉讼程序法类。

着力通过立法推动落实党中央与地方党委的重大决策部署，加强涉及经济社会发展全局的重点领域立法，对各方面提出的立法需求进行通盘考虑、总体设计，增强立法的针对性、及时性和系统性。① 很显然，如果将立法理解为一种将政策转化成法律的活动，那么，作为立法之首要环节的立法规划就必须弄清楚，党和国家的重大决策对立法提出了哪些要求。

（2）征集立法项目建议。法制工作委员会一般首先向国家机关或其机构征集立法项目建议，这些主体包括人大各专门委员会、常委会各工作机构、政府及其有关部门、国家监察委员会、最高人民法院、最高人民检察院、中央军事委员会法制局等单位。在发送立法项目征集建议函时，要明确提出立项标准和要求②。除了从官方渠道征集立法项目建议外，法制工作委员会还要搜集非官方的立法项目建议，广泛地研究梳理媒体所反映的立法项目建议，对群众来信来访中提出的立法项目建议等召开座谈会听取专家的立法建议。

（3）项目论证过程。法制工作委员会对立法项目建议进行汇总整理，通过座谈会等形式与有关单位进行沟通，提出立法规划项目备选清单。根据实际需要选择一些有分歧意见或者立法思路需要进一步明确的项目，召开论证会，听取项目提出单位和其他相关单位、议案领衔代表、专家学者的意见，根据论证结果，提出项目安排建议。立法项目论证是指立法机关根据立法建议项目提交人、专家、学者和社会公众的意见，就立法建议项目的必要性、可行性等问题进行分析、判断，为科学编制立法规划和立法计划提供依据。一般情况下，立法项目论证会由人大常委会法制工作委员会负责主持。参加立法项目论证会的单位和人员包括：人大代表、人大有关专门委员会组成人员、常委会有关工作机构负责人、相关领域专家、政府法制部门负责人以及其他有关单位和人员。召开立法项目论证会时，项目建议人应当提供必要的资料并派有关负责人到会说明情况、回答问题。立项论证会参加人员应当对建议项目的必要性、可行性、合法性进行充分论证。在项目论证过程中，法制工作委员会以全国人大常委会代表的身份主导项目论证工作。立法机关主导项目论证可以有效地避免部门主导下立法的部门化趋向，克服立法的随意性和盲目性，实现立法资源的优化配置，提高立法实效；有利于中国特色社会主义法律体系的完善，保障社会主义法制的

---

① 张春生：《立法实务操作问答》，中国法制出版社 2016 年版，第 4~5 页。

② 这是一个非常重要的细节，一个没有收到这种主动要求提供立法项目建议函的主体虽然有很强的立法项目的立项动机，但是由于不了解立项的标准和具体要求，所以很难保证立项的成功率。

统一；有利于拓宽公众对立法的有序参与、凝聚社会共识。

法制工作委员会在研究形成立法规划建议稿之后，还要按程序正式征求各方面的建议。根据各方面回复的意见调整完善建议稿，最终形成需要提请批示的代拟稿。由全国人大常委会委员长会议通过后，经全国人大常委会党组向党中央报请批准，然后由全国人大常委会予以公告。

2. 立法规划的实施

法制工作委员会不仅是实际上拟定立法规划的机构，也是按照全国人大常委会的要求具体负责督促立法规划实施的机构。法制工作委员会一般从"任务、组织、时间、责任"四个方面督促立法规划的实施，要求各法律草案的起草单位切实推进起草工作，确定工作任务，搭建起草团队，制定时间表，明确起草责任。如果法律草案起草单位不能按照立法规划规定的时间表提请审议法律草案，承担起草职责的有关单位要向全国人大常委会报告未完成的原因或有关情况[①]。立法规划的督促与落实工作能够增强全国人大常委会立法工作的主导性；有助于各部门之间的协调和有准备地参加立法活动，提高立法质量和立法工作效率；有利于保障全国人大常委会任期内立法任务的完成和立法目标的实现。[②]

（二）法律草案的起草工作

法律草案是未来法律的雏形，虽说法律草案在审议的过程中都要或多或少地被修改，但完全被修改的法律草案极为罕见。因此，起草者在对法律具有什么样的内容和形式方面有十分重要的影响。因此，作为立法者之一的法制工作委员会的作用也鲜明地体现在其起草法律草案的工作中。

1. 负责起草

法制工作委员会负责起草的法律草案属于人大自行起草的法律草案。在实践中，人大自行起草的法律草案一般涉及国家政治制度、立法制度、监察制度、代表制度、人大自身建设等事项，如国家机构的组织法、立法法、监督法、代表法等。涉及这些事项的法律，一般由人大主席团、常委会、委员长会议或者各专门委员会提出法案，由其他机关或部门起草都不合适，只能由全国人大自行起草，法制工作委员会就是具体负责起草法律案的机构。例如，我国1979年7月1日五届全国人大二次会议通过的《选举法》

---

① 立法机关与具体负责起草法律草案的国家机关之间不存在行政意义上的领导与被领导的上下级关系，因此，法制工作委员会的督促行为作用有限，对于没有按照规划完成任务的国家机关，立法机关也只能要求说明理由而已，对于起草机关而言，找个理由并非难事。

② 全国人大常委会法制工作委员会国家法室：《中华人民共和国立法法释义》，法律出版社2015年版，第168页。

分别于 1982 年、1986 年、1995 年、2004 年、2010 年与 2015 年进行了修改,这六次法律修改草案都是由全国人大常委会法制工作委员会负责起草的。虽然以上修改稿草案都是由法制工作委员会负责起草,但是 1979 年通过的《选举法》的起草单位却是民政部,这似乎说明当时重要法律草案统一由法制工作委员会起草的惯例在当时尚未完全形成。不过,同样是 1979 年通过的《地方各级人民代表大会和地方各级人民政府组织法》,该法的法律草案以及之后对该法四次修改的修改稿草案都是由法制工作委员会负责起草的。根据《全国人民代表大会常务委员会议事规则》第 12 条规定,委员长会议根据工作需要,可以委托常务委员会的工作委员会、办公厅起草议案草案,并向常务委员会会议作说明。由此可见,法制工作委员会与委员长会议之间是立基于内部管理秩序之上的业务委派关系。因此,法制工作委员会起草的法律草案经过内部认定程序就被视为全国人大常委会起草的法律草案。

2. 组织起草

根据《立法法》第 57 条的规定,综合性、全局性、基础性的重要法律草案,可以由有关的专门委员会或者常务委员会工作机构组织起草。由法制工作委员会组织综合性、全局性、基础性的重要法律草案的起草工作,而不是由法制工作委员会靠自己的力量独自完成这些重要法律草案的起草工作,主要是基于起草能力方面的考虑,即法制工作委员会在人员配备上非常有限,专业知识的储备方面不够充足以及在实务操作与管理经验方面的欠缺等。在这种客观情况下,由法制工作委员会负责单独起草这些重要的法律草案,不利于保证法律草案的质量。因此,关于这方面的法律草案的起草工作,应当由法制工作委员会组织政府有关部门、有关社会团体、专家学者等一起完成起草工作。这种组织形式可被视为一种由法制工作委员会主导的起草委员会或者起草小组。当然这种起草委员会是否能够发挥其起草工作效能,在很大程度上取决于法制工作委员会的组织协调能力①。

3. 提前介入起草

根据《立法法》第 57 条的规定,全国人民代表大会常务委员会工作机构(主要指法制工作委员会)应当提前参与有关方面的法律草案起草工

---

① 根据《立法法》第 57 条的规定,宪法和法律委员会与法制工作委员会都有权组织综合性、全局性、基础性的重要法律草案的起草工作。有疑问的是,就某项具体的法律草案,这两个机构是同时组织起草,在起草过程中以宪法和法律委员会为主、法制工作委员会为辅,还是当一个机构组织起草时,另一机构则不参与起草。这涉及两个委员会之间的关系问题,下文有进一步论述。

作。在有关部门起草法律草案的过程中，人大为了加强对起草工作的指导，以避免部门利益法制化，提高立法质量，可以决定由法制工作委员会提前介入这些部门的法律草案的起草工作。根据《立法法》规定，法制工作委员会与宪法和法律委员会都有权提前介入其他国家机关的起草工作。当这两者同时介入起草工作时，该如何协调它们彼此间的关系呢？这是一个与上述两者同时组织起草时面临的同样性质的问题。《立法法》并没有给出明确的指示。不过，从两者在立法上的地位看，在具体的介入工作中，法制工作委员会应当协助宪法和法律委员会，为其提供类似秘书意义上的服务。至于在具体工作中，法制工作委员会独立发表见解是否妥当，则有待进一步探讨。

（三）法律案审议中的辅助工作

在法律案的审议中，法制工作委员会之"秘书局"或"秘书处"角色得到最为充分的表现。此时，该机构发挥着类似于美国州议会的"立法参考局"的功能。这种工作既烦琐、具体，又不可或缺。任何形式的立法研究都不应忽视它在立法中的重要作用。可以说，它的工作能力的强弱也直接影响着立法质量的高低。

1. 意见的收集与整理

在法律案的审议中，审议机构所需的信息主要由法制工作委员会进行收集与整理。以下分两种情况予以说明。（1）为全国人大常委会审议法律案收集、整理意见。在全国人大常委会对向全国人大提出的法律案进行"前置性"审议时需要收集的意见。根据《立法法》第19条的规定，向全国人民代表大会提出的法律案，在全国人民代表大会闭会期间，可以先向常务委员会提出，由常务委员会会议依照向常务委员会提出的法律案同样的程序进行审议后，再决定提请全国人民代表大会审议。常务委员会在审议这种类型的法律案时，应当以各种形式征求全国人大代表的意见，包括书面征求意见、召开座谈会征求意见等多种形式。法制工作委员会就是具体负责征求意见工作的机构。实践中，征求意见的形式主要采取邮寄法律草案纸质文本、通过电子邮件发送法律草案文本以及省级人大常委会组织代表集中研读法律草案文本并提出意见等。代表既可以通过代表邮箱，也可以以书面形式向法制工作委员会回复意见，参加省级人大组织的研读活动而发表的意见由省级人大常委会法制工作委员会予以汇总并向全国人大常委会法制工作委员会报告，由全国人大常委会法制工作委员会对这些意见进行整理。另外，立法调研是立法过程中听取意见的重要形式，法制工作委员会在进行立法调研时，可以邀请有关的全国人大代表参加，这样法制工作委员会既能够更加直接、充分地听取代表意见，尤其是相关领域基层代表的意见，也能方便代表通过调研更加直接、广泛地听取和反映基层民众的意见。（2）为宪法和法律委员会进行统一审议做好基础工作。统一审议又分为对列入全国人大会议议程的法律案进行的审议和对列入全国人大常委会会议议程的法律案的审议。在宪法和法律委员会对列入全国人大会议议程的法律案进行统一审议时，法制工作委员会的工作协助是必不可少的。法制工作委员会负责汇总和研究各代表团和专门委员会的审议意见。在实践中，法制工作委员会在各代表团分组审议法律案时，会派工作人员到会听取、记录意见并加以汇总。根据各代表团和有关的专门委员会的审议意见，法制工作委员会进行逐条研究，提出对法律案的修改意见[1]。法制工作委员会的修改意见是宪法和法律委员会经过统一审议形成法律草案修改稿的基础。

在宪法和法律委员会对列入全国人大常委会会议议程的法律案进行统一审议时，法制工作委员会应当做好以下工作：第一，认真整理常委会组成人员对法律草案初审的意见，准备在常委会二次审议该法律草案时印发会议。第二，根据立法的需要召开有关地方、部门、人民团体、专家、有关基层和群体代表、全国人大代表和社会有关方面参加的座谈会、论证会、听证会等，听取各方面对法律草案的意见。第三，将法律草案印发各地和有关部门广泛征求各方面的意见，并按规定时间将意见书面反馈回来，进行归纳整理。第四，将法律草案向全国公布（委员长会议决定不公布的除外），对反馈意见进行整理。第五，法制工作委员会在对常委会组成人员、有关的专门委员会和方面的意见进行整理、分析的基础上，对法律草案进行逐条研究，提出法律草案修改意见稿。[2] 由此可见，法制工作委员会不仅要做传统意义上的秘书工作，同时它也依借其庞大的研究团队提供实实在在的"立法成果"，离开它，很难想象宪法和法律委员会能够完成其审议任务。

2. 提供立法参考资料

提供内容丰富且具有参考价值的会议资料是保证立法顺利进行的必要前提条件。在人大常委会审议法律案的过程中，印发会议的立法参阅资

---

[1]　实质上，这项工作已经超越了整理与汇总意见意义上的"秘书"工作性质，而是具有参谋或智库性质的工作。因为宪法和法律委员会召开全体会议时，是根据法制工作委员会汇总的意见以及其提出的修改意见，对法律案进行逐条审议，然后提出法律草案修改稿。

[2]　全国人大常委会法制工作委员会国家法室：《中华人民共和国立法法释义》，法律出版社2015年版，第83、94、123页。

料主要由法制工作委员会负责完成。一般情况下,法制工作委员会在人大常委会审议法律案之前,就将制定该法律需要了解的背景情况和立法中可能涉及的问题整理成参阅资料。

3. 法律通过前的评估工作

2013年4月,全国人大常委会法制工作委员会开始进行法律案通过前评估。此后,法制工作委员会对多部法律案进行了通过前评估。这种实践探索对于提高立法质量有明显的促进作用,2015年《立法法》修改时,已经将法制工作委员会主导的法律案通过前评估写进第39条。法律案通过前评估已经成为人大常委会立法的"常规动作"。法制工作委员会根据实践经验,对法律案进行通过前评估的对象、开展评估的时间、评估的内容、评估的主体以及评估情况的应用等问题已经形成比较清楚的思路和做法。其中,在确定评估的主体时,法制工作委员会主要考虑参加评估会主体的代表性,比如2014年8月,法制工作委员会召开了安全生产法修正案的通过前评估会,邀请的人员包括全国人大代表、专家学者、生产经营单位、有关行业协会和技术管理服务机构、地方政府以及生产监督管理部门等方面的23人参加。另外在安排参加人员时,尽量将他们与参加过安全生产法修正案的起草和审议工作的人员区别开来,人员的区分是意见区分的重要条件。

(四)法规审查中的相关工作

我国立法法对有关主体向全国人大常委会提出的对行政法规、地方性法规、自治条例和单行条例提出的审查请求进行如下区分,即审查要求与审查建议。其中,由国务院、中央军事委员会、最高人民法院、最高人民检察院和各省、自治区、直辖市的人民代表大会常务委员会提出的请求属于审查要求,提出审查要求是一种正式审查启动程序,一旦有权机关提出审查要求,就要进入正式审查程序。全国人大常委会法制工作委员会收到审查要求后,应当分送有关的专门委员会进行审查,专门委员会承担具体的审查任务。由以上国家机关之外的其他国家机关和社会团体、企业事业组织以及公民提出的请求属于审查建议。对于审查建议,法制工作委员会先进行研究并给予妥善处理。如果认为确有必要,如审查建议提出的问题重大、关注度比较高、涉及面比较广,应当送有关的专门委员会进行审查,提出意见。对公民、组织提出的审查建议进行研究是法制工作委员会所属的法规备案审查室的一项重要日常工作。目前,每年公民、组织提出审查建议的数量比较多,如果对每一件审查建议都启动正式的审查程序,那么审查机构将不堪重负。实际工作中，常委会法规备案审查工作机构对公民、组织提出的每一件审查建议都进行认真接受、登记和审查研究，对发现的问题进行妥善处理，这样做既符合实际工作要求，也是有效的。① 除了上文提到的被动审查之外，全国人大常委会法制工作委员会法规备案审查室还可以对报送备案的规范性文件进行主动审查。主动审查的范围不仅包括行政法规、地方性法规、自治条例和单行条例，还包括最高人民法院和最高人民检察院作出的司法解释。

根据《立法法》（2000年）第90条与第91条的规定，只有全国人大的专门委员会有权对有关国家机关、公民、组织提出的审查要求或审查建议进行审查，提出审查意见。全国人大常委会法制工作委员会只能进行审查研究，发现法规、司法解释存在违宪违法问题也无权提出书面意见，只能与制定机关进行口头沟通。实践证明，这种制度设计有其弊端，对于机构本身的特点认识不够清楚。由于具体负责法规审查工作的专门委员会在机构设置、人员配备等方面的原因，在审查实践中很少提供审查意见。这当然不能适应法规备案审查工作的实际需要，不利于及时地纠正违宪违法行为。有鉴于此，2015年《立法法》的修改大幅度地提升了法制工作委员会在法规审查中的地位，该机构在法规审查承担起更为重要的责任。② 这体现在：全国人大常委会既可以将法规审查的具体工作交由有关的专门委员会办理，也可以交由法制工作委员会承担，并要求其提出书面审查的意见。法制工作委员会提出的研究意见不是常务委员会的决定，不具有强制执行效力，因此，在规范意义上应当允许法制工作委员会向制定机关提出书面意见，如此有利于及时纠正违宪违法行为。如果法制工作委员会向制定机关提出书面意见后，制定机关不予以纠正的，法制工作委员会应当向常务委员会委员长会议提出撤销法规的建议，正式启动常务委员会的撤销程序。

二、委员会的构成与性质

从机构的内部构成看，目前全国人大常委会法制工作委员会下辖办公室、刑法室、民法室、国家法室、行政法室、经济法室、研究室、法规备案审查室、立法规划室、社会法室等10个厅局级机构。法制工作委员会虽然

---

① 全国人大常委会法制工作委员会国家法室：《中华人民共和国立法法释义》，法律出版社2015年版，第315页。

② 全国人大常委会自2004年成立备案审查专门机构以来，备案审查制度发挥了实实在在的功效。通过沟通协商、督促制定机关纠正的法规、司法解释累计上百件。但是目前还没有公开撤销的案例。全国人大法工委：《法规备案审查尚无公开撤销案例》，https://topics.caixin.com/2017-03-09/101064366.html，访问时间：2022年3月9日。

是全国人大常委会的内部办事机构，但是它的组成人员在规模上已经超过全国人大常委会的委员总数。我国十一届与十二届全国人大常委会委员人数都是 75 人（其中委员长、副委员长、秘书长共 14 人，委员 61 人），而法制工作委员会目前的人数已经达 200 人[①]。由上文对法制工作委员会在立法中的各项权能（择其要者，并非完备）的分析可知，该机构是依靠完成具体性、基础性、事务性的工作而确立起其在立法机关中的地位的。法制工作委员会虽是全国人大常委会的内部办事机构，但其在机构性质上与全国人大常委会以及包括宪法和法律委员会在内的所有专门委员会有着本质的区别，它不像后者那样是通过选举程序产生的代表或委员组成的民意机关或机构，它的组成人员除主任（有时也包括部分副主任）外，其余工作人员均无人大代表与人大常委会委员身份。说这个机构是一个由专业技术人员组成的"官僚机构"亦不为过。正是由于该委员会在组织架构上的"官僚机构"性质，与其在立法中所发挥的实质立法者作用之间存在"不符"之处，因而使其在学界遭受一些诟病。有学者把法制工作委员会称为"隐性立法者"，发挥着"小常委会"和"事实上立法引擎"的功能。[②] 也有学者用"立法官僚化"来描述立法过程中立法权由全国人大及其常委会（即名义上的立法者）向其常设机构、专门委员会、工作机构（即实质立法者）的转移现象，并分析了实质立法者的行为逻辑遵循的是"官僚理论"的专业性、科层化、封闭性等基本原则。[③] 对于全国人大常委会的内部机构在立法功能上的变迁，也有学者认为，"法工委作为内部工作机构借《立法法》将其职能外部化，变成法定职权，可能会有架空原本拥有职权的主体的危险。由于法规备案审查是由法工委内设的机构运作的，以一个官僚化的机构来替代民意代表机构的作用，再通过强化法规备案审查进一步将其越俎代庖行为合法化，最终有导致立法官僚而非人大代表做违宪审查的危险后果"[④]。

其实，学者们的忧虑并非毫无理据，不受控制的机构（尤其是官僚性质的机构）会导致立法机关的变质。然而，这种学术意义上的担忧并没有

---

① 法制工作委员会自设立之初至 1979 年年底为 54 人，1980 年为 75 人，1981 年为 102 人，1982 年为 120 人，1985 年达到 155 人之后，一直维持在 150 人以上。2001 年编制确定为 157 人。2005 年，法制工作机构编制定为 200 人。近几年的编制情况尚未公开。

② 卢群星：《隐性立法者——中国立法工作者的作用及其正当性难题》，载《浙江大学学报（人文社会科学版）》2013 年第 2 期。

③ 王理万：《立法官僚化：理解中国立法过程的新视角》，载《中国法律评论》2016 年第 2 期。

④ 褚宸舸：《全国人大常委会法工委职能之商榷》，载《中国法律评论》2017 年第 1 期。

抓住问题的关键，因而也不可能真正地回应我国立法实践面临的重大现实课题。他们忽略了一个重要的事实，即没有强大的委员会（即内部工作机构），就无所谓强大的议会，无论这些机构是如宪法和法律委员会那样的民意机构，还是像法制工作委员会那样的"官僚机构"，情况都一样。强大的议会只是给人的外观印象，它的强大必须通过设置强大的委员会予以实现。众所周知，中国的全国人大及其常委会并非像英国或美国那样的强势议会，我国在确立其在立法中的主导地位时，应当走一条与英国、美国等西方国家不同的道路，甚至反其道而行之就成为目前的一种值得赞赏的选择，即通过建构强大的委员会来塑造强大的议会。有工作能力和工作效率的法制工作委员会不仅弥补了像宪法和法律委员会这样的内部工作机构的缺陷，同时，也是人大及其常委会在立法中摆脱行政机关的控制，确立自身在立法中的主导地位必须依借的力量。行政机关从表面上看是政策与法律的执行者，然而它们在政策的形成与法律的制定中依然发挥着十分重要的作用。^① 无论是在编制立法规划的过程中，还是在提出法律案并论证法律案的成熟度方面，行政机关因其具有丰富的管理经验和掌握大量的决策必须依靠的信息，在面对立法机关时往往表现出积极、主动的地位。立法机关要改变这种被动局面，必须以在其掌控下的强大"议会官僚机构"去应对强大的"行政官僚机构"。法制工作委员会以其具有丰富经验的专业技术人员团队和可以支配的物力、财力等方面的资源，能够在立法领域有效地平衡立法机关与行政机关的力量对比关系。诚然，法制工作委员会无论如何强化其立法功能，它始终都是在人大常委会的领导下开展工作的办事机构。

三、与宪法和法律委员会的关系

（一）辅助关系

1.法律案审议工作

法制工作委员会为宪法和法律委员会顺利地完成法律案的统一审议任务做了大量的必不可少的准备性与基础性工作，这主要表现在：统一审

---

① 在实践中，决策和提供政策建议之间没有明显的区别。决定是根据所获得信息作出的，这意味着决定的内容总是取决于所提供的建议。而且，官僚人员作为政治人物的首要建议来源，能够有效控制信息的流动：政治人物之所知即为文官之所诉。因此，文官人员可以隐瞒甚至"改变"信息，以反映自己的偏好。官僚权力的主要源头，仍然是在官僚机构内部积累的专业技能和专门知识。由于政府责任扩张和政策变得更加复杂，"业余"的政治人物几乎必然要依靠"职业"的官僚顾问。[英]安德鲁·海伍德：《政治学》，张立鹏译，中国人民大学出版社2006年版，第424页。

议所必要的信息收集与整理工作必须由法制工作委员会来完成。"在精简机构和法制统一原则的作用下,宪法和法律委员会的办事机构和法制工作委员会的办事机构是同一的。因此,宪法和法律委员会统一审议法律案的工作,是和全国人大常委会法制工作委员会共同完成的。审议的准备工作或日常工作,如收集整理各代表团的审议意见和提出修改稿,通常由法制工作委员会进行。正式的审议工作则由法律委员会召开全体会议进行。全体会议应当认真研究各代表团和有关专门委员会的审议意见,充分讨论,逐条审议。"[①] 值得注意的是,法制工作委员会不仅提供信息,还对信息进行分析并提出法律案的修改意见,这一方面减轻了宪法和法律委员会的工作压力,另一方面也容易诱发关于法制工作委员会以其意见取代宪法和法律委员会审议意见的争论。这应当引起负责控制内部秩序的人大常委会委员长会议的警惕和重视,的确需要采取一些有针对性的措施以避免辅助者演化为主导者的风险。

2. 法规的被动审查工作

在法规的被动审查工作中,法制工作委员会扮演着宪法和法律委员会的"助手"角色。根据《立法法》第 110 条的规定,国务院、中央军事委员会、最高人民法院、最高人民检察院和各省、自治区、直辖市的人民代表大会常务委员会认为行政法规、地方性法规、自治条例和单行条例同宪法或者法律相抵触的,可以向全国人民代表大会常务委员会书面提出进行审查的要求,由常务委员会法制工作委员会分送宪法和法律委员会进行审查、提出意见[②]。在被动审查中,法制工作委员会没有什么判断的余地,只是履行"分送"的程序性工作而已。被动性审查还存在另外一种情形,即上述国家机关以外的其他国家机关和社会团体、企业事业组织以及公民认为行政法规、地方性法规、自治条例和单行条例同宪法或者法律相抵触时,可以向全国人民代表大会常务委员会书面提出进行审查的建议。面对这种审查建议,法制工作委员会可以进行"前置性"的过滤性审查,当该机构进行研究后,认为必要时,才将审查建议提交给包括宪法和法律委员会在内的专门委员会进行审查。至于何谓"必要",法制工作委员会有一定的自由裁量权限。在实践中,法制工作委员会通过对审查建议进行研究后发现的确存在下位法违反上位法的情况,也可以直接与下位法的制定机关进行沟通,说明情况。一般而言,下位法的制定机关会接受法制工作委员会的建

---

① 周旺生:《再论全国人大立法运作制度》,载《求是学刊》2003 年第 4 期。

② 当然,法制工作委员会并非只能将审查要求报送给宪法和法律委员会,根据被审查的法规的性质与内容,应当按照专业对口的要求进行报送。

议修改相关的下位法。①

（二）平行关系

1.法律草案的起草工作

根据《立法法》第 57 条的规定，一方面，宪法和法律委员会与法制工作委员会都有权提前参与有关方面（尤其是国务院及其部门）的法律草案起草工作，以避免部门利益法律化倾向；另一方面，宪法和法律委员会与法制工作委员会都有权起草综合性、全局性、基础性的重要法律草案。从《立法法》的条文表述看，在这两项工作方面，宪法和法律委员会与法制工作委员会处于平行关系，不存在主导与辅助的关系。不过，根据上文分析可知，宪法和法律委员会在人员构成上的特点决定了它很难胜任频繁地从事法律草案的起草工作，而法制工作委员会则在法律草案的起草方面具有更大的优势。如果两机构同时在场，则应该是相互协作的关系。

2.听取意见的工作

虽说在法律案的审议过程中，法制工作委员会主要承担信息收集和整理方面的工作，但这并不意味着宪法和法律委员会完全放弃了收集信息的权力。根据《立法法》第 39 条的规定，列入常务委员会会议议程的法律案，宪法和法律委员会与法制工作委员会都应当听取各方面的意见。听取意见可以采取座谈会、论证会、听证会等多种形式。至少从条文规定的意义上看，宪法和法律委员会与法制工作委员会都可以收集信息。然而，正如前文分析，宪法和法律委员会的人员非常有限，收集信息方面的工作最终还是由法制工作委员会负责办理。

3.立法后评估工作

根据《立法法》第 67 条的规定，全国人民代表大会宪法和法律委员会与法制工作委员会都有权组织对有关法律或者法律中有关规定进行立法后评估，并且应当将评估情况向常务委员会报告。同样，该条也没有明确地区分宪法和法律委员会与法制工作委员会在立法后评估工作上的主次之分。

---

① 2015 年 10 月，潘某某骑电动车被交警扣留，但他认为交警依据的《杭州市道路交通安全管理条例》中有关"扣留非机动车并托运回原籍"的规定违反上位法。此后，潘某某致信全国人大常委会，要求审查并撤销该条例违法设置的行政强制措施。收到信件后，全国人大常委会法制工作委员会请杭州市人大常委会说明所涉问题，后者遂作出书面反馈，全国人大常委会法工委研究后认为，《杭州市道路交通安全管理条例》的相关规定与《行政强制法》规定不一致，要求杭州市人大常委会研究、修改这一条例。此后，杭州市人大常委会和有关部门着手研究该条例修改方案，决定将条例的修改列入 2017 年立法计划，同时委托专家学者对本届人大任期内制定的全部地方性法规的合法性问题进行全面审查。全国人大常委会法工委向潘某某进行了书面反馈。

4.法规的主动审查工作

如果在法规的被动审查中,宪法和法律委员会与法制工作委员会的主次关系非常明确的话,那么在法规的主动审查中,法制工作委员会与宪法和法律委员会则是"平起平坐"的关系。这两个机构在审查、研究中认为行政法规、地方性法规、自治条例和单行条例同宪法或者法律相抵触时,都可以向制定机关提出书面审查意见、研究意见(当然,为了相互配合、更有质量地完成审查任务,它们也可以召开联席会议,实行共同审查),要求制定机关到会说明情况,再向制定机关提出书面审查意见。制定机关应当在两个月内研究提出是否修改的意见,并向全国人民代表大会宪法和法律委员会与法制工作委员会进行工作反馈。如果宪法和法律委员会或法制工作委员会向制定机关提出审查意见、研究意见,制定机关按照所提意见对行政法规、地方性法规、自治条例和单行条例进行修改或者废止的,宪法和法律委员会或法制工作委员会则决定终止审查;反之,如果宪法和法律委员会或法制工作委员会认为行政法规、地方性法规、自治条例和单行条例同宪法或者法律相抵触而制定机关不予修改的,应当向委员长会议提出予以撤销的建议,由委员长会议决定提请常务委员会会议审议决定。

(三)制约关系

宪法和法律委员会对法律案的统一审议权限一直被认为是立法中最为核心的权力。也许是考虑到这种权力过大,有学者甚至提出反对确立宪法和法律委员会的统一审议地位的观点。[1] 然而主流的见解认为,宪法和法律委员会的权限还是应当受到一定的制约,其目的最终是提高立法质量。饶有兴味的是,我国《立法法》在其框架内确立了由非民意性质的法制工作委员会"监督"宪法和法律委员会统一审议工作的制度。该法第39条规定,拟提请常务委员会会议审议通过的法律案,在宪法和法律委员会提出审议结果报告前,法制工作委员会可以对法律草案中主要制度规范的可行性、法律出台时机、法律实施的社会效果和可能出现的问题等进行评估。评估情况由宪法和法律委员会在审议结果报告中予以说明。诚然,从目前来看,这种"制约"并非分权制衡意义上的限制,而是专业技术意义上的支持,其目的是以避免宪法和法律委员会在审议工作中可能出现的某些疏漏[2]。至于该制度在未来是否有可能发挥更强的制约功能,则不无想象空间。

---

[1] 李兴祖:《加强专门委员会在立法审议中的作用》,载《中国法学》1993年第3期。

[2] 由于法制工作委员会的主任都是由宪法和法律委员会的副主任兼任的,因此,法制工作委员会在更多的时候是为宪法和法律委员会提供咨询和服务的机构。因此,也可以合理地认为,法律案通过前的评估,其主要目的是过滤风险,而非权力制约。

第五节　立法者的责任问题

在社会生活与政治生活中，工作人员的责任心是一种极其宝贵的资源。培养责任心的方法有很多种，比如道德教化、纪律约束，就是两种比较常见的方式。前者侧重于通过培养行为人对以特定价值观为内容的行为模式的认同，或者通过人们相互间的道德评价而引起精神或心理状态的变化，进而达到使行为人自觉遵守规范的效果；而后者则侧重于通过外在力量的约束（即当行为人未按照要求行为时就会受到相应的惩罚）迫使行为人遵守规范。诚然，如果行为人对纪律包含的价值目标予以认同，通常也会自觉地遵守纪律。纪律通常仅具有组织内部规范的性质，当这种意义的规范上升为法律时，法律责任就成为威慑行为人采取合法行为的强制性力量。立法者通常假定，法律责任可以起到督促行为人履行其法定义务的作用。按照这种逻辑，似乎每一种法律义务都必须有法律责任与之相匹配，法律制度的设计才算得上完整。然而，这种逻辑似乎并不适合于立法者本身。当一部法律被认定为存在比较明显的质量问题，尤其是经审查后被认为违反宪法时，是否可以追究（当初）制定这部法律的立法者的法律责任呢？ ①

一、建构法律责任规范的一般逻辑

在任何形式的规范体系里（无论是道德体系、法律体系还是形式各异的组织内部的规章体系），都包含着对违反行为规范进行惩罚的机制，这种机制是保障规范体系有效实施的自我控制手段。它的具体表现形式就是对违反行为规范的人进行惩罚（或制裁）。按照这种逻辑，法律体系必须通过法律责任这个内在的制度装置才能保证其自身的有效运行。法律责任的设定与追究涉及许多深层次的问题，并非看上去那么简单。

首先，法律责任的设定是以法律义务的存在为前提。追究一个人的法律责任就是因这个人违反法律义务而对其进行制裁。只有在法律上清晰地界定行为人的法定义务的内容与范围，我们才能有意义地谈论法律责任，至于法律责任的内容是什么，暂且不论。一般而言，行为人只对其本人

---

① 有学者指出，《立法法》的一个不可忽视的缺陷即在于，该法"拒绝设置法律责任，使中国的立法工作成为随便怎么做、做好做坏都无所谓的一项不存在责任、不需要负责的'最幸福'的工作"。周旺生：《立法学》，法律出版社 2009 年版，第 115 页。

违反法定义务的行为承担法律责任。①

其次，法律责任的设定总是以一套追究法律责任的机制的存在为条件。当法律仅仅规定，当某行为人违反法律义务且不愿意承担法律后果时，该行为人应当承担这一法律责任，是不够的，它必须同时规定或者指明一定的（司法的、行政的或者兼具这两种性质的）国家机关依照法定程序对违反法定义务的人进行制裁，只有在这种情况下，法律责任的设定才是有意义的。

最后，行为能力决定着法律义务的设定，同时也是理解法律责任的关键。如果说行为人承担责任的前提是该行为人负有法律义务，那么人们又是按照什么样的原理来确定行为人的义务的呢？也就是说，义务的产生必定有一个可以理解的基础。无论是法律还是道德均不能随意地确立人们所负义务的内容，比如成年人所负的法律义务与道德义务与未成年人相比在内容上就有很大的区别，同样，特定专业或职业领域的公民与普通公民相比，其所负的法律义务与道德义务在内容上也存在很大的差异。一般而言，上述两种情况下的前者都比后者承担更多的法律义务或道德义务。立法者究竟是以什么样的因素为依据来确定公民在法律上所负义务的内容的呢？通过对实在法的考察可以发现，立法者确定公民或国家机关（包括其工作人员）法律义务所参酌的因素是多样化的，包括年龄、健康与精神状况等，但其中最为重要的是能力（capacity）标准。当法律假定某些人不具备行为能力或者只具有有限的行为能力时，随之也会相应地免除或者减轻这些人的法律义务。因此，法律不追究（或者只是部分地追究）某些侵犯他人合法权益或者公共利益的行为人的法律责任的根本理由在于，法律已经假定这些人没有或者只具有有限的行为能力。我国民法与刑法正是按照这种逻辑建构起民事行为能力与民事责任、刑事行为能力与刑事责任之间的关联性。同样，我国个人所得税法实行九级累进税率（2011 年已经修改成七级累进税率），其对经济能力比较强的公民施加了更为繁重的纳税义务，同时对月收入低于 3500 元的个人免征个人所得税。个人所得税法对不同经济收入（直接体现经济实力或能力）的公民进行了区别对待，而能够将这种区别对待予以合理化的重要理由之一就是公民在经济能力上的差异。

---

① 也有例外情况，它使一个人要对组成某个其所参加的组织中的其他人的不法行为承担责任，也就是对别人犯的不法行为负责。因此，一个人的不法行为总是对其法定义务的违反，而一个人承担的法律责任却是由其他人的不法行为引起的。这就是义务与责任的分离情况。[奥]凯尔森：《法与国家的一般理论》，沈宗灵译，中国大百科全书出版社 1996 年版，第 78 页。

二、设定立法者法律责任的基础何在

由上文分析可见，如果我们想富有成效地探究立法者的法律责任问题，必须弄清楚：作为整体的立法者与负责具体立法工作的工作人员之间的区分，作为法律责任之前提的法律义务的内容是什么，以及如何才能确定作为确定立法者法律义务之基础的立法能力。对责任问题的研究需要在义务、能力与责任这三者相互关联的框架内进行，方为妥当。

（一）界定立法者立法能力的不可能性

正如上文所述，确定行为人法律责任的前提是明确其法律义务，而法律义务的确定需要考虑的最为重要的因素是该行为人是否具备特定的行为能力。按照这种逻辑，立法者的法律义务也是建立在立法者具备立法能力的这个假定的基础上的。事实上，在一个国家，具体法律上的人的行为能力与其所负法律义务之间的联系性是由立法者根据人类长期积累起来的经验以及社会现实需要而建立起来的，立法者是这种法律内部机制的最具权威性的建构者，在立法者之外，再也没有任何主体有资格来确定立法者的立法能力的内容。立法者的立法能力不是一个从法律意义上可以被界定的制度性要素，它是一个国家在特定历史时期的国家综合实力的一部分，主要是一种事实性的力量[①]。

即便是立法者自身也无法界定立法能力的内容。因为，立法者不是一个具体的个人，甚至它也不是一个专门的国家机关，它是一个由众多主体构成的极其复杂的整体。从狭义上看，立法者指拥有法定权限审议并通过法律的国家机关。在我国，立法机关专指全国人大与全国人大常委会。[②]从表面上看，立法就是人大代表或人大常委会委员对法律案进行审议并最终表决通过法律案。事实上，立法过程非常复杂，涉及的主体多种多样。其中，执政党在立法上处于领导地位；人大与人大常委会之外的中央国家机关（比如国务院等）则是为数众多的法律案的提案人；人大常委会的内部工作机构（比如法制工作委员会）在立法信息的搜集、筛选与整合过程中发挥着十分重要的作用；另外，"院外"的专家学者与科研机构也在法律

---

① 诚然，这不等于说，立法者不能发挥主观能动性提高立法能力；也不意味着立法机关内部的具体工作人员的具体工作能力在法律上也是不可界定的

② 本书是在狭义上使用法律一词，即专指全国人大与全国人大常委会制定的法律，不包括行政法规、地方性法规以及自治条例与单行条例等广义上的法律。因此，狭义的立法机关仅指全国人大与全国人大常委会，不包括国务院、有立法权的地方人大及其常委会以及有立法权的地方政府。

案的起草与立法意见的表达中有重要的影响。一部法律是在上述这些主体的共同作用下制定的，无论这部法律最终被认定为质量高还是质量低，是合宪的还是违宪的，我们都不能质疑立法者的立法能力，也无法去界定立法能力的概念。在这种情况下，我们不能讨论立法者的法律义务，因为我们不能确定这种义务的基础——立法能力——是否存在。这里蕴含着一个深刻的矛盾，追究一个不以行为能力为基础的法律义务违反者的法律责任，这是否可能？

（二）认定立法者违反法定义务的不可能性

我国《宪法》第 62 条与第 67 条分别规定，全国人大有权"制定和修改刑事、民事、国家机构的和其他的基本法律"，全国人大常委会有权"制定和修改除应当由全国人民代表大会制定的法律以外的其他法律"，这些规定是宪法对立法机关的授权，同时，它们也是立法机关所负的宪法义务，即立法机关负有根据宪法制定法律的义务。我国《立法法》将宪法上的规定予以具体化，即不仅在第 10 条重申了宪法的上述内容，在第 11 条将全国人大与全国人大常委会的立法事项作了详细列举，还在第 17 条至第 28 条与第 29 条至第 47 条具体规定了它们的立法程序。虽然《立法法》强调立法机关应当遵循民主原则与科学原则，按照立法程序进行立法，但是它从总体上依然保持宪法的授权风格，并没有详细界定立法机关的法律义务的具体内容。这就意味着立法者的法律义务主要是一种宏观性的职责或权限，立法者可以做它想要做的任何事情，除非宪法和法律不允许它这样做。[①] 我国宪法只对立法机关进行概括式的授权，并没有为其设定禁止性规范，这也是我国当前合宪性审查工作难以推进的一个重要原因[②]。

当一部法律（常常是其中某些条款）经过审查被确认为违反宪法而无效时，这常常被视为是对该法律的制定者的工作的否定，但是为什么（世界上各立宪国家）审查机关并没有因此追究当初制定这部法律的立法者的法律责任呢？[③] 其根本原因在于，审查机关无法认定立法者究竟是否违

---

① 凯尔森认为，实质宪法不仅可以决定立法的机关和程序，在某种程度上还可以决定未来法律的内容。宪法可以消极地决定法律不要某些内容。[奥]凯尔森:《法与国家的一般理论》，沈宗灵译，中国大百科全书出版社 1996 年版，第 143 页。

② 从比较法的角度看，美国宪法的某些做法值得我们关注。比如，该宪法第 1 条第 9 款规定，国会不得通过公民权利剥夺法案或追溯既往的法律。这种禁止性规定为违宪审查提供了比较明确的宪法规范依据。

③ 现代宪法本身一般都不规定什么罚则，因为违宪行为往往是抽象的，表现为某部立法违宪，而立法主体往往又是由众多自然人构成的一个机关，很难追究个人责任，尤其是国家立法机关本身就具有政治上的独立性，其立法往往被拟制为人民意志的直接表达，更是很难追究它的责任。林来梵:《合宪性审查，别埋没在合法性审查中》，载《中国法律评论》2018 年第 1 期。

反了其法律义务。立法在本质上是一种宏观的决策行为：一方面，这种行为包括诸如立法规划与立法计划的编制、法律案的起草、法律案的"前置性审议"（即过滤程序）、法律案的正式审议、审议前与审议中的意见交流与征询、法律案的表决以及法律文本的公布等众多环节。当一部法律出现违宪问题时，审查机关无法确定立法过程中的哪个主体没有履行其法定义务，也无法确定法律违宪与立法者违反法律义务之间存在怎样的关联性。另一方面，作为立法决策之结果的法律，体现的是立法者对过往时代经验教训的总结和对未来社会的预想，当法律在原则上只对未来的社会关系有效（即法不溯及既往）时，法律在其生效的那一刻起就面临着因客观事实的变迁而无法产生实效的风险。当法律预设的需要调整的社会关系与真实世界的社会关系之间的差异越来越明显时，就会诱发人们对法律的合宪性质疑。即便立法者尽职尽责、足够审慎，也不能保证其所制定的法律在未来不出问题（要么被修改，要么因违宪而无效）。总而言之，审查机关不能从法律违宪的前提出发，有效地确定立法者违反了其法定义务。

事实上，为了保证立法行为的规范性，我国《立法法》在立法的每个环节上都为立法机关（主要体现为其工作机构与工作人员）设定了具有法律义务性质的行为规范，比如第 52 条规定，全国人大常委会在编制立法规划和年度立法计划时，应当认真研究代表议案和建议，广泛征集意见，科学论证评估，根据经济社会发展和民主法治建设的需要，确定立法项目，提高立法的及时性、针对性和系统性。这条义务性规范虽然为立法机关的立法规划与立法计划编制工作提出明确的规范性要求，但是我们几乎没有办法认定全国人大常委会是否以及在何种程度上履行了这项法定义务。《立法法》中的义务性规范大都具有这种性质，该规范的履行要么靠立法机关的自我约束，要么靠法律之外其他机制。

如果认定立法者是否违反其法律义务是一个无法解决的难题，那么，即便《立法法》为立法者设定法律责任条款，最终也不能收到预想的效果，甚至还会因法律责任条款的虚置引来更多的诟病。也许正是基于这种考虑，我国《立法法》没有像规范行政权与司法权那样设定明确的法律责任条款。在理解立法者的法律责任问题上，也许我们尚需重温霍姆斯大法官的那句名言，法律的生命在于经验，而不在于逻辑。虽然以通过法律制裁予以支撑的法律义务来规范人们的行为在许多情况下都是有效的，但是，这并不等于说，法律制裁对法律义务的支撑在一切条件下都有效。在法治实践中，的确有一些不能通过强化制裁的方式而得到有效规范的领域，那就是高级的法律适用机关和立法机关的行为①。其原因不在于这样做在逻辑上不可能，而是在于以法律责任迫使法律义务履行的方式在这些领域内的不实用，也不可行。在许多社会共同体内部都有这样一种共识，处于这种地位的人们需要一种相对的豁免，从而可以使他们免除被追究判断错误的后果，或者是免于被追究由于错误使用权力而招致严重后果的责任。

三、关于立法者的其他责任形式的思考

尽管追究立法者的法律责任，甚至追究立法中的工作人员在立法事务上的法律责任，都是极为困难的事情，但是，这并不意味着研究立法者所应承担的其他形式的责任是没有意义的。恰恰相反，以立法过程中的某些重要的环节为突破口，研究责任的设定与追究的内在机理，无论对于加强权力约束，还是对于提高立法质量，完善立法制度均具有不可忽视的实践意义。

（一）法律职业道德责任的借鉴

目前，我国对从事法律工作者的职业群体（法官、检察官和律师等）从原则上提出了如下 7 项职业道德要求，即（1）坚持社会主义法制，实现社会正义。（2）以事实为根据，以法律为准绳，忠于事实和法律。（3）严明纪律，保守秘密。（4）互相尊重，互相配合。（5）恪尽职守，勤勉尽责。（6）清正廉洁，遵纪守法。（7）为人表率，注重修养。虽然我国尚未对从事立法工作的人员系统地提出职业道德要求，但是作为法律共同体之组成部分的立法者也应当从上述要求中获得某些有益的启示。从上述法律职业工作人员所负有的道德义务的内容来看，它们显然不同于一个社会对普通人提出的道德要求，法律职业工作人员对这些道德义务的切实履行对于实现司法公正来说是非常必要的。而为了保障这些义务的履行，对于违反这些道德义务的从业者必须通过不同的形式追究其责任。对于法律职业从业人员职业道德责任的追究是以其所负的道德义务的违反为前提，而要真正地理解这些道德义务为何如此设定则又必须从对法律职业从业者的职业能力的考察入手。简而言之，只有具备法律职业能力的那些人才需要履行法律职业道德为其确立的义务，具备这种能力的人与其需要履行的道德义务之间存在着逻辑上的关联性。在实践中，普通公民只有通过国家司法考试并取得法律执业资格（资格即对能力的确认）后才能从事法律职业工

---

① 比如，在我国《国家安全法》的框架内就不存在对国家安全工作进行全面统筹领导的国家安全委员会设置法律责任与进行法律制裁的制度。

作，他们因此获得了一种新的身份，而法律职业道德就是界定这种身份的重要依据。因此，追究职业道德责任只能指向具备该职业从业能力的那些人。由此可见，道德义务、道德责任与职业能力之间的逻辑关联性清晰可见。如果我们有效地言说立法者的道德责任，就必须从立法者的职业能力谈起。

（二）以起草者与审议者为例的初步探讨

立法者是由众多的主体构成的复杂结合体，宽泛地讨论各种主体的道德责任不仅没有必要，似乎也缺少针对性。在立法过程中，法律案的起草与审议是最集中地体现立法工作特点的环节，以之作为研究的切入口不失为一种比较务实的选择。

立法是一种对行为人的职业素养有很高要求的活动，不是任何人都有资格或能力从事法律案的起草与审议工作的。提案（其中包含起草行为）与审议属于两个不同的且前后衔接的行为，这两种行为的目标以及工作方法是一样的，即法律案的起草者与审议者都为制定高质量的法律而努力。为了实现这个目标，他们需要运用彼此可以理解的论证方法。围绕法律案成熟度的要求，起草者与审议者必须具备如下证明能力，才能胜任其工作：第一，法律案的必要性证明，即他们需要说明究竟是什么样的社会问题必须以法律的方式才能得以解决。第二，法律案的可行性证明，即他们需要说明社会问题产生的主客观原因并提出针对性的对策方案。第三，法律案的合法性证明，即他们需要说明法律案是否符合宪法，以及与已经生效的法律法规之间协调关系。

只有以上述能力为基础，我们才能有意义地思考法律案起草者与审议者的义务问题，也才能有意义地讨论违反义务的责任追究问题。比如，起草者在起草法律案时，负有采集充分的（民意性与事实性）信息的义务。[1]起草人除了应当根据国家政策确定本部门立法项目，还应当进行调查研究，组织座谈会、专家论证会，听取各方面意见，以保证法律案能够比较全面地反映人民的意愿与客观事实的状况。通过这种形式获取的信息，可以作为法律案的必要性与可行性分析的支撑材料。与起草者相比，《立法法》对审议者施加更为详细程序性义务。比如，该法第 39 条规定，列入常务委员会会议议程的法律案，法律委员会、有关的专门委员会和常务委员会工

---

[1] 起草者充分了解有关法律和形成目前问题状况的必要的事实资料，必须运用这些资料有逻辑地论证，起草的法律案是可有效实施的，能够以培养善治的方式解决社会问题。[美]安·赛德曼、罗伯特·鲍勃·赛德曼、那林·阿比斯卡：《立法学：理论与实践》，刘国福、曹培等译，中国经济出版社 2008 年版，第 56 页。

作机构应当听取各方面的意见。听取意见可以采取座谈会、论证会、听证会等多种形式。这些义务性规范与前述关于审议者的（假定的）立法能力之间存在着相互支撑的关系。虽然违反这种义务尚不至于追究法律责任，但是其存在的意义不可小觑：社会大众可以依据这些规范对起草者与审议者进行职业道德意义上的评价，立法机关内部可以依据这些规范对具体负责的工作人员进行绩效考核。这些以义务性规范为基础而形成的评价机制与考核机制，从某种程度上说也会起到与法律责任追究机制相同的功效。从法社会学的角度看，立法机关的内部绩效考核机制甚至比法律责任机制更能起到约束行为的作用。

第五章 立法质量的程序控制

立法程序是任何国家立法体制的重要内容之一。因其对法律可能会有什么样的内容具有控制作用，因此，它历来都是立法理论不容忽视的研究对象。对立法程序的研究不能停留在对实在法的描述上，只有将程序性规范与指导立法的原则结合起来进行意义脉络上的"疏通"，才能彰显其在立法中的价值，也只有沿着这种研究路径，立法学才能真正地把握住通过程序"控制立法质量"的契机。本章对立法程序的探讨所关切的核心要点是：立法者如何通过控制立法程序（主要是立法信息输入程序）来实现提高立法质量的目的。

第一节 程序研究的意义与切入点

一、侧重于程序研究的意义

在国内常见的立法学体系性论著里，一般都比较完整地论述本国的立法制度，其中最为重要的两个组成部分就是立法权限与立法程序。在进行本部分主题的探讨之前，笔者认为有必要交代一下：为何本书淡化，甚至回避立法权限问题，而将侧重点放在立法程序问题上。在本书的体系中，没有安排集中的章或节来专门地讨论立法权限问题，而这个问题则是我国学界讨论的热点问题之一。为了展现本国的立法制度，当前流行的各种形式的立法理论体系的确将——对立法权限的主体与内容的阐释当作了本学科的"重头戏"。立法权限的划分与内容主要解决在一个特定的国家，哪些国家机关拥有立法权以及它们各自权限范围与内容是什么。尽管从学术意义上依然可以对《立法法》设定的客观的制度进行反思和批判，但是立法权限问题更多地受制于本国的政治体制，是故，可以讨论的空间其实非常有限。

比如，全国人大与其常委会之间立法权限的划分界线即存在不甚具体明确的地方。《宪法》第 58 条和《立法法》第 11 条规定全国人大与全国人大常委会共同行使国家立法权，其中全国人大制定和修改刑事、民事、国家机构的和其他的基本法律；而全国人大常委会制定和修改除应当由全国人大制定的法律以外的其他法律。关于何谓"基本法律"，迄今无论是全国人大及其常委会本身，还是学界都没有作出明确的界定。基本法律与其他法律之间进行区分的意义何在呢？全国人大制定的所谓基本法律是比全国人大常委会制定的非基本法律在内容上更为重要呢，还是在法律效力上更高呢？从立法程序的实际运作过程看，所谓的"基本法律"也是由人大常委会（往往通过人大专门委员会与常委会法制工作委员会）完成法律草案、对草案的意见征集分析工作以及列入全国人大会议议程前的"前置性"审议工作，只是法律草案的最终审议者和表决通过的主体不是常委会，而是全国人大而已。即便是在这样的程序中，全国人大常委会及其工作机构依然发挥着极其重要的作用。[1] 因此，这种区分更多地体现了学者们在理论探讨上的兴趣（比如一个理论上的假设认为，全国人大比全国人大常委会代表性与权威性更高，其通过的法律在权威性与合法性上也高于常委会通过的法律），而对于如何有效地回应提高立法质量的时代诉求几乎没有什么实际的意义。一个严重缺乏行动能力和工作效率的国家机关，其合法性再强，事实上也很难有效地履行其法定职责。

再比如，2015 年修改后的《立法法》赋予设区的市立法权，学界关于有没有必要赋予设区的市立法权、如何理解这种立法权的界限与内容以及如何处理设区的市的人大及其常委会与政府之间在立法上的关系问题等，发表了大量的数量可观的论文与著作。总体看来，这些讨论和研究没有，实际上也很难取得什么令人振奋的成果。与其花费很大精力讨论一个主要以政治决断的方式决定的问题，倒不如认真研究这些立法权主体如何才能制定高质量的法律这个无论是在理论上还是在实践上更具有挑战性和紧迫性的问题。而对立法程序的研究则构成了对上述重大时代命题进行回应的重要组成部分。[2] 对于立法者的工作绩效，既可以从实质性标准予以判断，也需要从程序性标准予以判断。而对立法程序问题的探讨就是对完善立法体制之宏观政治诉求的准确回应。只有通过立法程序的考察，才能比较动态地了解立法原则贯彻的具体形式与提高立法质量的着眼点是什么。

---

[1] "由于人大大会的会期较短，难以有很多时间来研究起草法律法规案。为了使人大大会审议的法律案有较好的基础，对需要由全国人大和地方人大制定的法律和法规，由同级人大常委会先审议并提出法律案，有利于人大的立法工作。"张春生：《立法实务操作问答》，中国法制出版社 2016 年版，第 14 页。

[2] 诚如季卫东教授所言，缺乏程序要件的法制是难以协调运作的，硬要推行之，则极易与古代法家的严刑峻法同构化。季卫东：《法律程序的意义》，载《中国社会科学》1993 年第 1 期。

因此，对于规范立法学而言，对我国《立法法》及其他相关法律确立的立法程序制度进行客观的描述，已经远远不能满足立法实践对理论研究提出的要求，比较有创见的探讨应当将立法原则与具体的立法程序结合起来，突出程序设计的价值取向以及检讨程序运行中可能存在的问题，这样则有利于真正地发挥通过程序获取信息、整合意愿，从而实现提高立法质量的目标①。

二、研究的问题与思路

在"提高立法质量"成为当前立法工作面临的核心议题的背景下，中国立法学有必要深入思考，由实在法确立的立法程序究竟在控制立法质量方面具有怎样的作用。因此，对立法程序中的重要（而非全部）环节的考察都必须贯彻如下思想，即只有遵循经过精心设计的程序才有可能保证立法机关必须思考什么、必须做什么，进而才能有效地贯彻《立法法》所确定的民主立法与科学立法原则。立法在本质上是一种决策行为，而决策过程中最为核心的部分就是信息输入、信息处理与信息输出这三个要素。② 其中，信息输入处于基础性地位，因为信息输入的结果构成了立法者政策形成的起点，也就是说立法者只能对由其筛选和整合后输入程序的信息进行分析和研究。很显然，不同内容与不同性质的信息对于立法者作出相应的立法决策具有十分明确的导向与制约作用。由此可见，为了实现提高立法质量的目标，立法学将信息输入作为立法程序研究的着眼点，可以深化人们对立法程序的功能认知，在理论与实践上都是妥当的。

基于以上思考，本章对立法中的信息输入程序进行了类型化处理：一方面，立法者必须将立法的民主原则的规范内涵予以具体化，使立法程序充分发挥汲取与整合民意的功能③；另一方面，立法者必须将立法的科学原则予以具体化，使立法程序充分发挥认定客观事实的功能。正是基于民意性信息与事实性信息在性质上的差异，立法者才有必要对这两种信息输入

---

① 其实，细心的研究者一定会发现，在立法程序中，几乎所有的环节都涉及立法者的权力问题，只是在这种情境下涉及的权力不再是静态的立法主体拥有可以制定什么样效力等级的法律的权力，而是立法者如何制定法律的权力，立法质量主要取决于这种权力能否按照规范予以运作。

② 笔者认为戴维斯·伊斯顿教授提出的用以分析政治系统的简化模式也同样适用于对立法过程的分析。[美]戴维斯·伊斯顿：《政治生活的系统分析》，王浦劬译，人民出版社2012年版，第29~30页。

③ 在我国，立法者是一个由立法的领导者、提案人与审议机关等主体构成的整体，其中执政党在立法中处于领导地位。本书限于篇幅，不探讨执政党在领导立法时是如何处理信息输入问题的。

的程序性控制方法进行区分，如此才能更有效地做好信息输入工作，为制定高质量的法律奠定坚实的基础。

第二节　民意性信息输入的程序控制

立法者在立法时，首先需要正确地理解立法的民主原则的规范内涵并从中获取对于民意性信息输入具有指导意义的方针。而程序性控制方法则是实现将立法的民主原则予以具体化并有效控制立法质量之目标的具体工作思路。这些"工作思路"一旦在实践中被证明行之有效，就会成为持续性地维系立法规范性的"新鲜血液"。

一、立法民主原则的规范内涵及其贯彻要点

我国《立法法》确立的民主原则为立法者应以何种信息作为决策的基础提供了明确的指针。该法第 6 条规定："立法应当体现人民的意志，发扬社会主义民主，坚持立法公开，保障人民通过多种途径参与立法活动。"立法民主原则的贯彻与提高立法质量的要求高度契合。[①] 该条规定不仅说明立法的正当性基础，同时也指明，作为立法决策之前提的信息内容必须通过民主的方式才能获得。此处所言的民意性信息就是指人民的意志。

本条以规范的形式揭示了立法民主原则的内涵。它一方面指明发扬社会主义民主最为重要的制度形式就是人民代表大会制度；另一方面又希望通过"保障人民以各种途径参与立法活动"来补强人民代表大会的代议功能，拓宽立法者获取民意的渠道，从而为制定高质量的法律奠定可靠的决策信息基础。因此，立法民主原则在立法程序中如何具体地展开，对于我国立法学而言无论如何都是一项极其重大的基础性课题。在一个健全的法治国家，立法首先是议会（代议制机构）的主要职责，这种政治架构并不要求，甚至并不允许人民与立法活动发生直接的关系。人民直接参与立法对代议制机关（即立法机关）会产生一定的冲击甚至是破坏作用。当然，这种判断的前提是：代表具有真正的代表性，即代表机关的成员是由人民选举产生且能够真正代表人民行使国家权力。他们在代议制机关表达的意志不是其个人的意志，也不是产生他的那个选区内某个集团或阶层的意志，而是对他所在那个选区的各种各样相互不同，甚至是相互冲突的特别意志进行整合后形成的意志。这是代表制在规范意义上应有的含

---

① 判断立法质量高低的标准之一就是看法律是否能充分地反映人民的意愿。全国人大常委会法制工作委员会国家法室：《中华人民共和国立法法释义》，法律出版社 2015 年版，第 4 页。

义，当然是一种理想的状态。① 即便是代表制运转不灵的情况下，我们也无法证明人民直接参与立法具有无可置疑的合理性。因为我们的确无法确定哪些人能够参与（在实际的立法活动中，绝不存在谁想参与谁就能够参与，以及谁想参与谁就有条件参与的那种情况，任何条件的设置都具有筛选和过滤作用），以及为什么这些参与者表达的意志可以称得上是"人民的意志"。因此，需要从规范上解释清楚"保障人民通过各种途径参与立法活动"是何含义。此处的"各种途径"应当不包括"直接参与立法"这种形式。此处所言的"人民"依然是一个集体性概念，不是指法律上可以辨识的个体。但是在实践中，能够参与立法活动的人却不是整体意义上的人民，而是具有可辨识意义上的公民。② 因此，我们必须客观冷静地分析，在实践中有能力在立法程序中表达意志的人是人民的代言人吗？或者他们所表达的仅仅是某个个体或某个集团或阶层的意志？在探讨立法的民主原则时，要谨慎思考立法的民众参与问题，虽然民众的参与是民主的表现，但它与代议制之间可能存在着冲突和矛盾。对这种关系缺乏洞见将会使讨论误入歧途。

虽然立法者不能轻易地将通过各种途径获取的意见和建议简单地归结为"民意"，但是这些意见和建议依然是非常重要的信息，它们从不同的侧面表征了民意的存在。立法者需要熟练地运用《立法法》设定的程序，使参与者的结构尽量与整个社会的结构具有同构性，尽量准确地、全面地搜集人民对于立法的真实意见和诉求。③ 然而，如果参与不是一种在利益激励机制的作用下进行的活动，那么它在本质上就是一种公法上的行为或至少是一种公益活动，参与者需要花费大量的时间和精力才能有质量地从事参与活动；如果参与者是利益集团的代表者，那么他的参与活动就具有较高的专业化和组织化水准。凡是能够参与立法活动的人，不仅是愿意（有动机）参与的人，同时也是有时间、有能力参与的人。立法者在运用程序的过程中必须清楚地认识到这一点。

---

① 苗连营教授认为："代议制是建立在对代表的一般信赖之上的一种委托行使权力的民主形式，在委托关系成立之后到产生实际效果之间的过程，完全有可能因被委托者（即代表）对信任的背弃，而使之流于形式。因此，人民还不能放弃自己的立法权，还需要设置相应的制度来更为直接地反映公众的意愿和要求……立法程序还要服务于民众对立法的影响、了解和参与。"苗连营：《立法程序论》，中国检察出版社2001年版，第48页。

② 我国宪法将公民定义为"具有中华人民共和国国籍的人"，此处公民与国民是相同的概念。而公民一般是指具备一定的年龄与精神条件能够参与政治活动的国民。陈玉山：《论我国宪法的效力根据——基于一种开放的规范主义立场》，载《浙江学刊》2010年第3期。

③ 由于参与能力的限制，社会弱势群体往往缺乏参与立法活动的代言人，立法者应当思考如何从程序上解决特定群体（或阶层）参与缺位的问题。

二、程序控制的环节与方法

民意性信息是立法决策必须采纳的最为重要的信息之一。如何全面、准确地获得民意性信息,对立法者而言是一项艰巨的任务。为了贯彻立法应当体现人民的意志的要求,《立法法》对获取民意性信息的立法程序做了比较细致的安排。尽管这种安排在未来很长一段时间内依然保持着政府主导型的特征[①]。因此,《立法法》在立法程序中特别强调国家机关充分表达人民意志的责任,具有十分重要的意义。[②]

(一)立法规划的编制程序

立法机关之所以被视为民意机关,是因为该机关最核心的工作之一就是在立法中忠于并善于表达人民的意志。这种职能的履行首先体现在立法机关编制立法规划的工作中。我国《立法法》第 56 条规定,全国人民代表大会常务委员会负责编制立法规划,以实现对立法工作的统筹安排。立法规划的编制有利于确立和实现阶段性的立法工作目标;有利于增强立法工作的主导性,有计划、有步骤地开展立法工作;有利于提高立法质量和立法效率;有利于合理配置立法资源,防止重复立法的现象;有利于党对立法工作的领导。[③]立法规划的质量决定着上述功能能否顺利地实现。目前学界已经开始意识到立法规划评估的重要性。《立法法》要求全国人大常委会在编制立法规划时"应当认真研究代表议案和建议,广泛征集意见"。这种宏观上的规范性要求,需要具体负责编制工作的法制工作委员会在编制程序中予以贯彻落实。法制工作委员会不仅要注重向国家机关(人大各专门委员会、常委会各工作机构、政府及其有关部门、最高人民法院、最高人民检察院、中央军事委员会法制局等单位)征集立法项目建议,也要注意搜集非官方的立法项目建议,研究梳理媒体所反映的立法项目建议,对群众来信来访中提出的立法项目建议等要进行认真研究和梳理。在立法项目立项论证程序中,该机构只有坚持立法为民,客观反映人民意愿的方向,才能够主导立法项目的立项工作,克服部门主导下的立法部门化

---

① 此处所言的"政府",不是指狭义的行政机关,而是包括立法、行政、司法等国家机关在内的大政府的概念。政府主导立法始终面临如何汇集与反映民意的难题。

② 本部分下文所论及的立法程序,均具有获取人民意愿方面的信息的功能,但是不可将这些程序的功能予以单向度的理解,也就是说,这些程序除了具有反映民意的功能外,往往还具有其他功能,比如在立法机关提前介入其他国家机关法律草案起草工作的程序就包含着立法机关向起草机关学习并掌握重要的立法资料的功能,如此立法机关才能迅速解决自己与起草机关之间信息不对称的问题。

③ 张春生:《立法实务操作问答》,中国法制出版社 2016 年版,第 1~3 页。

趋向。

因此，法制工作委员会在编制立法规划之前，必须对立法项目是否能够反映人民意志，先行进行调研并广泛征求各方面的意见和建议。对立法规划进行评估的重要目的之一就是研究立法规划在反映人民意志方面达到了什么样的水平。法制工作委员会的工作成效直接决定着人大常委会的工作成效，因此，人大常委会必须加强对该机构的监督和领导。在完善立法规划的编制程序中，应着重考虑两个工作要点：其一是进一步细化立法规划公布前的公示与征求公众意见以及召开专家论证会的程序，如此，可以有效地提升立法规划反映人民意志的水平，这实际上也为立法规划的顺利执行提供了保障。其二是完善人大内部的控制程序。实际上负责立法规划编制工作的法制工作委员会在本质上不是代议制机关，而是人大常委会内部的一个主要由非人大代表构成的具有行政性质的机构，人大常委会内部的批准和监督程序需要进一步细化和完善。如此才能实现立法规划拟定的内部控制，以防止法制工作委员会的工作失误演化为人大常委会的失误。

（二）提前介入起草工作的程序

《立法法》第 57 条规定，全国人民代表大会有关的专门委员会、常务委员会工作机构应当提前参与有关方面的法律草案起草工作。此处所言的"有关方面的法律草案起草工作"在实践中主要指国务院各部门负责的法律草案起草工作。作为代表全国人大常委会提前介入起草工作的专门委员会或常委会工作机构必须在起草部门的配合下充分收集和掌握相关资料，了解法律草案所要解决的社会问题的实际情况，在完成立法机关与草案起草机关信息对等的前提下，深入地研究法律草案中关于公民权利与义务的条款以及关于法律实施机关的权力与责任条款在设置上是否明显地存在只重视公民的义务，而轻视公民的权利；只重视实施机关的权力，而忽略或淡化其责任的情况。在立法中，人民的意愿或意志只有具体到设定权利与义务、权力与责任的法律草案条款的层面上才具有现实的意义。宪法和法律委员会或法制工作委员会需要紧紧围绕对公民的权利或义务构成影响的草案内容有针对性地进行调研、召开立法论证会或立法座谈会，如此聚合民意，则会收到事半功倍的效果。立法机关在细化提前介入程序时，应当明确具体的介入方法，如此不仅可以提高介入工作的效果，也为对介入效果的评价提供了依据。

（三）全国人大代表参与立法的程序

在健全的民治政体的情况下，代表作为联结代议制机关与人民之间的纽带，在立法中发挥着十分重要的民意汇集与传输的作用。[①] 人大代表除了拥有出席本级人民代表大会会议，参加审议各项议案、报告和其他议题，发表意见的权利，还拥有（在联名的情况下）向本级人大提出法律案的权利。这些权利的行使效果受到人大会议次数少以及会期比较短的限制。在我国国家立法权的行使中，全国人大常委会发挥着核心的作用，因此人大代表在人大常委会的立法实践中是否能够发挥作用，则是检验人大代表之代表民意功能的一个非常重要的方面。《立法法》第19条第2款规定，常务委员会审议法律案，应当通过多种形式征求全国人民代表大会代表的意见，并将有关情况予以反馈；专门委员会和常务委员会工作机构进行立法调研，可以邀请有关的全国人民代表大会代表参加。《立法法》第31条第2款规定，常务委员会会议审议法律案时，应当邀请有关的全国人民代表大会代表列席会议。从这些条款可以看出，人大代表参与立法活动已经不再局限于向本级人大提出法律案以及在本级大会期间的审议和提出意见的范围，而是延伸到法律案进入大会审议前的阶段，甚至也延伸到人大常委会审议法律案的程序中。在这些程序中人大代表对法律案发表意见，对于提升法律案反映人民意志的水平无疑是非常重要的。

党的十八届四中全会提出："健全法律法规规章起草征求人大代表意见制度，增加人大代表列席人大常委会会议人数，更多发挥人大代表参与起草和修改法律作用。"由于人大代表很多，人大常委会在审议法律案时没有必要也不可能邀请所有的人大代表，那么，它是按照什么标准来确定所谓"有关的全国人民代表大会代表"的呢？人大常委会是从专业的角度还是反映民意的角度来选择列席会议的人大代表的呢？列席会议的人大代表只能被动地听取常委会会议中的各种报告和讨论，还是可以主动地、自由地发表个人见解？人大常委会在要求人大代表列席会议时，虽未言明其选择代表的标准，但从以往的实践中亦可以发现一些有益的线索。总的来说，所邀请的人大代表与所列席的会议所审议的议题存在着不同形式的关联性："一是曾经就会议审议的议题提出过建议、批评、意见或议案的代表；二是与会议审议的议题相关领域的代表；三是主动联系人大常委

[①] 我国《全国人民代表大会和地方各级人民代表大会代表法》通过一系列的条款，既明确规定了代表的权利和义务，也对代表与原选区选民或者原选举单位之间的监督与罢免关系作了具体的规定。从规范意义上看，人大代表理应发挥其应有的作用。但是，在实践中，代表的履职情况饱受各界诟病，这也是我国当前立法中大力倡导人民通过各种途径参与立法的主要原因。

希望列席会议的代表；四是参与过相关议题的专题调研、集中视察，或者相关领域的常委会组成人员负责联系的代表。"① 从上述实践看，人大常委会在选择列席会议的代表时，其参照得更多的还是专业性标准。能够对特定议题提出议案或者批评、意见和建议的代表一般来说对该领域的事项与存在的问题比较熟悉，甚至进行过非常深入的研究，而那些与会议审议的议题相关领域的代表往往都是在该领域长期工作的专家，具有丰富的实践经验和理论造诣。另外，参与过相关议题的专题调研、集中视察或者执法检查的代表一般都掌握相关议题的经验材料，他们列席会议一定会言之有据，对提高立法质量具有直接的影响。至于主动要求列席会议的代表和常委会组成人员负责联系的代表，无论是自荐还是他荐都应该是有根据的，而这个根据应该同样是经验和专业方面的优势。由于人大代表主要的机关功能是忠实地反映民意，因此，人大常委会无论是邀请人大代表发表意见或参与调研活动，在维系原有以专业或实践经验作为选择代表的标准外，应更加重视从有利于民意性信息输入的角度选择代表。

（四）法律案的听证程序

《立法法》第 39 条第 3 款规定，法律案有关问题存在重大意见分歧或者涉及利益关系重大调整，需要进行听证的，应当召开听证会，听取有关基层和群体代表、部门、人民团体、专家、全国人民代表大会代表和社会有关方面的意见。如果在审议法律案的过程中，立法机关都能及时发现法律案存在重大意见分歧或者涉及利益关系重大调整，并不是什么坏事。这恰恰是促使立法者进行反思：法律案是否真实地反映了人民的意愿？在法律案涉及的利益关系的重大调整中，人民的利益处于什么样的地位？在回答这些问题时，立法机关必须弄清楚，在解决法律案中的重大问题时主要听取谁的意见，因为能够进入决策程序的意见才能对决策产生影响，也才是有意义的意见。

立法听证会是立法机关获取民意非常重要的程序，它采取的是一种类似于法庭上的两造对抗的形式，允许参与人通过摆事实、讲道理进行充分论辩，参与人通过理性论辩实现对法律案的影响。立法听证会有利于立法机关进一步了解事实情况，更有利于有关的利益关系人与利益群体充分地表达他们的意愿，通过程序吸纳不满也有利于未来法律的可执行性。② 在听证会的过程中需要注意以下要点：一是听证会的主持人要保持中立的

---

① 张春生：《立法实务操作问答》，中国法制出版社 2016 年版，第 39~40 页。
② 季卫东：《法律程序的意义》，载《中国社会科学》1993 年第 1 期。

态度。主持人不能在听证会上对需要讨论的问题事先发表具有导向性质的意见，也无须对各方参与人的意见作出价值评判。听证意见如实记录在案，会后向立法机关汇报。二是听证会要保证对立性的双方参与人有平等的地位。三是主持人必须维持听证会的秩序，保证听证程序有序展开。主持人在向参与人说明听证会讨论或论辩的主要问题后，按照顺序要求参与人分别就听证会的主题提出立法建议，并要求参与人按照理性论辩的一般规则进行发言，凡提出意见者必须说明理由并提出相关证明材料或资料。听证会虽然只是汲取民意的一种方式，但若不按照合理的规范行事，也容易流于形式。

（五）公开征求意见的程序

《立法法》第 40 条规定，列入常务委员会会议议程的法律案，应当在常务委员会会议后将法律草案及其起草、修改的说明等向社会公布，征求意见，但是经委员长会议决定不公布的除外。向社会公布征求意见的时间一般不少于 30 日。征求意见的情况应当向社会通报。公开征求意见在我国当前人大代表与选民之间的意见交流机制依然存在一定问题的情况下，对于了解民意具有十分重要的作用。改革开放以来，我国立法机关在法律草案公开征求意见的工作方面取得了长足的进步。从 1982 年宪法修改至 2000 年《立法法》施行前，我国有 9 部法律公开征求意见；但从 2000 年《立法法》施行后到 2015 年 3 月《立法法》修改前，我国已经有 72 部法律草案公开征求意见。2013 年 3 月以来，十二届全国人大常委会进一步改进法律草案公开征求意见工作，在初次审议稿公开征求意见的基础上，又将两次审议稿向社会公开征求意见，两次公开征求意见已经常态化，并逐步建立健全公众意见表达和采纳情况反馈机制。[1] 改革开放以来，我国立法机关在公开征求意见方面的确取得了不小的进步。不过，从立法理论的视角看，我们不仅要关注立法机关在立法时有没有公开征求意见，还要思考公开征求意见的立法草案在全部立法草案中占多大的比例，为什么有些立法草案需要公开征求意见，有些不需要公开征求意见？谁来决定要不要公开征求意见，理由是什么？公开征求意见是立法机关的法定义务，还是属于其自由裁量的事项？公民享有要求立法机关公开征求意见的请求权吗？我们似乎更需要追问公开征求意见的质量如何控制，立法机关是如何处理所收到的各种立法意见的。如果不能逐一复对立法意见的处理情况，

---

① 全国人大常委会法制工作委员会国家法室：《中华人民共和国立法法释义》，法律出版社 2015 年版，第 24 页。

是否应该通过官方网站或者媒体将各种意见进行类型化处理并予以统一回复，尤其要说明这些意见予以采纳或不予以采纳的理由。回复是公开征求意见程序中具有交涉或交流性质的环节，它是程序设计时必须贯彻的核心步骤。必须将从公民那里获得的立法意见与对提供意见的公民进行回复这两者结合起来，将它们视为相互支撑的密不可分的统一体。回复的意义在于：体现了立法机关对提供意见的公民的尊重，对于提高公民参政议政的能力具有立竿见影的实践效果；对于培育公民参政议政的政治热情与公民品德极为重要。

以上所描述的程序并没有囊括我国实在法中的保障立法机关获取民意性信息的全部程序，同时这些程序也不能被理解为只具有获取民意的功能。应当说，上述程序或多或少都具有帮助立法机关了解反映事实性信息的作用。立法程序的参与人在表达意愿的同时往往也提供了一些事实性信息。为了认识问题的便利，研究者只能将立法程序在功能上做适度的区分，只为某种单纯的目的而存在的程序至少在立法法中还是比较少见的。

第三节　事实性信息输入的程序控制

立法者在立法时，除了善于运用立法程序搜集与整合民意性信息外，同时也应当充分而审慎地利用好立法程序的控制功能，做好反映客观事物存在状况的事实性信息输入工作，确保立法决策的科学性。

一、立法科学原则的规范内涵及其贯彻要点

我国《立法法》确立的科学原则为立法者应以何种信息作为决策的基础提供了与上述民主原则不同的方向性指针。该法第 6 条规定："立法应当从实际出发，适应经济社会发展和全面深化改革的要求。"[1] 立法的科学性首先要解决事实问题，即立法必须以对社会事实的调查和正确认知为前提。[2] 这其中既要对经济社会的实际状况作出描述，又要指出经济社会发展过程中出现了何种需要以法律的方法予以改变或调整的社会行为；还

---

[1] 《立法法》规定的科学原则主要包括运用科学方法获得经济社会发展的实际情况方面的信息，以及立法者如何科学地将立法决策转化成法律这两个方面。本书只讨论前者，而后者将另行撰文予以论述。

[2] 在立法者有针对性地且有计划地探究某种经济与发展的事实之前，必定先产生解决国家、经济和社会发展中存在某些问题的愿望，当问题意识和问题导向形成后，立法者才能有目的地研究实际情况。

要进一步解释这些有问题的社会行为产生的原因①。只有找到了问题产生的原因，针对问题行为的法律解决方案才具有针对性。因此，科学性原则首先要解决的是事实问题。民主原则在立法中的贯彻要求立法者尽量听取更多具有代表性的意见，然而，事实问题的解决不取决于参与讨论和解决问题的人数的多寡，主要取决于工作团队的专业能力和业务素养。所谓"真理往往掌握在少数人的手中"即指掌握客观事实的真相是专业人士的强项②。不过，立法中的事实问题的认定往往牵涉到纷繁复杂的利益关系，它总是在特定的社会关系与制度背景下进行的。

关于事实的认定虽然是个科学问题，但是认定结果会直接决定着未来的立法决策的方向，而这种决策将会决定着那些看得见的或背后隐藏着的社会群体的巨大利益关系。不同的利益集团或社会群体都在争夺关于重大事实认定的话语权，试图通过影响事实认定，进而决定未来法律的内容。笔者认为，作为立法者应该清醒地认识到，即便是事实问题，也不能简单地认为它可以通过单纯的科学的方法予以解决。在中国，这个问题也许解决起来更麻烦。这里涉及根本的决策制度问题。如果国家公权力的运行从总体上看是良好的，那么立法者基本上可以召集科学家、专家学者通过公认的科学的方式解决事实问题，但是如果国家公权力处在一种不受制约的状态下，那么利益集团为侵蚀公权力部门，寻求对其有利的"事实结果"，甚至公权力部门为了逃避责任，也会主动地参与"科学事实"的编造。如果情形果真如此，那么立法的源头活水就是不干净的。如此看来，客观地获得科学事实并非易事，如何建构能够发现科学事实的制度环境的确是非常重要的。对立法程序的思考就是着眼于如何通过程序约束公权力，使其按照正确的方向运行。

二、程序控制的环节与方法

（一）程序分化的必要性

获取经济社会发展的事实性信息，是一种主要靠科学的方法解决的问题。了解事实或真相主要靠立法机关进行调查研究并听取专家学者的意

---

① 至于经济社会发展的要求，则不再是单纯地对客观事实的研究和判断了，其中已经加入了价值判断与价值导向的因素，因为面对同一种客观的经济社会发展的客观情况，不同的决策者（他受到特定的世界观、价值观、人生观、生活经历以及特定的政治体制与文化背景的影响）可能会作出不同的选择。

② 此处所言的事实是指"客观性事实"，即通过科学的方法，尤其是通过调查研究获得经济社会发展的实际情况；另外，立法者还必须面对"政策性事实"，即国家权力（尤其是执政党）关于经济社会发展与全面深化改革作了哪些决策。

见和建议，因为调查研究是获知事物真实情况最有效的方法，而专业人士则具备获得特定领域的事实性信息的专业技能，与一般民众相比，他们更有能力运用先进的科学方法与技术设备实现这个目的[①]。从实在法的规范依据看，我国《立法法》并没有特别设定专门的用以获取事实性信息的程序。这种不太重视以功能分化为指向的程序设计状况体现了《立法法》的如下倾向，即认为制度框架内的所有程序既可以发挥获取民意性信息的功能，也具有了解事实性信息的作用。然而，这种以获取综合性信息为目标的程序功能定位对于高效率地完成信息搜集工作具有明显的限制作用。因此，将获得不同性质的信息的程序进行适度的区分是很有必要的。事实上，一个原本定位为获取综合性信息的程序，也可以在实践中逐步演化为具有独特功能的程序。

（二）专家论证会程序的运用

《立法法》第 39 条第 2 款规定，法律案有关问题专业性较强，需要进行可行性评价的，应当召开论证会，听取有关专家、部门和全国人民代表大会代表等方面的意见。论证情况应当向常务委员会报告。可以说，在立法过程中，立法机关为获取各种意见所运用的所有程序中，立法论证会是比较典型的主要由专业人士参加的会议形式。只不过，将立法论证会定位在以主要解决法律案的"可行性评价"问题的层面上，则忽视了专家论证会最为重要的功能，即利用专业人士的能力获取事实性信息。一般而言，可行性分析往往都是建立在掌握事实性信息的基础上进行的。比如，当某种关于职业安全与健康保护方面的法律案列入立法机关的会议议程时，立法机关便负有搜集与分析信息的重大责任。立法机关制定法律规范所依据的标准必须建立在研究、论证、实验以及其他相关的信息基础上。除最大限度地保护雇员的健康和安全外，其他有关信息的考虑应该建立在这一领域中可供利用的最新科学资料之上。这不仅要求立法机关依靠已知的与健康和安全相关的物质与活动的信息，而且要求当可供利用的信息不充分时，必须创造和运用新知识。[②] 很显然，立法机关仅靠自己的力量是无法完成关于事实性信息的搜集工作的，必须依靠相关领域的专业人士。当然，专业人士也生活在各种社会关系之中，受到各种利益诉求的影响。因

---

① 不以广泛听取意见的民主方式获取事实性信息，并不意味着立法机关在获取民意信息的过程中不能够获得任何客观事实方面的信息，而是指立法机关应该从工作效能的角度区分不同的工作方法。

② [美]科尼利厄斯·M. 克温：《规则制定——政府部门如何制定法规与政策》，刘璟、刘辉、丁浩译，复旦大学出版社 2007 年版，第 62~63 页。

此，立法法在未来的修订中，要进一步明确功能化的专门程序，明确参加立法论证的专业人士的责任范围，保障他们按照法律的目的发挥其专业能力。

（三）委托起草程序的运用

委托起草也是一种解决立法机关在专业人才方面储备不足的方法。党的十八届四中全会对探索委托起草机制提出明确的要求，2015年修改的《立法法》第57条第2款规定，专业性较强的法律草案，可以吸收相关领域的专家参与起草工作，或者委托有关专家、教学科研单位、社会组织起草。委托起草主要应适用于专业性较强的问题。委托的方式可以有多样，如草案整体委托、部分条款委托、专题委托、方案委托等。委托对象也可以多样，如可以委托专家、教学科研机构或者社会组织。笔者认为，委托起草限定在一定范围内比较妥当，因为一部涉及专业性较强的法律草案的起草虽然对专业人士具有很强的依赖性，但是专业人士所擅长的只是他们更有能力获得起草法律案所必须依据的事实性信息，掌握这种信息与撰写法律草案只具有部分的关联性，一部法律需要解决的问题往往涉及比较复杂的社会关系，即便是问题比较单一的法律往往也涉及很多人的利益，如何确立法律目的、如何平衡各方相互冲突的利益、如何合理地设置法律实施机关等这些问题，往往并不适合于专业人士来解决。因此，就委托起草而言，部分条款委托、专题委托的形式比较妥当，而整体委托则往往超出了被委托人的能力范围。在实践中，比较理想的做法是在人大主导下，探索部门起草与专家以及部门实务工作者相结合的起草机制，把立法工作者熟悉立法业务的优势、政府部门了解实际情况的优势和专家学者具有专业中立的优势紧密结合起来，形成人大主导、部门配合、专家参与的起草机制。

三、程序性惯例的设想及其运用

将立法必须依据的信息分为民意性信息与事实性信息两种类型，并在学术上将获得这两种信息相对应的立法程序予以区分不仅在理论上是有意义的，在实践上对改善立法机关的工作效率、提高立法质量也是有意义的。不过，如果按照法律修改的思路对《立法法》的程序性制度进行系统性的改造，不但工作量巨大，而且很难达到预期的效果。实际上，从世界各国的法治实践看，法治的进步并不都是依赖法律的修改来推动的。在立法实践中，立法机关可以在现有法律框架下对一些工作方法进行不断的探索和实验，在总结经验的基础上再探索和再实验，最终会形成一系列具有很好实践效果的立法惯例。这些惯例为立法机关所遵循，成为规范立法工作的重要依据。这些惯例虽然从理性上可以被认知，但是没有必要转化为实在法。因为它们与实在法相辅相成、相得益彰，共同保障立法机关高质量地完成立法工作。

所有的座谈会、听证会以及论证会都可以以上述两种功能导向的程序观念为指引，重新进行审视，并以一种新的方式予以运用。比如，座谈会既可以是以获取民意性信息为目的，也可以是以了解事实性信息为目的。根据目的不同，会议主持者必须对会议参加人的结构作出不同设想和安排。按照这种思路，听证会、论证会都可以依据目的的不同以及立法阶段的变化，在内容与结构上作出灵活的调整。甚至以征询专家意见的论证会也可以运用到获取民意性信息的目的上，因为在社会各阶层之间的意见分歧较大时，也可以邀请专业人士对相关问题进行论证，提出解决问题的方案。再比如，在向全国人大代表征询意见时，如果代表是某些方面的专家或对特定领域具有丰富经验的人员，那么可以通过预先的程序设定向他们征求特定领域内的事实性信息。对于意见征求程序的主持者来说，什么样的信息是必须的以及通过什么样的方式才能获得这些信息，这两个问题在程序正式启动前必须考虑清楚，至于这种程序的名称是什么并不重要。

第四节　立法参与的程序保障

在立法过程中，立法者不仅必须从公民那里获得民意性信息，在一定程度上也必须从公民那里获得相关事实性信息。因此，立法秩序能否保障立法者与公民之间进行顺畅的信息交流则毫无疑问成为前述信息输入的前提条件。信息交流的有效性主要取决于：（1）立法机关的态度和作为。立法机关首先要为公民行使参与权创造条件，这主要表现为立法机关将听取意见的方式与方法予以细化，使公民参与立法的渠道公开、透明、便捷、稳定和可靠；其次，立法机关要向公民及时公开立法资讯，为公民形成与表达立法建议提供决策基础。（2）公民参与立法的态度和行为。在决定公民是否愿意以及能否参与立法的诸多因素中，立法机关只能改善其中的部分因素，还有些因素超出立法机关的影响范围。这些因素构成了参与难题，所有试图以民主方式解决信息输入问题的国家都面临这种类型的困境。

一、参与行为的合法性

从设定代议制机关的本意看，立法任务应当依法由议员或代表来完成。诚然,这种构想的实现必须具备以下前提:(1)代表由选民真正地选举出来(即不能出现名为选举,实为委任的情况);(2)选民或原选举单位无论是在法律上还是在事实上都能够通过制约机制保证代表在代议制机关里表达选民或原选举单位的意志。然而,在我国,实在法上事关立法的所有程序性规定并没有将代表放在核心的地位上,恰恰相反,大部分的程序性安排都有淡化人大代表作用的倾向。这种制度性选择显然不利于我国人民代表大会制度的实现。在人大代表与选民之间的关系没有得到真正的改善,以及人大代表的兼职问题没有得到根本改善的情况下,人大代表的代表性就始终成为立法中的"软肋"。保障体制外的人民通过各种途径参与立法活动,就成为我国立法机关获取立法决策信息的一种重要的方式。因此,公民参与立法的合法性来源于——在代表汲取民意之功能弱化前提下——代议制机关整合民意的迫切需要。

有学者认为,保障公民在立法程序中的参与就是保障那些权益可能受到立法结果影响的人有充分的机会和有效的途径富有意义地参与立法过程,并对立法结果的形成发挥有效的影响和作用。而且,参与可以使参与者的"人格尊严和自主意识得到承认和尊重,独立的权利主体的地位得到实现"。①的确,参与体现了人民在立法中的地位,从一定意义上为立法提供了合法性基础。然而,从宏观上认识到参与的价值并不能说明这些价值在实在法的运行中就可以自然而然地得到实现。在探讨公民参与立法时,也许以下问题更需要立法学在深入研究的基础上提供答案。

首先,谁在参与的问题。哪些人可以参与?谁来决定参与的人选?如何确定参与人的代表性?在法律的制定中,参与的实现比较困难,因为法律是适用于全国的具有普遍性的一般规范,国家法秩序内几乎所有的公民都是所谓的"权益可能受到影响的人"。参与的第一个关键性步骤就是确立合适的参与者。

其次,谁的意见被采纳的问题。如何处理参与者提出的意见?哪些人的意见应当采纳?哪些人的意见被排除?"程序参与原则不仅要求保证公众有充分的机会表达自己的意见和观点,更为重要的是应通过一定的机制使立法者对这些主张予以认真地、实质性地考虑,而不能仅仅把参与当作一种摆设或实现某种目的的工具;公众的参与应当能够对立法结果发生实质性的影响。"②实际上,立法者必须平等地对待所有参与人提供的意见或建议,这只是要求立法者应当认真地研究每一位参与人提供的意见,不

① 苗连营:《立法程序论》,中国检察出版社2001年版,第48页。
② 苗连营:《立法程序论》,中国检察出版社2001年版,第49页。

能先入为主地确定哪种意见需要认真对待，哪种意见可以忽略不计；这种要求并不意味着立法者认为所有的意见具有同样的权重并给予同样的采纳，这不符合人类理性决策的一般要求，在实践中几乎是不可能发生的事情。因此，参与者受到平等对待的要求只能被视为意见被平等重视之"起点上"的平等，而不是意见被平等采纳之"结果上"的平等。作为决策者的立法机关必然会对搜集起来的意见进行价值判断并作出取舍，这是不可避免的事情。问题在于，立法者是否可以仅凭自己的喜好或价值判断对人民的意见作出取舍。

二、参与与立法资讯公开

前文主要分析了立法者为了保证立法质量，其必须获得两种不同性质的信息，即关于客观事实的信息与关于民意的信息。这是从立法者作为信息获取者的视角研究信息问题的。如果从立法参与者的角度看，他们也在客观上要求获得相关决策信息。这种信息（即立法资讯）的提供者是立法者，而接收者则是立法的参与者。信息与参与之间存在着密不可分的关系。[①] 很显然，立法机关适时地向公民公开立法咨询是公民参与立法的必要条件，而公民参与立法又是立法机关获取决策信息的必要条件。很显然，立法者和参与者之间存在着某种相互依赖和相互配合的现象学式的"啮合关系"。

《立法法》第6条规定，立法应当坚持立法公开，保障人民通过多种途径参与立法活动。该条款的设计在顺序上符合立法过程的逻辑。立法机关只有坚持立法公开，人民才有可能通过各种途径参与立法活动，前者是后者的基础和条件，而后者只是前者的可能结果之一。因为即便在立法公开落实得很好的时候，也不见得公民就必定愿意参与立法活动。立法公开的含义比较丰富，在此仅探讨其核心要义，即立法资讯的公开。所谓立法资讯的公开是指除了法律有特别规定应予以保密者外，立法机关应该采取有效措施使公民有机会、有条件了解与立法有关的资讯，如立法的主要说明、背景资料、审议时讨论、发言记录、审查报告，以及公众参与的途径与方式等，公开立法资讯是原则，不公开是例外。目前我国《立法法》第39条与第40条涉及立法信息的公开问题。以下分而述之。

---

① "一个人为取得自己事业的成功，必须自己负责取得需要的信息，一个人如果希望民主成功，必须负责提供并发行普遍参与管理所需的信息。"[美] 肯恩：《论民主》，聂崇信、朱秀贤译，商务印书馆2007年版，第159页。

（一）公开法律草案

《立法法》第39条第4款规定，常务委员会工作机构应当将法律草案发送相关领域的全国人民代表大会代表、地方人民代表大会常务委员会以及有关部门、组织和专家征求意见。从该款可以看出，立法机关公开的立法信息只限于"法律草案"，而接受信息的对象只限于"相关领域的全国人民代表大会代表、地方人民代表大会常务委员会以及有关部门、组织和专家"。而从该条第1款与第2款的规定，能够参加宪法和法律委员会、有关的专门委员会和常务委员会工作机构组织的座谈会、论证会、听证会发表意见的主体并不限于"相关领域的全国人民代表大会代表、地方人民代表大会常务委员会以及有关部门、组织和专家"。因此，这种条文设置很容易引起误解，即向立法机关提供意见的主体在获得立法机关之立法信息方面在地位上是不平等的。这当然不符合一般的情理，也不应被视为《立法法》表达的原意。正确的理解是，凡参与意见表达的参与者，均有权在会议召开前的若干时间内获得立法机关公布的立法草案。

（二）公开法律草案及其起草、修改说明

《立法法》第40条规定，列入常务委员会会议议程的法律案，应当在常务委员会会议后将法律草案及其起草、修改的说明等向社会公布，征求意见，但是经委员长会议决定不公布的除外。向社会公布征求意见的时间一般不少于30日。征求意见的情况应当向社会通报。与第36条不同，该条规定不存在参与者之间在获得立法信息方面机会不均等的疑问，也就是说，所有人都有接触立法机关公布的立法信息的机会。如果存在不平等的话，那也不属于法律上的不平等，而属于个人生活条件或意见表达能力方面的（事实上的）不平等。该条与第36条的不同之处更重要地体现在，扩大了立法信息公开的范围，即除了公布法律草案以外，还公布了法律草案起草的说明。从立法的规范性角度看，这个法律草案的起草说明意义非常重大，它是参与立法活动的各方展开有效交流的媒介。所有参与人都是围绕立法草案的说明展开理性论辩，法律草案的起草者需要借助法律草案的起草说明来证明该草案的合理性与合法性并说服法律草案的审议者赞同该草案，法律草案的审议者也是在研究、考察法律草案所依据的理由是否成立，来决定是否通过法律草案。对于参与立法活动的公众而言，他们只有在理解法律草案的起草依据时，才有可能有针对性地提出立法意见或建议。因此，笔者认为，向参与立法活动的公民提供立法草案及立法理由应该是立法机关的一项法定义务。在立法草案说明书中，立法机关应当明确为什么要制定这部法律，以及其制定法律所依据的信息、数据和分析的具体内容是什么，立法机关还要对这些依据进行必要的解释①。

诚然，立法资讯的公开在客观上也为包括专家学者在内的研究者对立法进行批评或提出合理化建议提供了重要依据。立法行为是一个国家极其重要的公权力行为，它理应受到监督。这种监督不仅是控制权力，防止权力滥用的必由之路，也是实现修订后的《立法法》确立的"提高立法质量"之立法宗旨的重要手段之一。权力监督问题历来是公法上的难题。如果一个国家的公民愿意监督本国公权力的行使，这当然是这个国家的幸运，因为它不仅从根本上说明了共和国何以可能的问题，也从根底上解决了国家权力系统内监督者如何被监督的难题，还从根本上缓解了耗费大量政府资源的监督成本问题。由此可见，对《立法法》框架内的立法公开原则及将之具体化的各条款进行一个体系化的研究是非常有必要的。立法机关可以以这个制度框架为基础，建构出一整套比较完善的立法咨询公开与意见反馈制度。

三、公众参与的难题

公众参与对于任何一个国家的立法来说都具有不言而喻的价值，尤其是在代议制运转不灵的情况下，公众参与更具有必要性。以《立法法》为主体的法律制度虽然为公众参与立法提供了机会，但这并不意味着公众参与的效果必然能达到立法机关所希望的程度。影响公众参与效果或质量的因素很多，这些因素相互作用造成公众参与的难题，立法机关需要对这些问题进行研究和反思，并以此为契机提出逐步改善公众参与的方案与措施。

公众参与面临的难题主要表现在：

（一）参与能力的限制

对于期望成功参与的个人、团体和企业来说，必须具备相应的资源、组织和技巧方面的条件，而事实上这些条件在社会上从来就不是平均分布的。这些条件限制了个人或者组织的参与能力。在立法实践中，有些公民或者组织无法参与立法活动，主要原因就是他们缺乏参与的能力，要么忙于生计、无暇顾及公共政治，要么无法接触到作为判断依据的立法资讯，要么没有意识到存在的问题并有针对性地提出意见。另外，参与时机也很重

---

① 信息是一种决策必须思考的事实。对这种事实我们可以进行不同的理解。因此对信息进行解释非常重要，所谓解释就是遵照一定的价值前提（由宪法与法律提供）进行逻辑推理的过程。只有被解释的信息才是可以被理解的事实。

要，参与立法过程的人必须对在何时、何地以及就何种问题提出意见或者建议有敏锐的感觉，这是决定参与是否有效的重要因素。显然，善于把握参与时机也是参与能力的组成部分。

（二）参与质量的限制

即便参与是广泛的和均衡的，仍然会发生参与的质量问题。即使立法机关及其工作机构希望并获得公众的意见，而事实上，公众参与对立法的结果所能产生的作用很小，甚至有时候根本没有促进作用。发生这种情况的原因如下：第一，立法机关提供的立法资讯可能不足以让愿意参与的公民或者相关利益团体对法律草案进行准确的评价。在这种情况下，即便意见或建议的数量可观，也无法引起立法机关的重视。第二，大部分法律制定要求具体而且经常是技术性的知识，参与讨论的公民或社会团体可能无法拥有与所立法律相关的专业知识，因此，他们不能对拟议中的法律提供任何其他的信息和有建设性的意见。第三，参与讨论的公民或社会团体常常对改进拟议中的法律没有明显的兴趣。在缺少动机的情况下，参与者总是不愿意花时间深入地研究法律草案，即便提出了意见或建议，也是流于形式，无法击中问题的要害。参与质量受到参与能力的制约，也受到参与意愿以及立法机关是否提供充足的立法资讯等诸多方面的限制。

（三）参与数量的限制

参与的人数对立法机关制定法律可能是一个重要的问题。如果参与具有必要性，那么参与数量就不单单是个形式问题。没有一定的数量保证，参与的（合法性）意义就不复存在。立法机关必须建立一个收集公众意见与建议的系统，对公众意见与建议本身进行阅读和分析。然后，立法机关必须建立信息分析与筛选的机制，决定哪些建议或意见有参考价值，哪些意见或建议可以对拟议中的法律进行改变，以及进行哪些改变。立法机关的工作质量显然受制于其所能获取的意见的数量和质量。

总而言之，有参与的机会并不能保证参与一定发生，更何况有时候参与的机会并不存在；参与的发生也不能保证参与就能产生预期的效果，更何况有时候参与率连最低限度都达不到。因此，揭示谁参与了法律制定过程，他们为什么参与，他们采用的方法以及他们取得的成功是十分重要的。参与立法必须具备某些必要的前提条件。参与者必须知道立法机关正在制定什么法律，了解这种法律将如何影响某一利益群体。参与者熟悉参与的机会，具有作出回应的资源和技术专长，并且，在必要时，具有在影响立法机关决策者的努力中动员他人的能力。这些前提表明，在大多数情况下,立法过程中真正具有影响力的参与者是团体、组织、公司以及其他政府机关。单独的个人虽然在法律意义上有权参与,但是他们与具有组织优势的团体或国家机关的参与者相比,其重要性显然要低得多。①

---

① [美]科尼利厄斯·M. 克温:《规则制定——政府部门如何制定法规与政策》,刘璟、刘辉、丁浩译,复旦大学出版社 2007 年版,第 196 页。

第六章　法律案成熟度及其论证框架

尽管立法程序在汲取与整合作为立法决策之基础的信息（民意性信息与事实性信息）方面发挥十分重要的作用，然而，我们从程序那里只能寻觅到"如何提高立法质量"的部分线索，总体而言，它不能回答什么样的法律案才算达到要求这个触及法律案实质性内容的问题。因此，程序中必须植入一个"芯片"，即程序参与各方都能够理解的对法律案的实质性内容进行全面论证的方案，只有借助这个论证方案，立法过程的各方参与者才能有效地讨论和解决立法质量的问题。为此，规范立法学必须将"法律案成熟度"作为其支点概念，并且将建构法律案成熟度之论证方案作为其核心任务。

第一节　研究的问题、意义与思路

改革开放 40 多年以来，中国立法机关在大规模制定新法律的同时也在频繁地对这些法律进行修改。法律的频繁修改既反映了立法机关需要对社会变迁的压力与诉求作出积极的回应，同时也暴露出立法质量方面存在的问题。[①]2015 年我国全国人大在对《立法法》实施 15 年以来的经验进行深刻总结的基础上，决定将"提高立法质量"写进立法宗旨条款，将之作为规范立法活动的指导性方针。在这种时代背景下，中国立法学有责任从学科体系上全面回应如何提高立法质量的时代命题，其中，最为关键的问题是：如何才能保证一个法律案是高质量的。聚焦于这个问题的理由很简单：法律案（包括法律草案）是正式生效的法律的前身和雏形，前者的质量直接影响，甚至决定着后者的质量。[②]

关于如何判断法律案的质量，我国《立法法》并没有提供明确的标准，只是提出了立法应当遵循政治原则、合宪性原则、民主原则与科学原则等

---

①　立法质量不高主要表现在：法律反映客观规律与人民意志不够，解决实际问题的有效性不足，法律规范的针对性与可操作性不强，立法效率不高，立法中争权夺利、相互推诿现象突出，法律法规不管用等等。全国人大常委会法制工作委员会国家法室：《中华人民共和国立法法释义》，法律出版社 2015 年版，第 3 页。

②　张春生：《立法实务操作问答》，中国法制出版社 2016 年版，第 27 页。

一般性要求。因此，《立法法》从总体上看只是一部授权规范（即规定哪些享有立法权以及在什么事项上行使职权）与程序规范（即规定立法机关按照什么样的步骤和方式行使立法职权）为主要内容的法律。很显然，这种立法体制为立法机关判断法律案的质量留下了非常广阔的自由意志形成空间①。在这种情况下，受人民信任和委托的立法机关虽然不会恣意行使权力，但仍有必要建构出一套行之有效并能够为社会各界知晓的较为具体的实体性判断标准，因为只有按照这些标准，立法机关才能从容地对法律案进行审议并作出选择；法律案提案人才清楚如何撰写法律草案与草案说明，其提交的法律案才更有可能被立法机关认可；社会公众才能有针对性提出修改意见，提升参与能力和参与质量；法学界才能更有成效地对法律案进行学术研判，为立法部门提供具有建设性的专业见解。当所有这些关注与参与立法的主体凭借着由共同的判断标准而形成的论证框架进行理性商谈时，我国的立法活动就具备坚实的社会基础，立法质量的提高就是指日可待的事情。

法律案的证明需要一种理论框架予以支撑，而这种理论框架只有借助实体性的概念与论证方法才能够得到清楚的说明。正是基于这种认识，本部分将论证思路做如下安排：通过对全国人大及其常委会的"前置性"审议程序的梳理与分析，合乎逻辑地提出"法律案成熟度"的概念。并以此概念装置为理论支点，阐释用以证明法律案成熟度的必要性、可行性与合法性标准（论证思路）。此外，为了提升法律案通过审查的可能性，提案人自应对法律案与国家政策之间的契合关系有清楚的认知。

第二节　法律案成熟度概念的提出

在立法实践中，向全国人大及其常委会提出的法律案，有的被列入大会会议议程，有的则被拒之门外。法律案的命运取决于其是否能够通过全国人大与全国人大常委会的"前置性"审议程序。②《立法法》为审议机关

---

① 虽然立法机关在判断何谓高质量的法律案时必须遵循立法原则，但因这些原则过于抽象且它们之间存在着相互依存的关系，外界（甚至包括立法活动的参与者）很难弄清楚立法机关是如何将这些原则予以具体化的。因此，立法原则在多大程度上起到规范与限制立法自由裁量权的作用，的确不易作出评判。

② 与中国不同，英国与美国一般将起到过滤作用的"前置性"程序放在一读与二读之间。这种差异不具有实质性意义，因为英美国家的一读只具有形式意义。设置"前置性"程序的目的是相同的，即由委员会帮助选择有立法价值的法律案。[英]罗伯特·罗杰斯、罗德里·沃尔特斯：《议会如何工作》，谷意译，广西师范大学出版社 2017 年版，第 270~271 页；刘建兰、张文麒：《美国州议会立法程序》，中国法制出版社 2005 年版，第 32 页。

的"筛选"规定了什么样的实质性理由呢? 我们能否从给出的理由中提出一个可供立法活动的参与各方与社会各界共同理解并使用的概念呢?

一、全国人大的"前置性"审议程序

根据《全国人民代表大会组织法》第 9 条和第 10 条以及《立法法》第 17 条和第 18 条的规定,有权向全国人大提出法律案的主体有: 全国人民代表大会主席团、全国人民代表大会常务委员会、国务院、中央军事委员会、最高人民法院、最高人民检察院、全国人民代表大会各专门委员会、一个代表团或者 30 名以上联名的代表。[①] 在以上提案主体中,只有全国人民代表大会主席团提出的法律案可以直接列入大会会议议程[②],其他主体提出的法律案则又由主席团分别按两种看上去有所区别的方式予以处理。其中,第一种情况是对于全国人大常务委员会、国务院、中央军事委员会、最高人民法院、最高人民检察院、全国人大各专门委员会提出的法律案,由大会主席团"决定列入会议议程"。从词义上看,"决定"即根据其判断作出选择。有判断余地就意味着有裁量空间,否则上述规定中的"决定"一词就是个容易引起争议的赘语。如果此处的"决定"具有实质性意义,那么主席团对这些主体提出的法律案就能够作出质量高低的价值判断,最终确定哪些可以列入会议议程,哪些则不能列入会议议程。不过,无论是从法理上还是从实践上看,用同样的处理方法对待上述这六种主体既不妥当,也不可行。由主席团这个临时性的大会主持机构来判断人大常委会与人大各专门委员会提出的法律案是否合格,不仅存在审议能力欠缺的问题,也存在审议时间不足的问题。即便主席团认为常委会与专门委员会提出的法律案有先行审议的需要,具体的审议工作最终还是靠常委会与各专门委员会才能完成。更何况,在立法实践中,在全国人大会议期间,能够向大会提出法律案的主体一般是先向人大常委会提出法律案,经常委会审议,认为需要提请全国大会通过的,由常委会决定提请大会审议,由大会主席团决定列入会议议程。[③] 这就是说,在这种情况下,全国人大常委会已

---

① 2018 年宪法修改后,国家监察委员会正式成为与国务院、中央军事委员会、最高人民法院和最高人民检察院并列的国家机关。从理论上说,国家监察委员会也有权向全国人大提出与其职权相应的法律案。

② 我国《宪法》第 61 条第 2 款规定"全国人民代表大会举行会议的时候,选举主席团主持会议。"由该款规定可知,主席团虽为全国人民代表大会召开会议时产生的一个临时机构,但由于它可以决定大会会议议程,因此它所提出的法律案被认为是比较成熟的,经主席团自身审议和讨论后可以直接列入会议议程。

③ 张春生:《立法实务操作问答》,中国法制出版社 2016 年版,第 33 页。

经完成了会期比较短暂的人大会议之前的审议工作了。凡是经过这些"前置性"程序审议过的法律案提交给全国人大时，主席团所谓的"决定"就没有实质性意义。但是如果国务院、中央军事委员会、最高人民法院、最高人民检察院等主体并没有先向常委会提出法律案，主动接受"前置性"审议，而是直接向全国人大提出法律案，那么，主席团的"决定"仍然是具有实质性意义。第二种情况是对于一个代表团或者 30 名以上联名的代表向全国人民代表大会提出的法律案，由主席团"决定是否列入会议议程，或者先交有关的专门委员会审议、提出是否列入会议议程的意见，再决定是否列入会议议程"。由法律的措辞可以很清楚地看出，主席团对这两种主体提出的法律案的态度非常明确，即主席团的决定具有实质性意义，可以直接决定法律案的命运。不过，鉴于主席团的临时机构特性，要在短时间内完成法律案的审议绝非易事，因此，制度框架内容留了人大专门委员会发挥作用的空间。在这种情况下，与其说是主席团在决定着这类法律案的命运，倒不如说是专门委员会在决定着这类法律案的命运。

二、全国人大常委会的"前置性"审议程序

以上全国人大对提案人提出的法律案进行区别对待的情况也类似地出现于全国人大常委会的立法程序中。根据《全国人民代表大会组织法》第 32 条以及《立法法》第 23 条和第 30 条的规定，有权向全国人大常委会提出法律案的主体有：委员长会议①、国务院、中央军事委员会、最高人民法院、最高人民检察院、全国人民代表大会各专门委员会以及常委会 10 人以上联名的委员。人大常委会对以上主体提出的法律案作出有区别的三种处理：第一，对于委员长会议提出的法律案，处理形式是"由常务委员会会议审议"。很显然，根据这种措辞可以确定，委员长会议提出的法律案应被直接列入会议议程。根据上述规定，委员长会议不仅是有权向人大常委会提出法律案的主体，同时它也是常委会内部负责决定是否把向其提出的法律案列入会议议程的机构。②正如全国人大主席团不能否认自己提出的法律案一样，人大常委会委员长会议同样也不能否认自己提出的法律案。

---

① 《全国人民代表大会组织法》没有明确地规定委员长会议拥有向人大常委会提出法律案的权力，而《立法法》则对此作出明确的规定。

② 根据《全国人民代表大会组织法》第 25 条的规定，委员长会议拥有"决定常务委员会每次会议的会期，拟定会议议程草案"的权限。因此，委员长会议有权根据常委会会议议程情况，决定将审议事项具体列入哪次会议议程，也就是按照需要审议的具体事项的轻重缓急，决定哪些事项优先列入议程，哪些事项列入议会的会议议程，以提高常委会的议事效率。张春生：《立法实务操作问答》，中国法制出版社 2016 年版，第 34 页。

　　第二，对于国务院、中央军事委员会、最高人民法院、最高人民检察院、全国人民代表大会各专门委员会提出的法律案，处理形式是"由委员长会议决定列入常务委员会会议议程，或者先交有关的专门委员会审议、提出报告，再决定列入常务委员会会议议程"。在以上这些主体中，鉴于全国人大各专门委员会与全国人大及其常委会之间的关系，有必要将其与其他提案主体区别开来。对于这类主体提出的法律案，由委员长会议"决定列入会议议程"即可，此处的"决定"只有形式上的意义，因为，无论是委员长会议提出的法律案，还是专门委员会提出的法律案，都是出自专门委员会之手，总不至于将专门委员会提出（或起草）的法律案再转给专门委员会进行自我审议。因此，最有理论与实践意义的当属国务院、中央军事委员会、最高人民法院、最高人民检察院这四个非民意性质的国家机关提出的法律案该如何处理。在实践中，委员长会议对这些主体提出的法律案区分不同情况予以处理：（1）直接列入。对于比较成熟的法律案，委员长会议直接决定列入会议议程，由于上述国家机关在实践经验与人才储备等方面的优势，它们提出的绝大多数法律案都属于这种情况。（2）审议后再做决定。对于基本成熟，但仍存在一些问题需要进一步研究的法律案，由委员长会议先交有关的专门委员会审议并提出报告，再决定（是否）列入会议议程。（3）直接不列入。有时有的国家机关提出的法律案确实不够成熟，存在重大问题需要进一步研究，对于这些法律案，如果直接列入会议议程，会给之后的审议工作造成很大的困难。在这种情况下，委员长会议可以决定不将这样的法律案列入会议议程，或者建议提案人修改完善后再向常委会提出。后一种做法比较委婉，实际上也是拒绝列入会议议程。

　　第三，对于人大常委会10人以上联名的委员提出的法律案，由委员长会议决定是否列入常务委员会会议议程，或者先交有关的专门委员会审议、提出是否列入会议议程的意见，再决定是否列入常务委员会会议议程。对于这类法律案，委员长会议认为比较成熟的，可以直接决定列入会议议程；如果认为不成熟或者有一定问题需要进一步研究的，可以先交有关的专门委员会进行审议，由专门委员会提出审议报告，委员长会议根据审议报告再决定是否列入会议议程。其中认为比较成熟的，决定列入会议议程；认为不成熟的，则决定不列入会议议程。

　　全国人大与全国人大常委会的"前置性"审议程序看上去是两套相互分离的截然不同的程序，实则不然。事实上两者之间存在一种"内嵌结构"。根据《立法法》第19条的规定，在全国人大闭会期间，向全国人大提出的法律案的主体只能先向全国人大常委会提出，而常委会是按照审议向常委会提出的法律案同样的程序来审议这些法律案的。因此,《立法法》第19 条这个"指示参照性的条文"[①]起到非常巧妙的程序"转换"的功效,它实际上有条件地(这个条件就是,在全国人大闭会期间。而事实上全国人大在大部分时间里都在闭会)实现了全国人大与全国人大常委会的审议程序的一体化。[②]只不过,这种精致的程序安排仍然无法解答如下问题:审议机关究竟是根据什么样的理由对法律案进行筛选的?

三、一个亟须填补的实体性概念

任何法律案的审议主体都有必要向法律案提案人告知最终的审议结论以及证成这种结论的理由如何[③]。这是防止立法权滥用与保证立法权正确行使的基本要求[④]。从实在法的角度看,我国《立法法》第 17 条至第 19条、第 29 条至第 30 条规定的"前置性"审议程序只提到决定法律案能否列入会议议程的主体"全国人大主席团"、"委员长会议"以及具体负责审议工作的相关"专门委员会"和审议对象"法律案",显然,立法程序(似乎有意)忽略了一个对法律案的质量高低进行认定的实体性概念。诚然,我们也不能因此就推论,立法权必然处于恣意行使的状态。在实践中,立法机关对向其提交的法律案作了形式要求。这个形式要件包括如下内容:(1)立法议题。它是向立法机关提出的制定某项法律的建议,其表述一般比较原则、概括。(2)法律草案。它是将立法议题予以具体化之后的规范形态,是生效法律的"原型",是立法机关审议的主要内容,也是提案人自我证明的对象(事实上,立法机关对法律案的审议,主要是指对法律草案的审议)。(3)立法理由说明。它是提案人(机关)对法律草案的内容与形式进行全面论证的书面文件。立法机关就是通过对法律草案与立法理由

---

① "指示参照性的条文"是卡尔·拉伦茨对民法中的法条进行分析时使用的一个概念,它是指民法中某些法条的构成要件指示参照另一法条,而构成要件的法效果常在参照其他法规范后,才能确定。[德]卡尔·拉伦茨:《法学方法论》,陈爱娥译,商务印书馆 2005 年版,第 141页。不过,我国《立法法》第 19 条的参照指示已经超越了单个法条之间的关系,而是两个不同程序之间的转换。

② 审议权的集中行使虽然可弥补全国人大立法行为能力不足之效,但是有架空全国人大立法大权的嫌疑。周旺生:《论全国人大的立法运作制度》,载《法治论丛》2003 年第 3 期。

③ 如上文分析,进入立法程序的法律案一般都经过两种形式的审议,即"前置性"(或过滤性)审议与列入会议议程的正式审议。尽管这两种审议所处的阶段不同,但是其所依循的实体性标准应该是相同的。因此,本书只选择从"前置性"审议程序的分析入手,概括出法律案成熟度的概念,因而没有将整个审议程序作为研究的对象。

④ 在决定法律案是否应被列入大会会议议程时,除了必须确定法律案本身的质量高低外,立法机关往往还根据法律案所涉事项的轻重缓急来决定哪些法律案优先予以考虑(即确定法律案的优先级)。限于篇幅,本书不打算讨论与确定法律案的优先级(除立法质量外)有关的问题。

之间关系的审查来认定法律案的成熟度（诚然，立法机关也不会完全按照该立法理由对法律草案进行判断）。（4）附件。它是用来支撑立法理由的不可或缺的相关证明材料。立法机关通过对立法材料真伪的鉴别来判断立法理由是否成立。由此可见，法律案是一种由彼此相互支撑、具有内部逻辑关联性的四个要素构成的有机整体。[①]

法律案的形式要件为立法机关指明了如下工作思路，即判断一项法律案的质量高低，主要看法律案是否已经达到（至少让审议机关）比较满意的成熟程度。凡是被认定为"比较成熟的"，即可建议列入会议议程。很显然，立法机关在决定法律案是否列入会议议程时是"有迹可循"的，只是没有明确地运用一个恰当的概念装置将之表达出来而已。这就是说，当前制度框架下的审议程序在客观上的确需要一个实体性概念予以填充，结合已有的表达习惯，[②]笔者姑且将这个概念表述为"法律案成熟度"，它是立法机关对法律草案的实质性内容进行理性评判必须倚重的核心概念，可以毫不夸张地说，关于立法的所有制度性安排最终都以能够创造（有人认为是"发现"。事实上这两者并无不同）高质量的法律为目标；同样，立法理论中的所有重要论点（立法与执政党的关系、立法与宪法的关系、立法与国家政策的关系、立法与道德的关系、立法与利益的关系、立法与经济的关系、立法与文化的关系、立法者的功能划分、立法程序的作用等）都与证明法律案成熟度有关，它们因从不同的方面说明法律案是否已经达到成熟度的要求而形成一个彼此关联的整体。笔者认为，缺少了这个具有理论支点意义的概念，立法学便很容易"堕落"为一种无法有效地回应立法实践命题的貌似有理、实则难用的知识体系，进而，它将会与建构完整理论体系的目标渐行渐远[③]。

[①] 从表面上看，我国《立法法》第 58 条是关于法律案的形式要件的规定。然而在实践中我们可以将之视为指引立法机关对法律案的实质性内容进行审议的"切入"条款。目前，我国学界的主流观点只是从法律案的形式角度来理解这个条款，并没有意识到该条款对立法实践以及立法理论的结构性意义。周旺生：《立法学》，法律出版社 2009 年版，第 228 页；朱力宇、张曙光：《立法学》，中国人民大学出版社 2009 年版，第 144 页。

[②] 对《立法法》进行释义的书籍，在论及法律案是否列入会议议程的理由时常常有"是否达到比较成熟的程度"的表述。全国人大常委会法制工作委员会国家法室：《中华人民共和国立法法释义》，法律出版社 2015 年版，第 108 页；张春生：《立法实务操作问答》，中国法制出版社 2016 年版，第 34 页。

[③] 从比较严谨的概念界定的角度看，法律案成熟度应当包括（根据一定的标准）对法律草案的实质性内容与法律草案的表现形式这两个方面进行判断和认定。但是出于论述的方便，本书在法律案成熟度及其论证框架的分析中，只指涉法律草案的实质性内容，关于它的形式则在本书第八章中予以论述。

第三节　法律案与国家政策的契合关系

为了保证通过"前置性"审议程序，提案人在做好法律案成熟度的论证工作之前，还必须认真对待一个非常重要的前提性问题，即如何才能确定一个足以引起立法机关重视的立法议题（项目）。要正确地解答这个问题，提案人需要认真地思考：提案工作是在什么样的国家权力秩序下进行的？法律案与国家政策之间存在怎样的关联性？

一、提案人面对的国家权力秩序

如果提案人对本国的国家权力秩序以及国家权力运行的基本逻辑缺乏正确的认知，那么他的工作成效则在很大程度上因为偏离国家权力主导的政策方向而大打折扣。①

在当下中国，国家权力运行的基本逻辑在经历新中国成立以来，尤其是改革开放以来的政治实践，已经变得非常明晰：在整个国家治理体系中，执政党无论是在中央还是在地方层面上均处于决策中心的地位。② 由执政党在特定历史阶段作出的重大决策部署是所有国家机关（包括人大及其常委会）履行其各自职权的指导性方针③。一般而言，在每次中国共产党全国或地方代表大会召开之后，都会形成执政党的决议，对未来一段时间内需要各国家机关完成的国家任务作出整体性部署④。这个部署就是对当今中国国家治理工作作出的最具有权威性的宏观决策。⑤ 各国家机关分别从执

---

① 据了解，从 1979 年到目前为止，还没有代表团和代表联名提出的法律案被列入议程审议通过的。代表团和代表联名提出的其他议案被列入大会议程或常委会议程的，有 4 件。张春生：《立法实务操作问答》，中国法制出版社 2016 年版，第 34 页。笔者认为，上述情况的出现，也从一个侧面说明代表团与联名代表在立法议题的形成以及法律草案的起草能力方面仍有欠缺。

② 执政党领导立法在世界各国政治活动中占据着越来越重要的地位，因为掌握了立法权，即掌握了国家政治话语权。田侠：《党领导立法实证研究：以北京市人大及其常委会为例》，中国社会科学出版社 2016 年版，第 35 页。

③ 执政党依政策治国与依宪治国并不矛盾。依宪执政是对执政党领导国家政权的宪法要求。执政党结合具体历史情境将宪法的抽象规定予以具体化，而执政党在不同时期作出的"重大政策"可以被视为宪法具体化的"初级产品"。

④ 在党的代表大会（每 5 年举行 1 次）召开之后，党的中央委员会还会召开若干次（每年至少召开 1 次会议）中央委员会会议，这些会议往往会结合国家发展与治理的实际需要，对大会的决议作出更为细化的部署，或者突出某个方面的重点主题。

⑤ 执政党通过党的会议对整个国家治理工作作出的宏观部署其实就是对国家工作作出的整体规划。这种规划对于现代国家来说都是必不可少的。由于各个国家的政治体制不同，因而主导规划的权力及其运行方式存在一定的区别。总体上看，这些规划都结合了集权和分权的机制，服务于进步和保守的目标，同时运用自下而上和自上而下的实践推理，除此之外，也依赖授权。[美] 斯科特·夏皮罗：《合法性》，郑玉双、刘叶深译，中国法制出版社 2016 年版，第 201 页。

政党的整体性的决策部署中分解出本国国家机关未来工作的重点方向和基本内容。全国人大及其常委会每届任期内的主要工作部署都是对党中央的宏观决策的具体化。[①] 而最能体现全国人大及其常委会之立法工作部署的就是立法规划和立法计划。在全国人大常委会内部，具体负责立法规划的编制与立法机关拟定工作的法制工作委员会在编制立法规划与拟定立法计划时首先考虑的就是执政党在其总体性的决策部署中关于立法工作提出了什么样的指导意见。它在宏观上决定了法制工作委员会更倾向于研究和认同什么样的立法议题（项目）。对于提案人和法律案的起草人来说，熟悉中国当下的国家权力运行的基本格局并对执政党在特定历史阶段的决策部署做到了然于心，则是保证自己有效地完成法律案的提案工作必须具备的政治思想条件。如果提案人按照对法律案进行审议的机构（即全国人大各专门委员会，尤其是负责统一审议的宪法和法律委员会）同样的思路撰写法律案时，那么他的工作则会更有针对性，其提案成功的概率也会大大提升。

诚然，提案人与法律起草者并不是执政党政策的机械、教条的翻译者，他必须在对涉及中国经济社会发展的重点领域立法的大局有敏锐把握的前提下，充分地发挥主观能动性，深入地进行调查研究，准确地把握有关经济社会领域的特殊问题及该问题产生的原因，进而才能有针对性地提出解决该社会问题的法律方案。当然，更为理想的立法工作机制不应当仅仅是从上至下的单向的指令执行模式，而应该具有一定的反思与均衡作用的弹性机制。立法机关在接受执政党指导方针进行立法时，并非处于完全被动接受指示的状态。在将执政党的宏观指示贯彻到实际的立法工作中时，立法机关通过各种途径了解和研究经济社会发展中出现的实际情况和人民群众的真实利益诉求所在，而这些综合性的信息，既是落实执政党宏观政策的基础，也为检验执政党的宏观决策是否合理提供了反思的契机。立法机关有责任及时地向执政党反馈对于调整政策具有重要价值的意见或建议。

二、起草法律案的政策依据

如果认为提案人可以单单凭借自己对国家立法需要的理解和判断就足以提出法律案，那么，这是对立法活动的误解。在立法实践中，将法律案

---

① "法律的存在反映了这样一种事实，即人类是一种规划性的物种，天生具有认知和意志能力，并且拥有为了实现高度复杂的目标，而在时间流转和人际互动中组织自己行为的倾向。" [美] 斯科特·夏皮罗：《合法性》，郑玉双、刘叶深译，中国法制出版社 2016 年版，第 203 页。

的起草仅仅建立于起草人个人经验的基础上的做法很常见，然而这种做法的害处是很明显的，[①]它会导致法律案的起草过于依赖于立法的成例，包括其他国家的立法例，很少考虑它们是否适合于本国的国情。国家政策没有得到真正贯彻的情况只有在起草完成后，更为严重的是，在草案变成法律后才暴露出来。这不仅浪费了法律案提案人与立法机关的大量宝贵时间，使他们要全部重新来过，而且耽误了必要的法律改革和打击那些关心这一法律领域的人士的信心。这不是说法律案起草者不可以学习外国的法律和经验，甚至也不是说起草者绝不能借鉴外国的法律。如果本国的条件与法律移植来源国的条件相类似，那么，可以假定该法律在本国将产生与法律移植来源国相类似的结果。研究两个国家相关的条件，就可以知道这种情况是否会发生。[②]

提案人的工作起点是理解和准确地把握国家政策的内容，他们的任务是将国家政策转化成法律案。当然这是从总体或抽象的意义上而言的，现实的立法过程并没有那么简单。实际上负责起草法律案的工作人员虽然可以通过各种渠道了解到由执政党确定的宏观层面的国家政策内容，甚至也能够通过学习和研究清晰把握住未来国家立法的动向，但是法律案起草者并不是从执政党那里直接接受起草法律案的指示。执政党的宏观政策部署，只有在立法机关、行政机关以及司法机关等国家机关结合本部门的工作实际加以具体化以后，才会成为提案人起草法律案的政策指南。具体而言，在立法机关内部，对执政党确定宏观政策的权威解读者当属全国人大常委会委员长会议，这个领导机构的构成人员均为政治人物，该机构对立法工作作出的部署首先应该成为法制工作委员会编制立法规划和年度立法计划的政策依据，当然也是各专门委员会和法制工作委员会起草法律案的政策依据。同理，在国务院及其各部委内部、最高人民法院和最高人民检察院以及中央军事委员会内部，以执政党宏观决策部署为根据，作出体现本部门工作内容的立法决策，相关国家机关内的法制部门负责将这些决策转化为法律案。因此，可以看出，当法律案的提案人是国家机关时，其所提法律案基本上都有明确的国家政策依据。在这一点上，国家机关内部的起草人遵循的是同样的工作逻辑。诚然，遵循同样逻辑工作的国家机关在判断法律案成熟度时，都必然会更为认可那些在立法议题上与国家政策相契

[①] 有学者认为，把一个立法项目交由某个专家或团队起草，期望他们解决一系列难题并不靠谱。沈国明：《对"人大主导立法"的几点理解》，载《2015年中国立法学年会论文集》，第6页。

[②] [美]安·赛德曼、罗伯特·鲍勃·赛德曼、那林·阿比斯卡：《立法学：理论与实践》，刘国福、曹培等译，中国经济出版社2008年版，第50页。

合的法律案。在法律案的审议过程中,立法机关往往"决定"将绝大多数由国务院等国家机构提出的法律案列入大会会议议程,其部分原因在于,审议机关与提案人在立法议题的形成方面遵循的是大致相同的工作方法。

然而,无论是由执政党作出的宏观决策部署,还是国家机关根据部门情况作出的立法决策安排,都处于比较抽象的层面上,这些政策要么只是指明现阶段国家发展面临的主要问题是什么,笼统地要求立法机关对这些问题予以回应,要么仅根据本部门的实际情况提出立法决策方面的整体性思路。至于哪些社会成员的行为以及什么样的行为需要法律予以调整,以及如何通过法律解决这些问题,则需要起草人提出法律案(包括法律草案)后才能作出清楚的判断。很显然,法律案起草者是将国家政策转化为法律形式的责任者。法律形式和细节要体现政策的实质。在设计法律形式和细节时,法律案起草者不可避免地要参与政策实施形式的设计。①

第四节 "三位一体"的论证框架

如果说,法律案成熟度是表征法律案(具体指法律草案)的实质性内容是否达到通过一定的方法可以确认的某种成熟程度的概念,那么,很显然,将这个概念支撑起来的是判断法律草案的实质性内容是否符合要求(或准则)的方法。鉴于立法在本质上是一种决策行为,因而对确定法律草案实质性内容的必要性与可行性进行详细说明就是对法律案成熟度进行论证不可或缺的内容。另外,与一般决策不同,立法是一种在生效的法制背景下进行的决策行为,它需要协调与既存规范之间的关系,因而法律案成熟度也必然包含合法性证明的维度。因此,用于解释法律案成熟度的必要性、可行性与合法性证明这三个方面相互联系,共同形成一个相对完整的论证框架。只有借助这个(容许改进和不断完善的)论证框架,法律案成熟度才能真正成为一个在理论上可供争辩、在实践上具有实用价值的概念。

一、政策实施:法律案的必要性证明

必要性是一个关系范畴,主要是指如果甲事物是保障乙事物的存在或者是实现乙事物所追求目标的不可或缺的手段或条件,那么,甲事物对乙事物而言就具有必要性。作为判断法律案成熟度的标准之一,必要性是指

---

① [美]安·赛德曼、罗伯特·鲍勃·赛德曼、那林·阿比斯卡:《立法学:理论与实践》,刘国福、曹培等译,中国经济出版社2008年版,第4页。

法律草案是实现某种社会目标（由政策目标予以表达）或解决某种社会问题之不可或缺的手段或条件。凡具有上述特征的立法就具有必要性，而当提案人能够证明法律案（具体指法律草案）是实现社会目标或解决社会问题的必要手段时，那就表明，证明法律案成熟度的必要性标准已经具备。[①]因此，讨论法律案成熟度的必要性判断标准，就是看法律草案所要解决的社会问题是什么，以及为什么这些问题需要以法律的方式予以解决。凡法律草案符合必要性要求的，才有可能进一步触及其是否可行的问题。必要性证明的关键是构建起解决现实问题与制定法律案之间的逻辑关系。[②]

（一）什么样的社会问题需要解决

关于提案人如何确定紧迫且必须由法律解决的社会问题，上文对法律案成熟度与国家政策之间契合关系的论述已经给出了部分答案，之所以说是部分答案，是因为执政党的宏观决策部署以及相应国家机关政治领导人提出的部门决策部署只是为法律案的起草者划定了需要解决问题的方向，至于如何确定需要以法律的方式解决的社会问题，尚需提案人结合具体情况才能确定。

首先，提案人拟解决的社会问题是否符合经济社会发展大局。现实生活中需要解决的社会问题常常是非常广泛的，但是立法资源的有限性决定了提案人必须对"何者更为重要"进行判断并作出排序和选择。提案人在执政党的宏观政策部署与部门政治领导人的相应指示下，详细地分析建议立法项目拟调整的社会关系与需要解决的社会问题在经济社会发展全局中处于什么位置，重要程度如何。为此，提案人应当初步地估计法律案通过以后将会对国民生产总值、国民收入及其分配产生怎样的影响。很显然，立法者或者起草者必须具备基础的经济学知识且对经济发展形势有准确的判断。总而言之，凡是符合社会发展大局的要求且具有紧迫性的法律案，立法机关应当优先予以考虑。

其次，提案人拟解决的社会问题是否符合人民群众的切身利益。立法与利益之间是如影随形的关系。在法律案所要解决的所有社会问题中，对于涉及人民群众最直接、最现实的利益问题，尤其是以改善民生为重点的社会领域问题，如涉及环保、教育、劳动、就业、收入分配、医疗卫生、社会

[①] 立法上的必要性一般是指为什么要立此法，社会现实中为什么需要此法，立此法要解决什么样的问题或者该法所要实现的目标。立法的必要性论述，应建构起解决现实问题与制定法律草案间的逻辑关系。全国人大常委会法制工作委员会国家法室：《中华人民共和国立法法释义》，法律出版社 2015 年版，第 173 页。

[②] 张春生：《立法实务操作问答》，中国法制出版社 2016 年版，第 30 页。

保障等方面的立法项目,立法机关应予优先考虑。

最后,提案人拟解决的社会问题是否为当前社会的主要矛盾和突出问题。[1] 立法是执政的一部分,而执政的有效性则集中地体现在国家治理机关能够敏锐地把握当前社会的主要矛盾和突出问题的实质内容,并能够及时地提出解决问题的措施和方案。如果提案人提出的法律案能够对这些问题作出及时的回应,那么,这样的立法项目必定会引起立法机关的高度重视。

以上这三个审视社会问题的视角对于法律案起草人而言只具有某种为提高效率而作范围限制的提示性作用,不可能包含约束选择的规范性意义。每个时期都有其需要迫切解决的问题存在,事实情况也确实如此。比如,改革开放以后,我国进入大规模立法时期,到20世纪90年代末已经形成中国特色社会主义法律体系的基本框架,但是法律规范之间的冲突、立法权限不明确、立法质量不高、部门与地方借立法争夺利益等现象比较突出,针对这些不利于法制统一的社会问题,我国提出制定用以规范立法秩序的《立法法》的要求。[2]

上述视角只是为提案人(按照重要性进行排序)筛选立法议题提供了帮助。仅仅这些还不够。提案人必须将拟解决社会问题细化到社会行为的层次上,才能算完成对拟解决社会问题的界定工作。无论国家政策设定了什么样的社会改革和发展目标,最终都必须通过人的行为才能得到落实。社会问题总是通过人的行为表现出来的,如果提案人认为需要解决的社会问题是由人们的某种行为引起的,那么这些人的行为就需要按照政策提出的目标予以调整。在大多数情况下,改变行为总是与行为人的切身利益密切相关,有时候他们理解并认同政策确定的价值目标,愿意按照政策的要求改变自己的行为,而有时他们会认为政策增加了其负担,他们更愿意按照最有利于自己的方式采取行为。因此,一个执行机关总是必需的,由他们来执行政策则可以确保政策的贯彻和落实。而问题在于,如何才能保障执行政策的国家机关公平公正地执行政策呢?任何政策目标的实现,不仅要对作为政策调整对象的公民提出规范性要求,也必然同时对执行政策的国家机关及其工作人员提出规范性要求,这就是说,只要是事关政策推行之事,总是会涉及如何对待这两类人的行为问题。因此,提案人对拟解决社会问题的确定不能仅仅停留在"什么问题比较重要且需要解决"的层次上,而是最终要落实到对两种基本行为的界定上面。什么样的人以及

---

① 张春生:《立法实务操作问答》,中国法制出版社2016年版,第10~11页。

② 全国人大常委会法制工作委员会国家法室:《中华人民共和国立法法释义》,法律出版社2015年版,第2页。

什么样的行为需要调整,这是提案人在开启其法律案起草工作时需要弄清楚的首要问题。

(二)为什么需要法律的解决方式

在提案人完成对需要解决的社会问题的界定工作之后,接下来他必须思考:为什么需要通过法律的方式解决这些社会问题。这对提案人提出了更高的要求,他不能仅仅满足于自己是一个国家政策的分析行家,他必须同时也是一个真正的法律专家。将国家政策的内容转化为法律的工作远比人们能够想象到的要复杂得多。

1. 消极意义上的必要性认定

提案人根据自己对法律体系的熟练掌握和准确理解以及在法治实践中积累起来的丰富经验,需要对拟解决的社会问题进行一个"法律性"审视,以便从消极意义上认定拟议中的社会问题是否需要通过立法的方式予以解决。在法律案的起草实践中,这种"过滤程序"是很有必要的。一是如果一个立法项目所涉及的事项在上位法或下位法中已经有了较为完善的、可行的规定,不需要再进行细化或者提高立法层级,就不再需要通过立法解决。对于已经有下位法或其他规范性文件的,经实践证明效力不够,则可以考虑上升为法律。二是需要弄清楚相关问题属于立法问题还是法律实施中的问题。如果的确属于后者,则不应立法。实际上将纯粹立法上的问题与纯粹执行中的问题截然区分开来的确是很困难的,两者之间的界限往往不是很清晰,因此,作出这种判断需要非常审慎。在我国当前的立法现状下,这种审慎就显得更为必要。改革开放以来我国进入了大规模立法时期,然而,正如 2015 年《立法法(草案)》的说明中所指出的,我们虽然制定了大量的法律,但立法质量不是很高。这其中就存在着为什么法律不能得到很好执行的问题。在实践中有许多法律在执行上出现的问题往往都能从立法上中找到根源。三是弄清楚有关问题是否可以通过其他手段进行调节或者解决。法律是社会治理的一种手段,但法律不是万能的,如有些问题通过道德规范调节或者行政规范调节就更为有效。[1] 比如,"常回家看看"立法无论是在当时立法中的审议和征求意见阶段,还是在之后的法律实施实践中,一直存在广泛的争议[2]。法律适用与执行的困境表明,

---

[1] 张春生:《立法实务操作问答》,中国法制出版社 2016 年版,第 11 页。

[2] 《老年人权益保护法》第 18 条第 2 款规定,与老年人分开居住的家庭成员,应当经常看望或者问候老年人。该条款是对我国改革开放的过程中家庭伦理道德衰落的现实状况的一种法治回应。由于家庭成员与老年人分开居住的原因各种各样,因此很难找到一个统一的尺度来规范调整对象的行为,更何况像"常常""看望"等概念的内涵极为模糊,在司法实践中亦引起不少的争议。

试图以国家权力介入的方式来化解家庭成员之间的道德纠纷的想法,在刚开始立法时就没有充分论证立法的必要性。事实上,加强公民道德教化和健全社群道德评价机制,往往会比制定法律更有效地解决这类社会问题。

2. 积极意义上的必要性认定

经过上述消极意义上的法律性审查程序的过滤,绝大多数的国家政策都具有转化成法律的必要性。在现代政府中,相对小的一群政策制定者,以及立法机关、行政机关或者军事机关决定着改变哪些人的行为以及改变什么样的行为。如果他们提出要改进发展进程,他们必须有可能改变阻碍发展的行为。也就是说,决策者必须向各方面人士说明,期望他们做什么。要做到这一点,决策者必须制定和实施规范人们行为的规则。没有法律,现代政府几乎不能实现对国家的管理。法律案起草者的任务就是将这些规则表现出来。在绝大多数国家的大部分时候,除非国家政策用法律的形式予以表达,否则普通公民或者政府官员都不会感到有遵守的必要性。这是因为:一方面,政策主要侧重于国家与社会管理目标的设定,至于管理者的权限范围、责任追究机制与办事程序以及被管理者的权利和义务的内容都没有得到详细的界定,这就导致管理者权力边界与被管理者行为界限的模糊性;另一方面,政府也不可能拥有足够的资源用以诱导、威吓或者说服官员与普通公民按照政策的要求办事。政策转化为法律的好处在于:一方面,官员和民众赋予正式制定的法律以合法性;另一方面,政府可以借助法律的合法性说服某些行为者改变其阻碍发展的问题行为。①

具体而言,提案人首先需要证明为什么法律案所针对的社会问题是严峻的且具有解决的迫切性。为此,提案人要提供一定数量的信息来证明其所提出的法律案对于解决当前问题具有重要性和必要性。比如,立法机关正是基于对我国国家安全面临的日益严峻形势进行客观分析的基础上,才提出制定一部适应时代要求的新国家安全法法律案。这些严峻的情况包括:我国面临着对外维护国家主权、安全、发展利益,对内维护政治安全和社会稳定的双重压力,各种可以预见和难以预见的风险因素明显增多,非传统领域安全日益凸显。国家安全内涵和外延比历史上任何时候都要丰富,时空领域比历史上任何时候都要宽广,内外因素比历史上任何时候都要复杂。我国已有的国家安全法制已经远远不能满足我国当前所处的战略安全环境、各项事业发展的新要求。制定一部应对国家安全各种威胁和风险,统领国家安全各领域工作的法律,有紧迫的现实需要。关于制定新

① [美]安·赛德曼、罗伯特·鲍勃·赛德曼、那林·阿比斯卡:《立法学:理论与实践》,刘国福、曹培等译,中国经济出版社 2008 年版,第 13~15 页。

国家安全法的必要性论证，应当包括当前国家安全面临的主要问题是什么，立法意图是什么以及需要改变的主要问题行为是什么。

二、对策研究：法律案的可行性证明

只有在完成法律案的必要性分析工作之后，提案人才能进入法律案的可行性论证阶段，也就是说，必要性分析是可行性分析的前提，而可行性分析则是必要性分析的自然延伸①。对一个不符合必要性标准的法律案进行可行性分析是多余的。可行性分析是指对拟议中的法律案在未来的法治实践中可能产生什么样的社会效果进行的预测。预测就是对没有发生的事情，即未来生效的法律作用于现实所产生的可能后果的估计，因此，既然结果尚未发生，那么预测的说服力必定会受到很多不确定因素的制约，在实践中为此而产生争议也在所难免。不过，预测不是毫无根据的猜测，它是建立在对能够引起未来可能结果的原因的理性分析的基础上的。提案人（只能）相信，在相同原因的作用下，相同的结果总是会发生的。②因此，可行性分析的目的就是在法律案规定的内容与未来法律的遵守或执行之间建立起（以相应的事实为基础的）逻辑上的因果关系。这是可行性分析最为重要的方面。提案人应该尽可能向立法机关提供用以证明有关拟议法律案可能造成的社会影响的信息或资料。这些信息必须至少说明什么人将受益，什么人将受损，政府将会对法律实施作出怎样财政安排以及法律实施可能获得怎样的经济与社会效益等。

（一）问题行为的原因–对策分析

为了起草政府在未来可以实施的法律，提案人必须始终思考如下问题：为什么人们在面对法律规则时，会实施某种行为？为什么这种行为既可能与法律的要求保持一致，也可能与之相冲突？如果提案人所起草的法律只能躺在书本里很少引起预期的行为后果，他该怎么办？法律案的可行性分析的基本点在于，法律规范调整的对象能否按照法律的要求去行事。③

法律虽然是政府管理国家和社会的基本方法，但是政府不能将法律视

---

① 将必要性与可行性进行区分主要是出于理论表达的需要，这并不是对真实的思考与研究过程的描述。事实上，当立法者在研究立法的必要性的同时，也在思考立法的可行性问题。

② [美]安·赛德曼、罗伯特·鲍勃·赛德曼、那林·阿比斯卡：《立法学：理论与实践》，刘国福、曹培等译，中国经济出版社2008年版，第111页。

③ 虽说法律规范一经权威国家机关制定就具有法律效力，不过这种效力是需要法律规范在整体上具有实效作为条件的。因此，立法机关在立法时不能因为自己制定的法律当然具有效力而忽视法律是否能够被实施或遵守的问题。[奥]凯尔森：《法与国家的一般理论》，沈宗灵译，中国大百科全书出版社1996年版，第44~45页。

为万能的工具,试图用它解决任何社会问题。法律只是政府对社会进行控制的一种工具而已。法律的适用范围是有限的。法律调整对象在法律面前如何行为,既可能取决于法律因素的作用,也可能取决于其他非法律因素的性质和力量。政府不一定有充足的资源抗衡这些力量。但是,政府应该有能力最大限度地妥善运用其已经拥有的资源。提案人只有对需要法律调整的有问题的社会行为产生的原因进行深入的分析之后,才能有针对性地提出解决问题的法律方案。因此,可行性分析的首要工作是探明问题行为产生的主客观原因,然后说明法律方案是消除或者(在更多情况下)改变问题行为所必需的。总之,原因与方案之间的逻辑关系必须是清晰可见的。

1. 问题行为的主观因素及应对方案

(1)作为利益的主观因素

在影响问题行为的主观因素中,利益是最主要的类型。利益是调整对象对自身行为的可能成本与收益的估算。利益的表现形式多种多样,既包括物质利益,比如金钱、股份、房产等;也包括非物质利益,比如权力、特定的社会关系以及声誉等。利益之所以被视为主观性因素,是因为关于何者为重要或有价值,往往会因人而异。有人将金钱视为最高利益,有人视亲情或友谊视为无法替代的利益,有人将个人的物质或精神享受视为人生最高的利益,有人把权力(或官位)视为优先考虑的利益,有人将拥有才学或技能当作最根本利益。利益本身并无善恶(好坏)之分,甚至追求利益的行为也并非天然地就有善恶之分。立法者只有在某些为了维护(被认为是正当的)一般性的国家秩序或社会秩序等公共利益,或者为了维持人们之间和平相处,或者为了实现某些以国家(公共)政策的形式体现出来的(阶段性的)政治或经济目标的情况下,才会对与上述目标(往往具体化为立法目的)相抵触的行为进行(法律意义上的)否定性评价。虽然这些利益是诱发有问题的社会行为的原因,但是立法者不可能以消除这些主观原因的方式来改变有问题的社会行为,因为,利益作为主观因素不仅是与立法目的相冲突的社会行为的诱因,也是与立法目的相吻合的社会行为的诱因。在世俗生活中,追逐利益乃人之本性。作为主观因素的利益并无(法律)评价上的差异,有区别的只是利益驱动下的行为是否与立法者所追求的目标相冲突。这就意味着,凡是与立法目的不相冲突的追求利益的行为,都不会被法律所禁止,甚至有时为法律所鼓励。"君子爱财,取之有道",关于何谓"道",道德与习俗虽然给出了粗略的答案,但因其解释空间太大,最终往往取决于对立各方的力量对比关系。在现代社会,立法者不得不以更为精妙的法律机制担负起界定"道"的重任,其主要功能是解决历久弥新的利益冲突问题。

实践中,与利益诱因相关的行为解释是确定有助于促成问题行为改变的立法措施的基础。一种立法措施不可能应对所有的问题,它需要与利益冲突的类型相匹配,其所要解决的问题主要有两种类型:第一种是主观性私人利益间冲突。针对这种冲突,法律案起草人根据立法目的,需要说明何种利益需要保护,何种利益必须让步。[①] 私法中的绝大多数法律规范都是在调整这种类型的利益冲突问题。第二种是主观性私人利益与制度化(因而具有客观法性质)的公共利益之间的冲突。针对这种冲突,法律案起草人根据立法目的,需要详细阐释,必须予以维护的公共利益的内容与范围如何以及禁止哪些违反公共利益的以追求私人利益的行为。由于国家(主要表现为不同的国家机关)是公共利益的界定者与维护者,因而主要由调整公民与国家之间关系的公法来解决或协调这种类型的利益冲突。

利益冲突的类型对立法者选择不同类型的规范应对方案有直接的影响,同时,利益冲突的强弱程度也决定了对性质不同的法律措施的选择。以法律的方式调整利益冲突的措施主要分为两类,即引导性规范与制裁性规范。只要法律调整的对象按照法律规定处理相互间的利益冲突,那么法律到此就实现了其目的;然而,还有一些利益冲突无法或者不应当以这种和平的方式予以解决,在这种情况下,任何法律体系都不能放弃国家强制力的运用。因此,对违法或犯罪行为进行惩罚是解决利益冲突必不可少的手段。惩罚措施主要包括刑事制裁、行政制裁和民事制裁。具体而言,刑事制裁只适用于犯罪行为(即在性质上与程度上比较严重的利益冲突),而行政制裁只适用于违反行政法的违法行为(即行政相对人与行政机关之间的利益冲突),民事制裁只适用于民事违法行为(即作为平等主体的私人之间的利益冲突)。刑事制裁与行政制裁、民事制裁所针对的利益冲突的内容并无不同,立法者只用刑事制裁解决其认为比较严重的利益冲突问题。由于国家垄断惩罚权力,因此三种制裁的共同特点是国家强制力的介入。制裁虽然在改变问题行为有其他措施不可替代的功能,但也存在不容忽视的局限性。比如,制裁对实施机关的依赖很大,法律实施机关是否能够秉公执法或公正司法,将会直接决定着法律制裁的效果,而且制裁受到制裁程序(尤其是启动程序)的限制,没有受害人举报或提起诉讼,实施机关很难有充足的人力、物力资源时刻监控与制裁违法或犯罪行为。在法律案

---

① [德]卡尔·拉伦茨:《法学方法论》,陈爱娥译,商务印书馆2005年版,第1页。

的起草中，提案人必须克服只有严厉处罚才能有效改变问题行为的想法。"威慑取决于真正的罪犯被抓住的危险，即使惩罚力度不强。如果实际的罪犯被抓捕的危险很低，即使惩罚力度很大，威慑效果也不好。"① 国家强制力虽然很强大，但是相对于维护整个法秩序而言，国家强制力毕竟是非常有限的，因而刑罚、行政与民事制裁只有用在少数人身上时才有明显的效果。与制裁不同，同样作为应对利益诱因的奖励措施则不需要动用国家强制力，"奖励少数守法者的成本，比监督与处罚违法者的成本低。处罚违法者，当局必须提供资源找出违法者。而只要有奖励办法，守法者会自己站出来领奖，当局无须提供资源找出获奖者"。②

（2）作为价值观的主观因素

有问题的社会行为虽然与利益因素有很密切的关系，但是利益并非影响问题行为的唯一主观因素。道德教化、宗教信仰与传统文化等因素综合决定下的价值观以及其他社会观念也是影响问题行为的主观因素。人们的价值观与法律的规定不一致，也会导致问题行为的产生。价值观（关于是否善恶的社会观念）并非一朝一夕可以成型，它是一个国家在长期的历史演进中逐步育化而成的、居于主导地位的、稳定的价值观念体系，是指引人们行为的"精神力量"。面对这种"客观精神"，立法者往往有两种不同的选择：其一，是通过立法与法律的有效实施改变人们的价值观念。立法者之所以如是选择，一方面是因为立法者认为某些价值观念与立法目的相冲突，试图通过立法改变阻碍社会发展的由某种价值观影响下的社会行为。在立法者看来，改变价值观念就是改变与立法目的相冲突的社会行为的重要方法。③ 另一方面基于对立法目的之实现需要某种价值观予以支撑的考虑，试图通过立法将某些价值观内化为法律的构成要素，使其成为消除立法者所不希望看到的社会行为的解决方法。如果立法者坚定地认为，对于良好的法治必不可少的价值观在国家生活与社会生活中已经处于"岌岌可危"的境地时，往往会尝试价值观法律化的做法。其二，是修改法律，有条件地使法律规定与人们的价值观念相适应。作如是选择则表明，立法

---

① ［美］安·赛德曼、罗伯特·鲍勃·赛德曼、那林·阿比斯卡：《立法学：理论与实践》，刘国福、曹培等译，中国经济出版社 2008 年版，第 129 页。

② ［美］安·赛德曼、罗伯特·鲍勃·赛德曼、那林·阿比斯卡：《立法学：理论与实践》，刘国福、曹培等译，中国经济出版社 2008 年版，第 130 页。

③ 2017 年 3 月 15 日通过的《民法总则》将"弘扬社会主义核心价值观"写入第 1 条立法宗旨条款；2018 年 3 月 11 日通过的宪法修正案将"国家提倡社会主义核心价值观"写入《宪法》第 24 条第 2 款。上述立法例表明，一方面，立法者十分重视社会主义核心价值观在法治国家与法治社会建设中的作用；另一方面，立法者对各种价值观的竞争也表示担忧。

者（往往在试错之后）意识到，至少在某些领域，立法不能通过消除（或改变）价值观的方式而改变在其影响下的社会行为。在地方立法中，尤其是在民族自治地方的自治条例与单行条例的立法中，尊重地方特殊情况即包含着对当地处于主流地位的价值观的承认或"让步"。事实上，所有类型的地方立法都会面临着将（抽象的）国家法与本地居于支配地位的价值观进行有效融合的迫切任务。上述两种方案可以同时使用，只是什么必须改变，什么可以保留，则需要提案人考虑清楚。

2. 问题行为的客观因素及应对方案

客观因素是影响行为的能力、机会或制度等方面的原因，提案人会因为对引起问题行为的客观因素作出不同解释而提出更有可实施性的解决方案。

首先，原有法律的弊端是引起问题行为的客观因素。在问题行为出现的时候，并非这些行为不受法律调整，毋宁说早已经有法律存在了。这些法律不仅没有有效地改变问题行为，甚至法律本身存在的问题已然成为导致问题行为的原因：（1）法律规范用字遣词模糊或者不明确，赋予调整对象"自由裁量权"，同时也为实施机关行使自由裁量权提供了机会；[①]（2）一些法律规范允许或者滋生了问题行为；[②]（3）法律规范没有触及问题行为的原因；（4）法律规范允许非透明的、不问责的、非参与性的实施行为；（5）法律规范授予实施机关决定是否和如何改变问题行为的不必要的裁量权。[③] 针对这些本身就是引起社会问题的原因的法律，起草人只能提出对原有法律进行修改的方案，并指明为什么新的法律措施比原有的法律措施更好地解决问题。

其次，行为人的能力不足或机会有限是导致问题行为的客观因素。在提案人明确地界定了谁的行为以及什么样的行为是问题行为时，尚需深入地研究问题行为的产生是否与行为人的能力或机会有关。所谓能力是指行为人自身在客观上所具备的按照法律规定的权利和义务从事某种活动

[①]　在山东聊城发生的"辱母杀人案"的一审判决中，被告人与（一审）法院之间的主要分歧在于，加害人于欢的行为是否构成正当防卫。我国《刑法》第 20 条第 1 款规定，为了使国家、公共利益、本人或者他人的人身、财产和其他权利免受正在进行的不法侵害，而采取的制止不法侵害的行为，对不法侵害人造成损害的，属于正当防卫，不负刑事责任。被告人与法院对"正在进行的不法侵害"这个模糊的表述有着对立性的解释和理解。

[②]　比如针对乞讨流浪人员的"收容遣送行为"以及针对卖淫嫖娼人员的"收容教养行为"，因作为其规范依据的行政法规违反上位法，这些规定自身就是滋生社会问题的直接根源。虽然我国《立法法》规定了规范选择适用机制，事实上，执法机关依然在执行违反上位法的规则，这种现象同样值得思考和解释。

[③]　[美]安·赛德曼、罗伯特·鲍勃·赛德曼、那林·阿比斯卡：《立法学：理论与实践》，刘国福、曹培等译，中国经济出版社 2008 年版，第 118 页。

的条件,这些条件包括行动必须依借的知识、技术、技能以及物质资源。法律赋予公民劳动权,但是几乎任何用人单位都会设置入职条件,对于那种不具备这些条件的公民而言,行使权利是极其困难的事情。同样,当立法机关决定课予调整对象一定的义务时,它自始就该明白,法律不应当迫使公民或组织做超出其能力范围之事。① 所谓机会是指行为人采取行动必须依借的除自身能力之外的外在条件。一个处于交通发达、投资与营商环境较为优越地方的人要比一个处于交通不便、投资与营商环境恶劣地方的人有更多的就业机会。一个能够进入决定候选人名单的领导阶层(选举委员会)视线的被选举人总是比其他(在个人能力上不相上下的)缺少这种机会的被选举人更有可能赢得选举②。同样作为影响社会行为的客观因素,能力侧重于说明调整对象的个人(内在)条件,机会侧重于说明调整对象的外在于个人的社会或自然条件。这两者有时界限分明,有时界限模糊。一个人的能力越强,其改善其外在环境(包括社会环境与自然环境)的可能性就越大,获得的机会就越多;反之,一个人的能力越弱,其机会就越少。在问题行为与能力、机会等客观原因之间的逻辑关系已经明确的情况下,提案人应当思考如何提高行为人的能力或者如何改善行为人的机会的法律方案。与惩罚那样的直接法律措施不同,针对客观因素的法律措施通常具有间接性质。很显然,如果提案人对法律案的研究已经深入对产生问题行为的原因的层次上,那么,可以比较乐观地认为,他提出的法律解决方案在绝大多数情况下都是具有可行性的。

(二)法律实施的成本 - 收益分析

立法不是对现实的简单描述,它必然包含着人们对理想生活的追求。法律中的应然性规定的实现总是受到冷酷现实的制约。整个人类的法治史一再表明,在缺乏物质条件支撑的情况下,法律是不可能实现其理想目标的。因此,提案人需要向立法机关说明,(未来生效的)法律必须在什么样的物质性或非物质性的条件下才能得以实施,也就是说,法律实施需要付出什么样的代价(即经济成本与社会成本),该法律的实施将会产生怎样的收益(经济收益与社会收益),以及成本与收益之间是否匹配。这是法律案的可行性证明的必要内容。如果说,上文关于问题行为的原因与对策分

---

① 关于法律义务与行为主体能力之间关系,本书第四章第五节"立法者的责任问题"中做了较为详细的论述。

② 选举的关键环节是候选人的推荐,凡是能够进入候选人名单的人都是推荐单位或组织非常熟悉的人,或者至少必须是能够左右推荐单位观点的人所看中的人。在任何国家,选举与被选举权的平等不可能为所有的参与者提供相同的机会。

析主要是为了说明什么是可靠的问题解决方案，那么成本 - 收益分析则是在更为深入地探讨，为了实施这些方案，必须花费的大量人力、金钱或物质资源从哪里来，如此花费究竟值不值得。虽然并非所有的成本与收益都可以进行精确的量化分析，甚至有些问题不适合于量化分析，但是不可否认，凡是经过"锱铢必较"的成本 - 收益分析的法律案总是比那些含糊其词或根本没有经过这种分析的法律案更能够说明，拟议中的法律是否具有可行性。对于立法机关以及提案人而言，将法律立基于带有浓厚世俗气息的事实经验之上要比将之寄托于豪情想象之上不知要高明多少倍。为了研究上的方便，以下将从经济 - 社会成本分析与经济 - 社会收益分析这两个方面阐述成本 - 收益分析的相关内容。

1. 经济 - 社会成本分析

提案人首先应当尽其所能对法律案的经济成本 - 收益状况进行量化分析。所谓经济成本是指未来法律的实施必须支出的人力、房屋、设备等资源的总和[1]。从总体上看，这些支出可以用货币（金钱）予以量化（尽管未必精确）。它主要包括作为法律调整对象的公民或组织为遵守法律以及解决法律纠纷而支出的花费，以及作为法律调整对象的国家机关为执行法律或解决法律纠纷而支出的花费。[2] 由于第一类调整对象在数量上极其庞大，且在构成上极为复杂，对其经济成本进行分析无疑是非常困难的。但是，这种分析往往可以有力地解释，为什么人们愿意选择非法律的方式调整彼此间的关系或解决相互间的纠纷。如果说，提案人可以以没有掌握第一类调整对象关于经济成本方面的相关充分事实性信息为理由而暂时不做相应分析，那么，他则没有任何理由拒绝对第二类调整对象（即相关国家机关）的法律实施行为进行经济成本分析。这是经济成本分析最为重要的部分，它能够说明法律实施机关从哪里获得（具有稳定来源的）资金以及可能的支出数额。法律实施机关通常从国家财政收入中支出，有时（在财政困难情况下）也以发行国债的方式筹集资金。对于维护国内秩序的警察部门而言，政府对该部门投入的经费是否充分，直接决定着该部门能否录用足够的合格警员以及配备先进的警务设备，而这又直接影响该部门实施维护社会治安与打击犯罪方面的法律的能力。任何国家都会针对法律，特别是实施周期相对较短的法律，合理地评估其针对人员、设备和服务的直接

[1] 事实上，对于按法律办事的调整对象而言，时间也是一种在某种程度上可以量化的经济成本。

[2] 本书所指的法律成本是指法律实施所需要的各种资源的总和，不包括制定法律所消耗的各种资源。关于立法成本的论述，参见汪全胜：《立法成本效益评估研究》，知识产权出版社 2016 年版，第 2~3 页。

预算和花费的税款。如果量化的确有困难，则应当向立法机关说明原因。如果是实施周期比较长的法律，由于通货膨胀、物质短缺等很难预料的因素，即使是直接经济成本也很难评估。除了直接成本外，政府还要支付一些间接成本。如果一部拟议的"产品责任法"将个人诉讼作为其主要实施方法，那么，政府收入必须能够支付法院由于新诉讼的增加而带来的额外开支，尽管这种开支的数目很难估计。[①]

对于两类调整对象而言，实施法律不仅要支付直接的（可用金钱予以量化）的经济成本，在大多数情况下还要支付间接的、隐含的成本。可以将这种直接的经济成本之外的成本统称为社会成本。社会成本既包括调整对象为了实施法律而需要投入的成本，比如投资环境的改善（包括道路等基础设施建设）、教育水平的提高（国家与个人都需要为此支付大量的花费）、医疗卫生条件的改善；也包括调整对象为了实施法律而失去（或减少）的利益或权益，比如为了实施鼓励与保障投资（尤其工业方面）的法律，将会造成耕地减少，造成环境污染，降低被投资地区居民生活质量的下降。在疫情暴发地区，为了实施疫情防控方面的法律，国家机关依法对公民的人身自由实施暂时性限制，或者对公民、法人或者其他组织的财物实施暂时性控制。社会成本与经济成本之间的界限是相对的，对于投资方面的法律而言，教育、医疗卫生、环境等方面的投入就是社会成本，而对于教育、医疗卫生、环境保护方面的法律而言，对这些领域的投入属于直接的经济成本。社会成本有时可以用金钱予以量化，有时无法完全，甚至根本无法用金钱予以衡量。总体而言，社会成本因具有间接性与构成上的复杂性要比（直接）经济成本的估算困难得多。

因此，法律案起草者需要对法律实施的经济成本与社会成本进行综合性判断，凡是可以量化的，尽量用相应的事实与数据进行证明；凡是暂时不能量化或者根本无法量化的，则应当说明理由。否则，向立法机关提出一个在实施方面无法得到资源保障的法律案是没有意义的，或者说在实施方面没有可行性的法律案是危险的，因为这就意味着立法者已经完全将——如何解决法律实施所必需的资源问题，交由法律实施机关（系统）自行解决[②]。对于立法机关而言，提案人能否提供这方面信息，自然会对其

---

① [美]安·赛德曼、罗伯特·鲍勃·赛德曼、那林·阿比斯卡：《立法学：理论与实践》，刘国福、曹培德等译，中国经济出版社 2008 年版，第 138 页。

② 在我国，人大及其常委会只能对政府的预算与决算进行宏观上的控制。在所有的法律案中，由行政部门及其他官僚机构起草的法律案与其他主体提出的法律案相比，其优势比较突出地体现在提案人可以非常清楚地向立法机关说明实施法律需要怎样的人力、物力和政府资助以及如何才能获得这样的资源。

判断法律案的可行性产生直接的影响。很显然，如果一项法律案既没有人力也没有财力保障予以实施，那么它也不可能产生预期的社会效果。

2. 经济 - 社会收益分析

法律的实施需要消耗一定的经济与社会成本，同时也会带来一定的经济与社会收益。所谓经济收益是指法律实施对（直接的）经济收入增加所产生的正面影响。它主要包括增加国内生产总值（GDP）、财政收入、个人收入以及降低生产与交易成本和控制经济风险等方面的内容。所谓社会收益是指法律的实施对直接的经济收益以外的社会生存状况的改善所带来的积极影响。它主要包括增加就业机会、优化产业结构、稳定市场秩序、保护生态环境、提高教育水平、改善医疗服务质量等不同方面的内容。[①]一般情况下，经济收益比社会收益更容易进行量化分析。从某种程度上说，经济收益与社会收益的区分主要是出于理论研究的方便，事实上，两者之间不仅界限并非十分清晰，还存在互为因果的关系，比如就业机会的增加、产业结构的优化以及市场秩序的稳定等都是经济健康发展的原因，而经济总量以及财政收入的增加就会为提高教育水平、改善医疗服务质量以及优化生态环境投入更多的经费[②]。

法律案起草者需要向立法机关说明，法律案可能会对经济发展或收入以及社会各个阶层构成怎样的影响。任何法律都有其明确的立法目的，而这个立法目的就是一部法律总的价值导向原则，为了实现某个单一或复合性的目的，法律必须为需要调整的社会行为提供评价标准，以明确什么样的行为是被禁止做的、什么样的行为是应该做的以及什么样的行为是应受奖励的。既然法律是一种价值评判体系，那么不可避免地成为一种导向性行为规范体系。因此，任何法律都不可能均等化地向社会各个阶层施加相同的影响。由于社会分化带来的利益多元化的客观事实，一般而言，一部法律对某些社会阶层比较有利，则往往对其他社会阶层不利或没有什么正面的利益。在这种情况下，提案人对不同社会阶层影响立法的能力要有客观的认识。在实践中，在资源的占有方面处于优势地位的社会阶层或社会群体总是有渠道与决策者进行沟通，表达他们的利益和诉求。如果拟议法律案对他们的利益带来负面影响，他们懂得如何让决策者了解他们的真实意见是什么。相对而言，社会中的弱势群体则往往缺少与决策者进行沟通的条件和能力。如果决策机关中没有他们的代言人，那么，他们几乎不可

---

① 汪全胜：《立法成本效益评估研究》，知识产权出版社 2016 年版，第 203~206 页。
② 在社会收益中，人权状况的改善也是非常重要的内容。公民社会权的保障程度直接取决于国家的财政支付能力，政府财政收入的增加为提高社会权的保障水平提供了经济基础。

能清楚地表达他们的利益诉求。提案人必须向立法机关提供证据,让立法机关系统地评估拟议法律案对不同社会群体的影响,尤其是穷人、妇女、儿童以及少数民族。

尽管对法律案的社会效益与经济效益的分析困难重重,但其必要性是毋庸置疑的。无论是提案人还是法律案的审议机关都应当认识到,法律实施必然会对社会群体产生不同的影响,都需要花费不菲的人力、物力资源,法律实施机关具备这些资源吗? 这样做值不值? 在法律的经济-收益分析上明显存在问题的法律案应当受到更严格的审查。这表明,立法机关已经充分地考虑未来法律的实施问题,而不是将实施问题完全交由实施机关去解决[①]。

三、法制统一: 法律案的合法性证明

除了非常特殊的情况(比如革命后新政权刚刚建立),立法一般是一种在生效的法律体系的框架内进行的法意志形成行为。[②] 因此,合法性判断是法律案成熟度论证中的一个不可或缺的维度:一方面,立法机关需要审视(讨论中的)法律案是否符合宪法的要求,或者在最小限度上要排除该法律案(可能)违宪的情况(这方面的内容已在第三章第三节"法律案的合宪性审查"做过论述);另一方面,立法机关需要对法律案进行狭义的合法性证明,即主要说明该法律案与既有法律的关系,其中包括法律案与同位法和下位法之间的效力关系与(实质内容上的)协调关系。合法性证明(审查)的要求建立在如下假设之上,即法律体系是一个内部融贯的、无评价矛盾的有机整体。事实上,这种假设(法理念)也得到"社会主义法制统一"之宪法原则的规范性确认。

法律案(即正在审议中的尚未生效的法律)与已经生效的法律(包括全国人大与全国人大常委会通过对法律以及在效力上低于法律的行政法规、地方性法规、自治条例与单行条例、政府规章等)之间(可能存在)的矛盾可以(事后,即法律案经表决获得通过后)凭借《立法法》设定的三种"规范冲突解决机制"予以化解。这三种机制分别为:(1)立法批准机制即预防法律冲突的机制;(2)规范选择适用机制即回避法律冲突的机制;

---

① 我国当前的立法不太关注未来法律的实施问题,一般情况下将如何整合资源实施法律的问题交给实施机关去处理。不同的实施机关整合资源的能力和方式的差异,往往会导致法律的不可预见与不可控风险的增加。

② 对法律案的证明属于法律论证的一种类型,而法律论证区别于普遍实践论辩的特性在于:其受到现行有效法的约束。[德]罗伯特·阿烈克西:《法律论证理论》,舒国滢译,中国法制出版社2002年版,第263页。

（3）立法审查机制即消除法律冲突的机制。① 根据我国《立法法》的规定，上述三种机制中，立法批准机制与立法审查机制只能解决下位法（法规、规章等）是否违反法律和宪法的问题②，其前提是作为上位法的法律已经存在，否则，批准机关或审查机关只能依据宪法才能作出裁决③。因此，至少从逻辑上讲，它们不能从容地应对作为法规与规章的下位法与比其出现更晚的法律（有时表现为全面修改的法律）之间的冲突问题，更何况，这两种机制并不适合于解决法律之间的冲突问题。至于规范选择适用机制，其虽然也可以用于缓解法律与法律之间的冲突，但其本质上并没有消除矛盾，只是回避了矛盾而已。④ 在化解法律矛盾方面，虽然以上三种机制均有十分重要的功效，但是，立法机关也不能因此轻视法律案的合法性证明问题。这项（证明或审查）工作可以在纵向与横向两个维度上进行。

（一）纵向冲突的审查

尽管立法机关明知上述三种法律冲突解决机制都可以在事后⑤在纵向上解决拟通过的法律与下位法的冲突问题，然而这并不意味着立法机关可以因法律具有上位法的优势地位而忽视其与下位法的协调问题。宪法上的法制统一原则要求立法机关在立法时必须弄清楚拟制定的法律与其下位法之间是否存在冲突，以及如何处理这种冲突。首先，如果这种冲突是拟制定法律所追求的整体目标或者是部分规整的目标引起的，那就表明，立法机关希望通过新法律的出台以改变（原有）法秩序的部分内容。比如《立法法》第 11 条第 5 项规定"限制人身自由的强制措施和处罚"的事项只能制定法律，即该事项属于全国人大及其常委会专属立法权，而且根据

---

① 林来梵：《从宪法规范到规范宪法——规范宪法学的一种前言》，法律出版社 2001 年版，第 351 页。

② 事实上，行政法规、自治条例与单行条例以及地方性法规只有在作为上位法的法律缺位的情况下，才会面临是否违反宪法的问题。只有直接以宪法为依据，对宪法予以具体化的立法（不包括规章及其他的规范性文件）才会面临合宪性审查的问题，否则，对法律之下的规范进行的审查，只是合法性审查。

③ 在中国特色社会主义法律体系已经建成的条件下，这种情况只能是极为罕见的例外。

④ 林来梵：《从宪法规范到规范宪法——规范宪法学的一种前言》，法律出版社 2001 年版，第 352 页。

⑤ 在三种冲突解决机制中，只有立法批准机制具备有限的事前控制功能。立法批准机制只适用于"自治条例与单行条例"以及"设区的市人大及其常委会制定的地方性法规"，而行政法规、直辖市人大及其常委会制定的地方性法规以及经济特区法规等，并不需要事前批准，而所谓的备案程序只是事后监督的方法。"备案的目的是全面地了解立法情况，加强对立法的监督，便于备案机关进行审查，消除规范性文件之间的冲突。因此，备案是立法监督制度一个重要环节，是备案机关行使立法监督权的基础。"全国人大常委会法制工作委员会国家法室：《中华人民共和国立法法释义》，法律出版社 2015 年版，第 305 页。

第 12 条的规定，当该事项尚未制定法律时，全国人大及其常委会不能授权国务院就该事项先行制定行政法规，也就是说，该事项属于立法上的"绝对法律保留"范围。《立法法》的出台必然会引起其与作为下位法的——部分涉及设定限制人身自由的强制措施的——行政法规与地方性法规之间的冲突，这些冲突随着时间的推移，均以下位法的"服从"而逐渐得以化解。令人费解或不安的是，上述三种冲突解决机制似乎都没有发挥特别明显（或直接）的作用。2003 年，人们因"孙志刚事件"而对《城市流浪乞讨人员收容遣送办法》（1982 年 5 月 12 日国务院发布）的合法性提出质疑。该行政法规第 4 条与第 5 条关于"收容遣送"的规定属于实质意义上的限制人身自由的强制措施，该规定因与《立法法》第 11 条与第 12 条的规定冲突，应属无效。即使在有学者提出审查建议的情况下，全国人大常委会也没有启动所谓的立法审查程序正面地回应存在的问题。① 诚然，行政机关也没有因为该行政法规与《立法法》相冲突而选择不执行该行政法规。这种冲突因国务院主动于 2003 年 6 月 20 日公布《城市生活无着的流浪乞讨人员救助管理办法》（同时废止《城市流浪乞讨人员收容遣送办法》）而得以解决。类似地，2014 年因"黄某某嫖娼案"而引发关注的《卖淫嫖娼人员收容教育办法》与《立法法》的冲突，最终于 2020 年 3 月 27 日由国务院 726 号令废止该行政法规而得以解决。

其次，如果立法机关并没有十分明确的意图，试图通过拟制定的法律改变下位法的某些内容，相反，这种立法的目的是将下位法的做法予以概括和总结，以便形成更具有稳定性与权威性的高级规范，那么，下位法与拟制定法律之间就是（地方立法的）特殊性与（中央立法的）一般性的关系。基于这种认识，立法机关一旦发现法律案中存在与下位法相冲突的规定，就不会毫不犹豫地产生下位法必须退让的想法。此时立法机关要做的事情不是"旗帜鲜明"地选择保留这种冲突，任由所谓的三种冲突解决机制予以化解，而是审慎地在这两者之间进行平衡和协调。由此可见，法律位阶理论并非解决（立法中的）法律冲突问题时百试不爽的"灵丹妙药"，倘若运用不当，则会成为滋生更多法律问题的诱因。

（二）横向冲突的审查

如果说，立法批准机制与立法审查机制不适用于解决同位阶的法律之间的冲突，那么，事实上，规范选择适用机制也不是如想象的那样可以完全

---

① 2003 年 5 月 14 日，三位法学博士（即华中科技大学的俞江、中国政法大学的腾彪以及北京邮电大学的许志永）将一份关于审查《城市流浪乞讨人员收容遣送办法》的建议书传真至全国人大常委会法制工作委员会。

应付这个问题。对于法律之间的冲突，该机制提供如下规则：(1)特别法优于一般法，即同一机关制定的法律，特别规定与一般规定不一致的，适用特别规定；(2)新法优于旧法，即同一机关制定的法律，新的规定与旧的规定不一致的，适用新的规定；(3)裁决后确定适用，即法律之间对同一事项的新的一般规定与旧的特别规定不一致，不能确定如何适用时，由全国人民代表大会常务委员会裁决。这些规则是否就是立法机关在审议法律案时（为避免法律冲突）当然适用的规则，则仍然有探讨的余地。

当立法机关在审议法律案的过程中发现拟制定法律与既存的生效法律就同一事项的规定之间存在不一致时[①]，它需要作出如下判断：新规定与旧规定在立法目的（即立法者的规范意图与立法计划）上是否一致，如果两者在立法目的上是相互冲突的关系，那么，新规定就是对旧规定的否定，法律适用机关可以按照"新法优于旧法"的规则（在个案中）解决冲突。诚然，这种冲突会引发随后修法行为。如果新规定与旧规定在立法目的上并无不同，有分歧只是规范的调整范围或者法效果的不同，那么，情况就变得比较复杂，仅仅靠"新法优于旧法"的规则就不足以化解问题。此时，立法机关必须说明，新规定与旧规定之间是相互排斥关系还是并行不悖的关系。如果属于相互排斥的关系，则可以适用新法优于旧法的规则化解冲突，它表明立法机关希望通过新规定取代旧规定；如果新规定只是对旧规定做某种补充或进行某种修正，那么就不能靠新法优于旧法的规则化解这种"冲突"，因为在此情境下，新规定与旧规定之间在本质上并非冲突关系。

综上所述，立法机关在对法律案进行合法性证明时，其只能将《立法法》确定的规范冲突解决机制作为其思考"冲突"问题的参考，其关注的重点在于：如何在法制统一原则的指引下，排除评价矛盾，协调它们之间关系。

四、作为法学概念的法律案成熟度

本书对法律案成熟度及其论证框架的探讨，既是对"提高立法质量"的规范命题的回应，同时也是对当前中国立法学研究现状进行反思的结果。改革开放以来的大规模立法满足了国家治理与社会生活的各个方面"有法可依"的现实需求，但旋即又陷入"法律不好用、不管用"的尴尬境

[①] 此处只讨论新规定与旧规定之间关系问题，不讨论拟制定法律内部一般规定与特别规定之间的关系问题。在这种情况下，与其将一般规定与特别规定之间的不一致称作冲突，倒不如说是立法者的有意之举，特别规定可被视为对一般规定之作用范围的限定。

地。这其中最值得重视的是，偏重于授权与程序安排的立法制度格局在回应立法机关是如何判断法律案的质量高低的问题时，显得捉襟见肘。再完善的权力分配与再精妙的程序设计最终都无法回避对法律案的实质内容进行价值判断的问题。[①] 虽然，目前法律案成熟度尚未成为一个法律概念，但赋予其法学概念的"身份"，对于推进中国立法理论体系和话语体系的完善是很有必要的。这其中蕴含的道理并不复杂：当立法理论只停留在对立法制度（主要指《立法法》《全国人民代表大会组织法》《全国人民代表大会常务委员会议事规则》等）做简单"反映"的水平上时，立法实践中的难题是不能指望从这样意义上的立法理论那里获得解决方案的，一种缺乏问题意识和解决问题的可行方法的立法理论在体系上必定存在着严重的缺陷。如果我们将法律案成熟度及其论证框架作为立法理论体系建构的核心环节，那么立法理论就能立刻敏锐地感知到其与立法实践之间的"相互需求、相互支撑"的亲密关系。在这种情况下，所有关于法律的实质性内容的证明都将在法律案成熟度的范畴下进行。[②] 这样做不是否认一般理论的意义，而恰恰是防止一般理论的"盲目飞行"，是"迫使"其朝着更有生机的方向发展。立法实践需要有用的理论予以支撑，法律案成熟度正是这种理论不可或缺的支点，它理应成为当代中国立法学话语体系中的核心概念。

---

① 季卫东教授认为，只要法律程序设置合理，按程序办事就能产生合理的结果。季卫东：《法律程序的意义——对中国法制建设的另一种思考》，载《中国社会科学》1993年第1期。

② 比如，虽然立法与国情、利益等因素之间存在着紧密的联系，但抽象讨论这些主题，其意义非常有限，我们更为期待的是，关于这些主题的真知灼见是如何为法律案的论证服务的。相关论述详见，周旺生：《立法学》，法律出版社2009年版，第81~104页；朱力宇、张曙光：《立法学》，中国人民大学出版社2009年版，第74~84页。

第七章　法律实效问题及其立法回应

富勒认为,"官方行动与公布的规则之间的一致性"是法律的内在道德性标准之一。[①] 这个标准对立法的规范意义在于,它促使立法机关思考,为什么官方行为与法律不一致以及如何从立法上解决官方行为与法律的不一致问题。[②] 如果官方公布的规则只约束人民(即基本的作用对象),或者,那些针对官方的规则因设计得不合理而事实上很难起到约束官方行为的作用,那么法律实施的效果就会处于不受控制的状态。

法律案提案人对法律案成熟度的论证,不仅包括对基本的法律作用对象及其行为的分析,以及在此基础上提出改变或引导这些问题行为的法律方案,还包括对法律实施机关及其行为的分析,并在此基础上提出引导或改变有问题的实施行为的法律方案。可以将本章研究的主题视为上一章"法律案成熟度及其论证框架"之研究主题的特例,法律案提案人需要解释清楚导致法律实效问题的组织和个人原因有哪些,如何通过改进法律实施机关的组织构造,如何通过改变或者引导组织中的个人行为来解决这些问题。

第一节　破解法律实效问题的立法视角

一、分离命题的有害性

在我国立法学语境下,如下观点很具有迷惑性,即在中国特色社会主义法律体系已经建成的情况下,法律制度已经比较齐全且也比较完善,之

---

① [美]富勒:《法律的道德性》,郑戈译,商务印书馆2007年版,第96页。

② 对于其提出的重要问题,富勒提出了如下解决方案,即"通过立法确定解释模式约束官方行为"。富勒认为,任何法律都有其解释空间,立法者所要考虑的就是通过立法确定某种可以约束官方行为的解释模式。因此,"如果立法起草者们要想履行自己的职责,他们就必须能够预见到理性并且相对稳定的解释模式。这种相互依赖的关系以不太直接的方式渗透于整个法律秩序之中"。[美]富勒:《法律的道德性》,郑戈译,商务印书馆2007年版,第107页。笔者认为,富勒立论的依据是英美法系的传统和实际情况。这种背景下的法院在法律实施中处于主导地位,因而,允许程序性交涉和论证的法律解释模式的确能起到约束官方行为的作用,但是这种模式并不适合于法院在法律实施中并非处于主导作用的中国。

所以当前法治状况不令人满意,问题不在于立法,而在于法律执行或实施得不好。[1] 这种论调看似抓住了问题的症结,实则割断了立法与实施法律(执法或司法)之间相互影响、相互制约的辩证关系,这种分离命题在理论上和实践上都阻碍了人们思考和研究通过立法解决法律实效问题的可能路径。在任何实行法治的国家里,法律实效问题(法律不能得到有效实施或者只能在有限的范围内和比较低的水平上得到实施的问题),都是一个事关全局的体系性问题,绝非单纯的法律实施机制问题。很显然,如果法律实效问题仅被归结为法律实施机制问题,那么解决问题的办法只能从法律实施机制中寻得。因此,遵循这种逻辑,如下结论就是成立的,即法律实效问题是一个与立法质量无关的问题。显然,这种看法与 2015 年《立法法》修改中将"提高立法质量"写入立法宗旨条款的目的相违背。法律实效问题既是立法质量不高所致的结果,也是判断立法质量的(反向)标准之一。这是"提高立法质量"目标入法的重要立论依据。这就表明,起草人和立法机关在立法的过程中必须将法律实效问题作为其法律案成熟度论证的必要组成部分,也就是说,法律案起草人与立法机关必须根据直接经验或者间接经验明确地预见到导致法律实效问题可能因素是什么,以及如何针对这些原因提出相应的解决方案。如果(从可以查证的立法资讯看)法律案起草人与立法机关没有,甚至从未试图在引起法律实效问题的相关问题行为的原因与引导或改变这种问题行为的法律措施之间建立起清晰的逻辑联系,那么,他们就没有(至少在技术意义上)完全履行其立法义务。在这种情况下,存在质量问题的法律就是导致法律实效问题的直接原因(尽管并非在任何情况下都是全部原因),这种问题是不可能脱离立法环节而得到妥善解决的。因此,分离命题在方法论上具有孤立性、片面性,它与联系性和系统性的分析形成鲜明的对比。[2]

二、难探究竟的组织构造成因

在思想上认识到通过立法破解法律实效难题的必要性问题固然重要,

---

[1] 2015 年 3 月 8 日在第十二届全国人民代表大会第三次会议上,全国人大常委会副委员长李建国在《关于〈中华人民共和国立法法修正案(草案)〉的说明》中,指出"对属于工作机制和法律实施层面的问题,通过加强和改进相关工作予以解决"。这显然是将法律实施视为与立法截然分离的问题。

[2] 关于立法与法律实施之间的关系,社会学界的相关见解很值得重视,比如周雪光教授指出,"执行过程是决策过程的继续。这意味着决策执行者虽然被排斥在决策过程之外,但他们可以在执行过程中把自己的意志强加于其上。如果不考虑执行过程中的问题,组织决策不可能达到其期望的结果"。周雪光:《组织社会学十讲》,社会科学文献出版社 2003 年版,第 299 页。

但这与在理论上构建出具有直接实践指导意义的论证方案之间仍有不小的距离。法律实效问题的产生主要源于两种因素：第一种因素为法律的基本作用对象（在消极意义上）漠视或者规避法律和（在积极意义上）违反法律；[①] 第二种因素为法律实施机关不能有效地实施法律。第一种因素已经在第六章做了一般性讨论，尽管更为深入的研究仍很必要甚至迫切，但它不是本章所讨论的对象。引起第二种因素的原因颇为多样和复杂，本章只限于思考，导致法律实效问题的组织因素，即组织构造成因和作为工作人员的个人成因。

在我国，凡是有资格进入国家机关系统履行公职的人员，通常情况下都必须经过严格的组织考核和审查。这种筛选机制可以保证国家机关工作人员的道德水平和工作能力能够与其工作职责相匹配。但是，法律案起草人与立法机关在立法时不能作如下假定，即由于法律实施机关工作人员因具备某种必要的品性（即符合入职条件，具备入职资格和履职能力），因而作为一个整体的法律实施机关必然会有效地依法履行其职责，保证法律得到有效实施。法治实践的历史经验与现实经验一再证明，立法者的上述假设在绝大多数情况下是不能被证实的：合理的组织行为并不等于合理的个体行为的加总，或者说每一个组织中的合理的个体行为叠加起来并不能保证导致一个合理的组织行为。组织的成功与失败取决于组织的构造，这是立法机关与法律案起草人必须像分析基本的作用对象那样去分析法律实施机关工作人员，因为他们是在对制约其行为的组织条件和其所面临的资源与社会环境以及自身的利益诉求等因素进行综合判断后才作出行为选择的。[②] 有问题的实施行为同样是在主客观因素的影响下作出的。

因此，一部法律案不仅要针对基本适用对象，而且应该针对法律实施机关。正如一位法律起草人有专业责任起草法律条款以引导基本作用对象的适当社会行为一样，他同样有责任去起草法律条款引导和改变法律实施者的行为。如果法律案起草人与立法机关尚未解释清楚为什么一个实施机关没有有效地采取措施实施法律，那么这意味着他们没有完成引导或

---

① 这两种情况的区别在于，前者（至少在法律意义上）并不挑战法律的有效性和权威性，因而无法在技术意义上被追究法律责任；后者则以直接挑战法律的有效性和权威性，因而能够在技术意义上被追究法律责任。这两种情况的共同点在于，它们都实实在在地损害了法律的实效性。

② 法律实施机关工作人员不仅要理解对其行为进行约束的规则的内容是什么，还要判断遵守（或不遵守）这些规则的后果是什么，与法律无关的，但是对其实施行为构成重要限制作用的环境与资源条件是什么。[美]安·赛德曼、罗伯特·鲍勃·赛德曼、那林·阿比斯卡：《立法学：理论与实践》，刘国福、曹培等译，中国经济出版社2008年版，第160页。

改变法律实施机关工作人员的问题行为的任务。正如一份研究报告必须解释为什么在现有的法律规则面前，基本的作用对象的社会行为是有问题的，同样，它必须解释为什么在现有的法律规则面前，法律实施机关没有有效地改变基本作用对象的社会行为。法律案起草者必须向立法机关说明谁的和什么样的行为导致了法律实效问题。

虽然可以遵循同样的对策论逻辑分析基本作用对象的问题行为与法律实施机关及其工作人员的问题行为，但是毕竟法律实施机关是一个具有复杂内部构造的组织体。一个实施机关由很多工作人员以及他们相互之间的关联性行为组成，因此，不能仅仅用分析个体行为的方法来分析组织。要解释一个法律实施机关的行为，必须说明为什么相互作用的组织行为会出问题，尤其是为什么组织的决策会出问题，以及更为深入地要探究组织的制度性结构对组织行为构成怎样的影响。由于法律实施机关的行为必须由法律实施机关的组成人员的行为表现出来，因此要说明为什么作为实施机关的工作人员的个人行为会出问题。在研究法律实效问题时，既要从组织的整体意义上（即组织决策程序、组织架构、监督与激励措施）思考问题产生的原因与相应的立法对策，也要从构成组织的工作人员（个体）的角度思考问题行为产生的原因与相应的立法对策。在大多数情况下，作为个人的法律实施机关工作人员的行为都是在法律实施机关的组织结构的限制与约束下作出的。组织因素与个人因素是相互影响的关系：组织的架构与运作过程会影响（或制约）作为组织之组成部分的工作人员的私人利益、价值观、机会与能力，而工作人员的私人利益、价值观、能力与机会等主客观因素也会影响（或制约）组织实施法律的效果。

第二节　法律实效问题的组织成因与立法对策

在立法学意义上以组织视角思考与回应法律实效问题，这种探索目前仍处于起始阶段，因而几乎不存在可供参酌的样本和程式。本书认为，组织中的以下几个方面的问题为当前导致法律实效问题的组织构造成因的重要组成部分：（1）组织的决策程序；（2）组织的监督-问责体系；（3）组织的考核-奖惩措施；（4）组织的内部结构。法律实施机关的任何实施行为都是在复杂的组织构造内进行的。法律案起草人与立法机关既要从中找到法律实施无效或者实效低下的客观原因，也需根据具体情况提出有针对性的立法改进措施。

一、决策程序问题：信息输入与解释的可控性

在采取措施引导主要作用对象按照法律规定行为时，法律实施机关的问题行为首先是由不适当的决策行为引起的。法律实施行为，无论是行政行为还是司法行为都程度不同地具有决策性质，因为法律实施机关必须在查明事实（掌握信息）以及对法律依据进行解释的基础上才能作出决定①。而决策程序在结构上设计得是否合理是决定法律实施机关能否正确地作出决策的重要组织因素。在实践中，法律实效问题首先是决策程序问题②。法律实施机关作出何种决定，关键取决于何种信息可以进入决策程序以及法律实施机关如何解释这些信息③。决策总是随着决策程序的改变而变化。法律实施机关工作人员在法律面前的重复性行为模式是由其遵循的决策程序决定的。④

（一）信息输入问题

弄清楚谁提供了由决策机关输入的信息基本上就明确了决策过程的参与者。这个过程说明，法律实施机关为何种信息输入打开了大门，又是基于什么样的考虑关闭了通道。它决定了法律实施机关会在决策过程中考虑什么要素（比如谁的以及什么样的证据、论点、理论和问题）。法律案起草人如果想要解释清楚法律实施机关的决策程序的结构，他就必须详细说明相关实施机关工作人员把谁的和什么样的信息输入实施机关的决策系统中。信息输入环节出现的问题有时直接决定了决策的成败。决定法律实施机关输入什么、为谁输入的程序规范，是法律实施机关正式行为规则或者决策惯例的组成部分。法律案起草人有必要向立法机关说明法律

---

① 一般而言，现代国家将国家权力分为立法、行政与司法三种主要类型。在行使这三种权力的行为中，立法行为常被视为最为典型的决策行为；而行政行为与司法行为则属于法律实施行为。这种区分仅仅具有相对的意义。如果说，立法行为是根据宪法和本国实际情况进行决策，创制法律的行为，那么，行政行为则是根据法律和相关事实作出决策，管理国家与社会事务的行为，而司法行为则是根据法律与案件事实作出判断，对案件进行裁决的行为。它们在本质上一样，在结构上都包含规范、事实以及决策的要素。因此，不能将法律实施行为仅视为单纯的法律涵摄，"三段论式"的法律推理仅为其复杂过程的外观。

② 与其他决策系统一样，那些规范法律实施机关信息输入和处理过程的规则影响着法律实施机关的决定，因而也必然与法律实效问题存在紧密的关联。

③ 限于篇幅，本部分并不打算对决策程序进行全面的研究，仅围绕信息输入与信息解释这两个关键环节展开讨论。毕竟公然违背公认的事实和符合解释规则的解释结论的决策行为，在信息公开的法治实践背景下，已经越来越不可能了。

④ 政治学家戴维·伊斯顿建立的政治系统分析模型已经在法学分析中被广泛地借鉴和运用。关于政治系统分析模式的介绍可详见，[英]安德鲁·海伍德：《政治学》，张立鹏译，中国人民大学出版社 2006 年版，第 24 页。

实施机关的决策过程,指出是哪些主体以及如何参与到这些过程的。

在法律实施机关的决策系统中,程序规则控制着谁可以出示证据和陈述观点,从而决定谁可以向决策过程提供事实或者观点之类的输入信息。比如,法院和其他争端解决机构往往准许相关的直接当事人参与到解决过程中。这些人一般对和争端有关的事实比较了解,同时也有很强的动机提出支持他们主张的事实依据。无论一项决定将会如何影响到第三方,争端解决的规则一般不承认第三方的(独立)诉讼身份[①]。对于非诉讼决策,法律案起草人常常失于指出谁有参与争端解决的资格。这给了负责决策的实施机关不受限制的自由裁量权去决定谁的输入信息可被接受[②]。在实践中,法律实施机关的工作人员常面临着时间的压力和限制,他们一般会把有限的时间留给那些他们认为重要的人物或参与者[③]。法律实施机关不可能对没有出现在其面前的事情作出决策[④]。比如,法官只能被动地对原告作出反应。在审判过程中,一个法官的固有角色使得他很难主动地寻找真相,他只能根据当事人在他面前出示的证据作出有利于原告或被告的判决(诚然,法官在一定条件下也可以主动调查取证)。相对而言,行政机关在获取事实方面的信息有更为主动的权限,但是恰恰在听取什么人的意见以及采纳什么样的信息与证据方面,行政机关拥有更大的自由裁量权。法律实施无效常常可从决策程序上找到深层次原因。

(二)信息解释问题

如果说信息无法进入决策程序,法律实施机关就不可能根据它作出(相关性)决策,那么,这是否意味着凡是进入程序的信息都能确定性地影响(或左右)法律实施机关的决策内容或决策走向呢?事实上,凡是进入程序的信息都需要经过决策者筛选、整合与解释后才能确定它们在决策

---

① 我国刑事诉讼法、行政诉讼法以及民事诉讼法对第三方的诉讼身份采取了不同的态度。其中,刑事诉讼法没有关于第三人参与诉讼的规定,而《行政诉讼法》第29条与《民事诉讼法》第56条则是有条件地承认第三人的诉讼地位。

② 进行恣意决策的法律实施机关工作人员总是将信息输入者限定在倾向于符合其预定选择的范围内。比如,负责项目审批的工作人员往往只愿意与资金雄厚的大企业高管进行接触,很少关注或故意避免接触其他申请主体。在这种情况下,法律实施机关工作人员总是倾向于和对其进行行贿的利益相关者秘密接触,并且拒绝其他利益相关者的信息输入。

③ 比如,中国各级政府,尤其是地方政府普遍面临发展经济的压力,在这种情况下,政府官员更愿意将时间花在可能带来更大效益的大企业主身上,而小企业主或普通投资者的意见和诉求则很难引起政府决策者的兴趣和关注。再比如,如果一个负责劳动安全督查的工作人员只是通过与企业的管理层在宴会上了解企业的安全状况,那么他以此作出的决策,将完全不同于其和工会与管理层正式会面,以及给他们出示证据的机会后作出的决策。

④ 当某些事实没有出现在决策者面前时,决策者是不可能根据这些事实进行决策的。尤其是当这些事实对于作出正确的决策非常关键时,决策规则的作用就显得更为重要了。

中的意义，因为：（1）在许多情况下，进入程序的信息是多重的、相互竞争或冲突的。法律实施机关不得不对多重的、相互冲突的信息作出判断和选择。问题是：除了决策者自己，局外人几乎不可能知道法律实施机关是如何对信息进行判断和选择的。（2）信息只有经过法律实施机关解释后，才能显示其意义以及在决策中重要与否。在法律实施机关的决策过程中，"解释"具有关键的作用。[①] 不仅不一致的、模糊的信息需要解释，即便是同一信息往往也会有不同的解释。[②] 比如，根据《重大行政决策程序暂行条例》第18条的规定，决策承办单位应当对社会各方面提出的意见进行归纳整理、研究论证，充分采纳合理意见，完善决策草案。在"合理意见"的标准并不清楚的情况下，相关意见是否合理则完全由决策承办单位予以判断。因此，听证程序的参加者虽可提出意见，但意见是否被采纳则取决于决策承办单位是否将其解释为"合理意见"。

除非法律规范明确地规定法律实施机关工作人员评价他们所接收到的信息的标准，否则，他们会轻而易举地忽视和他们的利益选择或价值观相冲突的信息。[③] 如果法律实施机关工作人员很少来自社会底层，除了利益选择方面的因素外，他们的价值观往往属于社会精英阶层。因此，他们作出的决策时常对社会底层民众和弱势群体的诉求不敏感。当决策秘密作出时，决策者们更有可能是在对富人群体和特权阶层进行回应。不过，从目前立法现状看，我国法律对实施机关决策的程序性控制从总体上看依然是比较脆弱的。针对这种情况，我们可以总结实践经验并参酌其他国家的成功经验，做一些积极的探索[④]。

无论在信息输入还是信息解释方面，法律实施机关都拥有一些不受控制的自由裁量权。这种权力越大，其恣意决策与滥用权力的机会就越多，政府常常因此面临着腐败的威胁。但是，如果没有自由裁量权，法律实施机关

---

① 富勒所言的"以不太直接的方式渗透于整个法律秩序之中"的解释模式不仅适用于法律，也同样适用于决策者面对的信息。[美]富勒：《法律的道德性》，郑戈译，商务印书馆2007年版，第107页。在立法、行政与司法行为中，存在着一个共同的结构，即作为（决策）行为之依据的规范与事实都需要进行解释，才能建立起它们之间逻辑联系。

② 周雪光：《组织社会学十讲》，社会科学文献出版社2003年版，第293~295页。

③ 比如，《行政许可法》第34条规定，申请人提交的申请材料齐全、符合法定形式，行政机关能够当场作出决定的，应当当场作出书面的行政许可决定。需要实证研究的是，行政许可申请在什么样的情况下只要申请人提交的材料齐全、符合法定形式，行政机关必须作出许可决定。在这种情况下，判断"材料齐全、符合法定形式"标准是明确的、公开的，不仅行政机关知道这个标准，行政许可申请人或利害关系人也知道这个标准。然而，在什么样的情况下，行政机关需要对申请材料的实质性内容进行核实后，才能作出是否许可的决定？

④ 我国行政法中的绝大多数法律法规都具有程序性质，但是这些程序主要不是以"如何科学合理地进行决策"这个中心目标而展开的。最近十几年来，学者们一直在呼吁立法机关制定统一的《行政程序法》。笔者认为控制决策的观念应当在这部重要的法律中得到体现。

则很难根据瞬息万变的实际情况有针对性地、及时地作出行政决定并采取行政措施。这是法治的悖论。为了实现法治的要求，必须对决策过程进行控制。法律案起草人可以通过对决策过程进行重构来限制自由裁量权。

（三）可供商谈的立法方案

1. 界定信息输入的种类和范围

法律案起草人可以通过对法律实施机关作出决策时必须考虑哪些主体的意见作出明确规定，以防止实施机关滥用自由裁量权导致法律实施无效的不利后果。信息输入的范围和对象界定得越准确，则表明法律案起草人在立法调研中获得的经验材料越丰富。法律案起草人通过起草具体条款，要求法律实施机关在决策之前，必须听取某些社会群体的意见，从法律可能影响到的特定群体，尤其是弱势群体那里获得事实和意见。[①] 对决策中信息输入的种类和范围的界定缩小了法律实施机关考虑问题的范围。如果法律规定法律实施机关在决策时必须考虑哪些主体的意见，而工作人员没有这样做，那么法律实施机关决策的直接作用对象或者利益相关人有权对该机关决定的合法性提出质疑。[②] 同样，当法律明确规定法律实施机关在决策时不能考虑某些（不相关）因素，如果工作人员在作出决定考虑了这些因素，那么前述主体也可以提出合法性质疑。[③] 法律对信息输入作出的规定，既有助于限制决策的范围，防止恣意决策，也为法律实施机关更快捷地作出决策提供了便利，毕竟有些本来需要自由裁量的问题不再需要实施机关基于各种动机去反复考量。

2. 针对信息解释的理由说明

在法律实施机关的决策中，对信息的解释具有决定性作用。[④] 可以说，

---

① 由于各方面资源的有限性，一般情况下，法律实施机关都为听证会的举行作了条件性的限制。比如《行政许可法》第47条规定，只有在行政许可直接涉及申请人与他人之间重大利益关系时，行政机关在作出行政许可决定前，才应当告知申请人、利害关系人享有要求听证的权利。可是，判断是否存在"行政许可直接涉及申请人与他人之间重大利益关系"之情况的权力依然掌握在行政机关手里。从理论上说，听证会制度对决策行为会构成一定的限制，但是这种限制究竟有多大，则又受到诸多非制度性因素的影响。在私人关系与公务关系复杂交错的中国社会里，正规制度的作用空间比较有限。

② 比如，在新冠疫情出现后，作为法律实施机关的卫健委在公布该疫情性质方面的信息之前，必须听取医院等医疗服务机构中直接接触疫情的一线工作人员的意见。为了防止法律实施机关恣意决策，法律可以赋予意见未被采纳的工作人员进行申诉的权利。

③ 在秘密决策的情况下，很难判断决策者考虑了哪些因素，哪些需要考虑的因素没有被考虑，哪些（从法律意义上看）不需要考虑的因素在决策中起到了关键性的作用。对决策实质性内容的控制也需要"决策透明""决策理由说明"等程序性控制方法与之配套，才能显现效果。

④ 法律实施机关对信息的解释在本质上是法律规范的适用，是规范与事实（信息）相互结合的结果。只有通过解释，信息的意义才能确定下来，而决策正是建立在被解释的信息之上的。

解释的结论一旦做成，决策的内容也就随之确定下来。因此，对任何形式的法律决策的控制，与其说是对"三段论式"推理过程的控制，倒不如说是对具有决定意义的信息解释环节的控制。在法庭辩论中，原被告（或控辩）双方争辩的核心就是对案件判决具有决定作用的（事实性）信息的认定和解释。法院判决的合法性与正当性是建立在判决要旨所包含的判决理由之上的，而判决理由的关键就是对（事实性）信息的解释。行政机关在决策时与法院并无本质的不同。因此，法律案起草人可以考虑设定特定条款，以规定法律实施机关在决策时负有提供（书面）说明理由的义务。①

书面理由是否真正起到对法律实施机关的决策进行正当化作用，通常需要对其内容（即围绕信息解释而展开的论证）进行分析后，才能作出判断。法律案起草人可以在说明理由条款中规定，对信息进行解释应当遵循什么样的规则。如果起草这种规则比较困难，那么起草人也应当在法律草案的分析报告中说明，法律实施机关的决策涉及的是何种类型的权利或利益关系以及为什么不同类型的权益关系对信息解释提出了不同的要求。

3. 平衡权力的程序性权利

从立法技术上说，在信息输入和信息解释的关键环节为法律实施机关设定义务是非常必要的。如果将这些义务仅仅理解为客观法（即为维护公共利益的法律）的"派生物"，那么，法律实施机关的不法行为（即违反义务的行为）只有在其他国家机关的监督与问责之下才能受到制约或制裁。这样的制度设计不符合过程监督与节约监督成本的原则。在决策过程中，最有动机（保护自身的合法权益）且最有能力（掌握信息）监督法律实施机关的是作为利害相关者的公民。因此，法律案起草人应当在课予法律实施机关程序性义务的同时，赋予公民相应的程序性权利，以实现在信息输入和信息解释等关键点上，公民与法律实施机关之间在法律上的"平等武装"。设定程序性权利的目的是保障公民与法律实施机关之间"意见交流"，尽量避免恣意决策的出现，而不是方便引发无休止的诉讼。笔者认为，只有在法律实施机关完全无视公民的程序性权利时，公民才可以提起诉讼，而法院可能会判决该决定无效。②

为了防止恣意决策，法律案起草人还可以运用其他方法。比如：

---

① 法律实施机关工作人员经常发现，如果他们必须以书面形式来证明决策具有正当性，就很难再武断地作出决策。决策理由必须记录在案的要求迫使决策者慎重地考虑决策可能带来的风险和不良后果。

② ［美］安·赛德曼、罗伯特·鲍勃·赛德曼、那林·阿比斯卡：《立法学：理论与实践》，刘国福、曹培等译，中国经济出版社 2008 年版，第 471 页。

（1）遵循先例。法律可以要求工作人员遵循法律实施机关的先例，禁止他们为了迎合预先作出的决定而用清楚的理由去改变已经适用的规则。[①]（2）合议制。法律可以通过某些条款规定法律实施机关在作出比较重要的决策时必须采取集体讨论和表决的方式。一般而言，经过集体充分的研究和讨论后作出的决定可以有效防止个人决策的恣意性。[②]（3）相互监督。法律可以规定，在法律实施的过程中，两个以上的工作人员之间形成相互制约或相互监督的关系，如此也可以起到与集体决策相类似的作用。[③]

二、监管－问责体系问题：公民参与的必要性

法律实效问题不仅可归因于法律实施机关的决策程序，也与法律实施机关的监管-问责体系有十分紧密的关系。如果工作人员的监管（即监督和管理）行为表现为不法行为且该行为人无法在现有的制度框架下被问责，那就说明，法律实施机关的监管-问责体系出了问题：突出地表现在监管与问责之间的作用"链条"断裂。法律案起草人在回应法律实效问题时，需要为此提出建设性方案。

（一）监管－问责面临的主要问题

一部调整法律实施机关与基本作用对象之间关系的法律，总是包含调整两类主体行为的规范，即基本作用对象的行为规范与法律实施机关的监管规范。后者是指为法律实施机关及其工作人员设定的（用以引导基本作用对象行为的）行为规范，其基本内容是法律实施机关对基本作用对象

[①] 法律可以规定，法律实施机关工作人员通过解决纠纷的方式执行法律时，应当遵循本实施机关的先例，以增强一致性并保证以不断增加的判例为基础来发展法律。由于先例体现的规则是在比较封闭的状态下发展起来的，因此其适应范围有一定的限制。至于非纠纷解决的法律实施方式则只能在有限的范围内运用遵循先例的方法。

[②] 集体决策能否发挥防止恣意决策的功能往往与一个国家民主政治体制运作的实际情况存在十分紧密的关联性。如果决策机关内部广泛存在上下级的依附关系，那么，该机关根本不存在民主议事与决策结构。表面上的集体决策实际上依然是个人意志的体现。

[③] 比如，《行政许可法》第34条规定，根据法定条件和程序，需要对申请材料的实质内容进行核实的，行政机关应当指派两名以上工作人员进行核查。行政程序法已经对行政许可申请的法定形式作了比较详细的规定，在这方面存在恣意行政的可能空间已经被大大地压缩。但是法律对如何审查许可申请的实质性内容没有作出界定，这就需要实施机构工作人员根据具体情况作出判断，而恰恰是在这个缺少控制的阶段，极易发生恣意决策。正是针对这种情况，第34条才作了"两名以上工作人员进行核查"的规定，其目的就是防止恣意决策。

的监管义务。① 如果法律实施机关的监管行为违法，那么，具有法定职权的工作人员则应当以其所履职的法律实施机关的名义追究该工作人员的法律责任。问责实质上就是对监管者的监管。② 监管与问责之间的逻辑关系是：前者是后者的前提，后者是前者的保障。在监管规范的内涵不确定（即具体法律义务不明确）的情况下，认定与追究（工作人员的）法律责任几乎是不可能的；在没有法律责任作为制约手段的情况下，监管规范所规定的法律义务不具有法律技术意义，法律义务会被自由裁量权完全取代。监管与问责之间的逻辑关系关乎法律实施的效果。因此，法律案起草者必须解释清楚：监管-问责体系存在什么问题以及为什么会导致法律实施无效。

实在法常常只是满足于监管与问责的形式（程序性）要求，在制度品质上常常会出现难以发挥对有问题的法律实施行为（即监管行为）进行有效控制的作用。其中最为突出的问题是，法律往往侧重于从程序性规范方面约束法律实施机关的监管行为，而关于实施监管时需要遵循的实体性判断标准则经常处于疏漏或不明确状态。法律实施机关在实体性判断标准方面几乎拥有专断性的裁量权。它导致的严重后果是大量的法律实施行为虽然符合法定程序，但法律依然没有得到有效实施。比如，行政机关在对行政相对人实施行政强制措施时，需要对是否客观上存在"违法行为、证据损毁、危害发生、危险扩大等情形"进行判断；对于不需要采取行政强制措施时，需要认定违法行为是否属于"情节显著轻微或者没有明显社会危害的"情形；关于是否应当立即解除行政强制措施，需要判断，实施行政强制措施的目的是否已经达到或者实施行政强制措施的条件是否已经消失。只要实体性标准由行政机关自己予以认定或裁量，那么，它就可以决定是否采取、何时采取以及以何种方式采取行政强制措施。这种情况同样

---

① 监管规范主要分为两种：第一种是指引法律实施机关对基本作用对象的行为进行监管的规范，这种形式的规范在不同性质的法律里的表现形式不同，比如在民法里很少见到直接指引法院对民事主体行为进行监管的规范，法院监管的被动性决定了只有当民事争讼案件被提及时，它才能适用民事诉讼法以及民法上的实体性规范对纠纷进行裁判，进而达到对民事行为监管的作用；而在行政法里，则大量存在行政机关对行政相对人进行监管的规范。第二种是指引（被监管机关的）上级机关或监察机关、检察机关、权力机关对法律实施机关及其工作人员行为进行监管的规范。这种性质的规范既存在于行政法、各类诉讼法之中，也存在于监察法以及人大常委会监督法之中。

② 本部分所讨论的问责规范专指法律实施机关因违反法律义务而（应当）承担的法律后果，不包括法律的基本适用对象因违反法律义务而承担的法律后果。因此，设定问责规范的目的是惩罚法律实施机关及其工作人员，同时也能起到"倒逼"法律实施机关及其工作人员依法行使监管职权的作用。

发生在行政许可的监督检查行为中，对被许可人许可范围内的事项何时以及如何进行检查，几乎完全由许可机关自己决定，至于认定检查结果是否符合要求的标准，则更是处于不明确状态。在这种情况下，检查人员拥有的不受控制的自由裁量权为其腐败行为提供了机会。[①]

另一个突出的问题是，监管规范与问责规范之间的逻辑关系有时会出现断裂现象。比如《行政许可法》第 65 条规定："个人和组织发现违法从事行政许可事项的活动，有权向行政机关举报，行政机关应当及时核实、处理。"在个人或组织对被许可人违法从事许可事项的活动进行举报的情况下，许可机关有义务及时进行查处。根据前文所述，法律实施机关被问责的前提条件就是其违反了其确定性的监管义务。如果法律实施机关的法定义务内容明确、清楚，当其违反该义务时，它就必须承担相应的法律责任。然而，至少在《行政许可法》的框架内，许可机关的查处义务与违反该义务应承担的法律责任之间的逻辑关系并没有建立起来。从该法第七章"法律责任"条款的规定看，没有履行"及时核实、处理"义务的工作人员无须承担明确的法律责任。无法律责任担保的法律义务在法律技术意义上对行为人有多大的约束力是个问题，是否"及时"、是否"核实"以及是否"处理"，都纷纷落入相关工作人员的自由裁量范围。再如《行政强制法》第 21 条规定："违法行为涉嫌犯罪应当移送司法机关的，行政机关应当将查封、扣押、冻结的财物一并移送，并书面告知当事人。"判断违法行为涉嫌犯罪的标准是什么？"应当移送的不移送；不应当移送的移送"将会产生怎样的法律后果？违反移送义务的工作人员将会承担怎样的法律责任？事实上，《行政强制法》在"法律责任"一章中根本就没有设定与上述不法行为相配套的法律责任条款。诚然，法律义务与法律责任之间逻辑关系的断裂并不意味着违反法律义务的工作人员不需要承担责任，而是这种规范设置状况很难起到事前预防（震慑）、事中约束的作用。比如，《行政许可法》第 77 条规定："行政机关不依法履行监督职责或者监督不力，造成严重后果的，由其上级行政机关或者监察机关责令改正，对直接负责的主管人员和其他直接责任人员依法给予行政处分；构成犯罪的，依法追究刑事责任。"由该规定可知，法律更倾向于以"造成严重后果"为基础的

[①] 需要深思的问题是，为什么检查人员的索贿行为会得逞？为什么在检查中受贿行为会发生？没有任何被许可人愿意支付额外的费用，除非他们想要获取非法的利益，或许避免行政工作人员的刁难，或者免除某种处罚。总之，他们只有在利弊权衡的情况下，才愿意被动或主动地向检查人员支付费用（有时以非直接性的其他利益形式表现出来）。检查人员索贿或受贿行为发生的主要原因在于，其掌握了被许可人的违法事实方面的信息，检查人员以牺牲公共利益为代价谋取个人利益。

事后问责机制。事中控制的困难是显而易见的。对于行政不作为，由于信息不对称的客观存在，上级行政机关或者监察机关很难掌握具体的信息以判断许可机关是否以及在何种程度上履行了其监管职责。只有当因疏于监管或者客观上难以监管而产生严重后果时，上级机关与监察机关才能以严重后果为由，倒查许可机关是否履行其监管职责。脆弱的监管体系（指所有的法律实施机关对行政相对人的监管行为）不仅是各种事故频发的原因，也是腐败滋生的重要诱因。①

（二）强化公民在监管与问责中的作用

与问责机关相比，法律实施机关在监管信息方面常处于优势地位，这就使得上级机关或监察机关对其进行有效的问责变得极其困难。从法律有效实施的角度看，等到危害公民权益和公共利益的后果变得非常严重再启动问责程序，显然并不是一个最好的选择。在不理解法律实施机关作出决定的程序和实体性标准的情况下，没有人能够（有效）提出对法律实施机关问责的要求。因此，法律案起草者需要思考如何解决问责中的信息不对称问题。这不仅需要制定一部统一的信息公开法②，而且需要在具体法律里明确法律实施机关在哪些具体事项上负有政务公开义务。③与法律实施机关政务公开义务相对应的是公民享有知情权。法律的基本作用对象的知情权的运用为他们判断法律实施机关的决策是否合法、合理提供了相应的依据。公民借助政务公开可以常规地了解法律实施机关作出决策的程序以及实体性标准。在信息相对"平等武装"的情况下，公民或社会组织（无论是基于维护个人利益还是出于维护公共利益的考虑）可以成为监督或督促法律实施机关有效实施法律的重要力量。"借助"被监管对象的力量制约法律实施机关，不仅可以在一定程度上缓解法律实施机关与问责机关之间信息不对称问题，减轻问责机关的工作压力，也有利于促使法律实施机关在事中依法办事，防止个人权益和公共利益因为问责的事后特性

---

① 随着中央生态环境保护督察逐步深入，生态环境问题背后的不作为、慢作为、乱作为、假作为等问题相继曝光。从通报的40个典型案例看，责任空转出现频率最高，绝大多数案例反映主体责任弱化、日常监管缺失、落实要求打折扣等问题。

② 此处所言的政务公开是指广义上的政府信息公开，即包括立法、行政与司法部门的信息公开，而不单单指行政部门的信息公开。

③ 比如《行政许可法》第61条第2款就是一个很适切的立法例。该款规定："行政机关依法对被许可人从事行政许可事项的活动进行监督检查时，应当将监督检查的情况和处理结果予以记录，由监督检查人员签字后归档。公众有权查阅行政机关监督检查记录。"

而遭受更大的损失。[①]

三、考核－奖惩体系问题：激励过程的规范性

法律实施机关的对外行为总是通过在该机关不同岗位履职的具体工作人员的行为表现出来。对具体工作人员的考核和奖惩，进而决定他们在组织内的不同地位，这是保证组织目标实现（其中最为重要的是保证法律的有效实施）的必要条件。[②] 因此，法律案起草人不能将组织内的考核-奖惩体系仅仅当作与立法无关的实施机制问题，而应当将其放在能够决定法律能否有效实施的关键因素的高度上予以重视，并尽可能地改善立法在这方面的不足之处。

（一）制度性反思

法律能否得到有效实施取决于法律实施机关的工作人员能否合法地完成其工作任务，而这又在很大程度上取决于其内部的考核-奖惩（激励）制度是否能起到调动（或激发）其工作人员工作积极性的作用。考核制度与奖惩制度看似是彼此孤立的制度，实则不然。它们是完整的激励制度的必要构成部分。对工作人员的奖惩必须以对其工作能力与工作绩效的考核结果为前提条件。如果考核制度设计得能够比较全面地反映工作人员的绩效的话，那么考核结果甚至可以作为对工作人员进行奖惩的充分条件。[③] 对工作人员采取的奖惩措施是对考核结果（事实认定）的价值评判，是考核的目的所在，不以奖惩作为考核后续措施，考核就会因缺乏实质意义而流于形式。

对工作人员的奖励属于正向激励，它是以工作人员在任期内出色完成任务或取得优异的成绩为前提。奖励的内容既有物质性的（比如奖金或住

---

① 2017年修正的《行政诉讼法》第25条第4款规定："人民检察院在履行职责中发现生态环境和资源保护、食品药品安全、国有财产保护、国有土地使用权出让等领域负有监督管理职责的行政机关违法行使职权或者不作为，致使国家利益或者社会公共利益受到侵害的，应当向行政机关提出检察建议，督促其依法履行职责。行政机关不依法履行职责的，人民检察院依法向人民法院提起诉讼。"实践中，人民检察院往往从公民或者社会组织那里首先获得行政机关监管失职的信息，然后进行调查取证，启动问责程序。这说明，即便是在事后问责中，个人或社会组织依然具有十分重要的作用。

② 一个国家的各方面人才能否通过公平竞争进入国家领导和管理体系是评判该国宪法制度是否民主的关键因素。习近平：《在庆祝全国人民代表大会成立六十周年大会上的讲话》，载《求是》2019年第18期。同理，凡是进入法律实施机关的工作人员能否得到公平、公正的评价并因此得到相应的奖励或惩罚，则是判断该国法律实施制度是否合理的重要标准。

③ 事实上，决策者在对工作人员进行奖励或处罚时，尤其是在决定职务与职级提升时，对考核结果之外的因素考虑得越多，那就说明考核与奖惩之间的逻辑联系越少，因而考核的意义就越小。不以考核为基础的奖惩行为不仅起不到激励的作用，反而会破坏其内部的合理秩序。

房等实物），也有非物质性的（比如各种荣誉）。对工作人员的奖励中最为重要的当属职务和职级的提升，因为职务和职级的提升意味着待遇的改善与地位的提高。对工作人员的惩罚属于反向激励，它是对工作人员在其任期内因工作未完成特定的要求，或者因工作失误或行为违法而受到的否定性评价与制裁。惩罚措施主要包括警告、记过、记大过、降级、撤职、开除。此处所指的惩罚措施与前文提到的问责体系有一定的交叉关系。对工作人员的问责不仅包括行政处分，也包括比较严厉的刑事制裁。问责的主要目的是从行为规范（法律义务）与行为后果之间的逻辑关系角度，一般以事后控制的方式维系官僚体系的组织秩序。问责主体既可以是法律实施机关本身，也可以是专门的监督部门（比如监察委）；而法律实施机关对工作人员进行的内部惩罚是以对工作人员的常规考核为基础，其不仅具有监督与问责的意义，而且更强调对工作人员的激励作用。

（二）确立人事制度的核心地位

奖惩制度关涉法律实施机关工作人员的核心利益。它是影响法律实施机关工作效能的根本性制度因素。无论是在理论上还是在实践上，我们都应当将法律实施机关的人事制度视为奖惩制度的一部分。凡涉及法律实施机关内部的人事任免与奖惩问题，实施机关的决策者必须慎重行事，严格按照公平、公正的原则办事。为此，法律案起草者需要说明法律实施机关人事制度的主要内容，主要包括研究人事问题的机构构成（即谁有资格参与人事决策）、决策程序以及进行决策时依据的主要标准。公平、公正的奖惩机制起到限制决策者恣意决定的作用，即要防止决策者按照与工作绩效考核结果无关的标准进行决策。公示制度与集体决策制度对于防止恣意决策起到一定的控制作用。在对决策的合理性进行说明时，决策者所依据的奖惩标准越是清晰，引起争议的可能性就越小。相应地，工作人员能够从法律实施机关的奖惩决策中获得非常具体的指引其工作的标准信息，他们因此也可以结合自己的工作实效而清楚地预见自己在法律实施机关内的地位和未来的前景。实践一再表明，在法律实施机关内部，因职务与职级变动而诱发的矛盾和冲突（有时以显在的形式爆发出来，有时以潜在的形式隐藏起来），往往是促使工作人员之间的配合与协作关系恶化进而导致法律实施无效的重要原因。败坏一个法律实施机关最为直接或最为有效的方式就是破坏其内部公平、公正的奖惩机制。

从立法技术上看，我国一般采用将激励制度与具体（事务性）法律相分离的立法体例。激励制度一般放在确定公务人员身份的特定法律中予以规定，比如，我国《公务员法》《法官法》《检察官法》等法律在对工作人员如何考核与奖惩作了一般性的规定，而具体的事务性法律（诸如《行政许可法》《行政强制法》等）则不涉及这些内容。① 将"管人的法律"与"管事的法律"予以区分的好处在于：无须在制定每一部事务性法律时重复考虑激励制度问题，从而节约立法资源，突出立法意旨，提高立法效率。其弊端在于：一般性的激励制度难以匹配各具特色的法律实施活动，因而激励制度往往需要法律实施机关进行具体化后才能发挥作用。而这个具有重要意义的具体化环节恰恰是法治的薄弱环节。针对这种情况，法律案起草人与立法机关可以从法律有效实施的角度，设置一些具有正面引导作用的激励条款，或者设置适用相关公务人员身份法中的激励制度的参照性条款。如此，不仅可以改善事务性法律中单纯以"法律责任"为手段的激励结构，也可以明确考核的具体内容并限缩奖惩决策行为中的自由裁量权。

四、内部结构问题：权力关系的有序性

法律实施机关的对外行为大都是通过组成该组织的工作部门（机构）及其工作人员之间的命令或合作关系中完成的。组织内的纵向关系与水平关系是组织的基本结构。法律实施机关能否有效地实施法律总是受制于该机关的组织结构。关于法律实施无效的问题，我国学界将研究的重心放在法律实施机关及其工作人员的实施行为上，没有对"该行为是在怎样的组织关系中作出的"，即没有对深刻影响实施行为的组织结构予以足够的重视。组织结构可以说明组织任务是如何按照一定的方式分工、分组与协调的。其中，最为重要的是上级与下属之间的管理关系以及不同职能部门或机构之间的协调关系。对于法律实施机关而言，如果这两种关系设计得不好，都会对法律实施产生不良的影响。它是法律实施无效的客观原因。从我国的立法传统看，那些调整法律实施行为的法律（即界定以具体事权为基础的、以规范实施行为为内容的法律）一般不会涉及组织结构问题，而那些确定法律实施机关与其工作人员法律地位的法律（主要是组织法）也没有系统地规定法律实施机关的组织结构问题，顶多只在组织结构的个别问题上有所涉及。② 法律实施行为是一种组织行为，实施机关在组织结构方面存在的各种问题都会从不同侧面影响法律实施的有效性。法

---

① 在法律实施机关中，不同层级的工作人员在考核-奖惩方面适用不同的规则。人事问题不完全由本机关来决定，而是由对该机关有领导权的本级党委（党委内有专门管理人事问题的组织部）与本级政府。来自法律实施机关之外的考核-奖惩，虽然与内部考核有一定区别，但是总的原则是一样的，即保持和提升法律实施机关的工作效能，保证法律实施的有效性。

② 关于工作人员的录用、身份保障等方面的内容，并没有规定在组织法之中，而是在各类工作人员的身份法（比如《公务员法》《法官法》等）中予以规定。

律案起草人与立法机关必须针对这些问题提出相应的解决方案。

（一）上下级之间的管理关系

组织结构的核心内容就是权力关系。它是贯穿与维系整个组织的"链条"，从组织最高层级延伸到组织的最基层，确定谁具有决策权，谁向谁负责并汇报工作。防止权力链条的断裂与保证权力的有效运行是组织体存在的首要条件，但是研究者也不能因此将权力关系仅仅理解为上级与下级间的命令与服从关系。权力关系具有十分丰富的规范内涵，法律案起草人在起草权力关系的条款时，需要针对存在的问题，提出可行的解决方案。

1. 权力与权威问题

权力是管理者所拥有的支配或管理下属的各种资源的总称。对于组织而言，管理者仅仅掌握权力还不够，他还需要具备一定的权威。权威不同于权力，管理者的权威除了产生于其权力来源上的法定性（合法性），还包含了某些经验性要素。比如领导者或管理者不仅具有较强的决策能力，而且处事公道、以身作则，在一些业务性比较强的部门，管理者通常还必须是专业上的模范。在业务性比较强的法律实施机关中，或者在法律实施机关中的业务性部门或机构中，在权力关系的设定方面要尽量避免"外行领导内行"情况的出现。事实上，管理者业务水平低下会直接影响其权威性。而这种状况又常常导致命令与执行之间的断裂现象。这是法律实施无效的深层次原因之一。这可以解释如下问题：为什么一个由众多出色专家构成的组织却常常不能作出正确的决定，也常常无法作出与他们的专业水平相匹配的工作业绩。

2. 命令统一性问题

权力关系的主要内容就是命令与服从关系，服从者向命令者负责并报告工作。一般情况下，政府组织实行逐级负责制，下级组织只对上一级组织负责。在具体的组织内部，某一工作人员（在特定事务上）对一个主管，且只对这个主管负责。当一个工作人员必须按照两个以上主管的指令（意见）进行工作时，尤其当这些不同主管发出的指令相互冲突时，他就几乎拿不出让不同上级都满意的工作方案。而且，不同主管对相同的工作成果的评价也不尽相同。因此，当命令统一性因不当的制度设计而遭到破坏时，法律实施机关内部必然会出现汇报关系与责任关系的紊乱。①

---

① 在一个特定的法律实施机关内部，命令统一性问题相对而言比较容易解决，组织内部的权力按照等级划分，下级向上级负责。但是，在我国，法律实施机关之间的关系有时存在双重负责制，甚至三重负责制。比如，下级检察院不仅要向上级检察院负责，还要向本级党委负责，向本级人大及其常委会负责。

3. 集权与分权问题

所谓集权是指在法律实施机关中，决策权集中于该组织中的某一人或少数人（比如常务委员会组成人员）。在集权式的组织中，所有决策均由高层管理者作出。基层管理者只负责执行。集权模式的好处在于：有利于上级对下级的控制，保持权力或管理秩序的统一性与稳定性。集权模式常常忽视如下事实：法律实施行为在本质上是一种决策行为，因为法律规范是抽象的，工作人员必须对实际发生的事实进行解释的基础上，才能确定该事实是否可以涵摄于法律规范的构成要件之下。如果法效果只规定了一个幅度，工作人员还需要根据具体情况才能作出决定。因此，这种模式的缺点也很明显：决策与执行的分离，容易导致如下后果，即真正了解实际情况的工作人员往往无法根据瞬息万变的事态及时采取行动，实施行为只能在向上级请示汇报、等待管理者作出决定之后才会发生。通常的情况是，管理者与被管理者常常处于"信息不对称"的状态下。如果负责执行的工作人员根据个人利益选择性地汇报信息时，那么决策极有可能与实际情况不符而产生偏差或错误。凡事必须请示汇报不仅降低了法律实施的效率，而且增加了决策者与执行者共同承担法律责任的风险。当法律实施机关的行为造成严重的后果时，事后必然会追究两种人的法律责任，即决策者与执行者。从责任条款的设置看，我国法律实施机关的决策倾向于集权模式。《行政许可法》第72条与第74条规定所谓的"连带责任"比较能说明组织内部的权力或管理关系。

相较之下，在分权式组织中，决策权被下放到采取行动的管理者或者与法律的基本作用对象最为接近的管理者身上。其好处在于：可以调动基层管理者的积极性，提高法律实施的有效性。其实，决策权的下放也意味着责任的下放，当违法后果出现时，直接追究责任人即可，不会出现所谓的一个事故多人承担连带责任的情况。其缺点在于：上级对下级的控制力降低，权力秩序会因此出现不稳定的情况。法律案起草人与立法机关应当思考，如何在法律实施机关内恰当地解决集权与分权的平衡问题，即在哪些问题上必须采取集权模式、在哪些问题上适度地下放决策权，如此既能保证法律实施机关内部权力秩序的统一性与稳定性，又能调动基层管理者的积极性，提高法律实施的有效性。

4. 命令-服从关系的限制问题

在法律实施机关内部，上下级间的管理关系并不意味着下级在任何情况下都对上级唯命是从。在法律上，管理者与被管理者、决策者与执行者各有其独立的法律地位，他们共同为公共利益服务。法律所设定的权力关系只是为实现公共利益目标而采取的必要手段而已。为了防止管理者滥用权力导致法定的权力秩序紊乱以及法律实施的无效，现有的制度采取了如下方法：（1）明确工作人员的法律地位。① 工作人员的地位主要通过其在法律上的义务和权利体现出来。比如我国《公务员法》第14条与第15条规定，公务员负有多种义务与多种权利。其中，工作人员服从和执行上级依法作出的决定和命令的义务，只是其所负义务的一种，并非在任何情况下唯一需要履行的义务。公务员所负有的按照规定的权限和程序履行职责的义务，从权责统一的角度看，它也是一种权力（或权利），这种权力（或权利）对上级的命令也构成一定的限制作用。② 除了义务，公务员还享有一系列的权利，其中，公务员所享有的非因法定事由、非经法定程序不受处分的权利以及在受到不公正的处分时提出申诉和控告权利等，都具有明显的保护其独立的法律地位的功能。（2）（在特定条件下）下级对上级命令的质疑与不服从。下级服从上级虽然是维护组织秩序的根本，然而它也要服务于组织存在的目的。当上级命令明显偏离组织目标时，下级可以通过合法的途径表达质疑，或者在极端情况下拒绝服从。《公务员法》第60条规定，公务员执行公务时，认为上级的决定或者命令有错误的，可以向上级提出改正或者撤销该决定或者命令的意见；上级不改变该决定或者命令，或者要求立即执行的，公务员应当执行该决定或者命令，执行的后果由上级负责，公务员不承担责任；但是，公务员执行明显违法的决定或者命令的，应当依法承担相应的责任。可能是考虑到公务员拒绝服从会对组织秩序造成威胁，该条款没有直接承认，公务员有拒绝执行决定或命令的权利，只是以一种比较委婉的方式承认在特定情况下，即当决定或命令明显违法时，公务员可以拒绝执行，否则就要承担相应的法律责任。

问题在于，在实践中，谁来界定"命令或决定存在错误"，如何区分决定或命令"有错误"与"明显违法"，如何区分"明显违法"与"不明显的违法"。更为严重的是，当上级可以决定下级在组织内的职务与职级时，下级对上级的服从关系就变得更为复杂。上级在人事问题上的话语权和优越地位，甚至支配地位既是上级管理下级的重要条件，也是造成组织内上下级间在权力上的依附关系的重要原因。依附关系一旦形成，上下级间就不

---

① 在法律实施机关内部或者在法律实施机关系统里，管理者与被管理者的身份是相对而言的。在一种关系中，某工作人员是管理者，而在另外一种关系中，他则处于被管理者地位。

② 这就意味着，公务员对其上级的服从义务是一种规范现象，在公务员所负有的其他义务（背后有与服从上级的义务不同的价值诉求）和各种权利的限定下，服从义务必然有其法律上的边界。

再是相互监督、相互协作的职务关系,而是一荣俱荣、一损俱损的利益共同体。[①] 在这种情况下,即便下级认为上级的命令错误或明显违法,出于利益考虑,也很难再有勇气质疑上级的决定或命令。在这种组织结构面前,法律要么不能得到有效实施,要么只能在各种执法检查或监督下以一种不连贯、不稳定的方式得到部分实施。这是一个历久弥新的问题,法律案起草人与立法机关虽然很难通过立法解决这个问题,但是他们应当认识到这个问题对法律实施的影响,并尽可能在起草组织结构方面的条款时,解释清楚什么样的权力关系更适合法律的有效实施。

(二)部门或机构之间的协调关系

法律实施机关的组织结构不仅体现在纵向的权力关系上,而且表现在构成实施机关的不同部门或机构之间的关系上。所有的组织都存在内部的分工与协作关系。分工既可以按照需要完成的任务的类型进行横向区分,比如大学内各个学院(或系)主要根据专业(教学与科研内容)不同而设置,法院内部的法庭也是按照审判案件的类型的不同而设置(如民庭与刑庭的区分);也可以按照完成任务的步骤进行纵向区分,比如法院按照案件审判的流程区分为立案庭、审判庭与执行庭(或执行局)。一般而言,部门内部存在纵向上的管理与被管理关系,但部门之间的关系则比较复杂:部门之间一般不存在领导与被领导关系,这不仅体现在具有不同管理职能的部门之间的关系上,也体现在职能部门与业务部门之间的关系上。虽然从表面上看,职能部门与业务部门之间就特定事项方面存在管理与被管理关系,但是由于它们彼此间不存在人事意义上的支配关系,因此将这种关系视为特定业务事项上的指导与被指导关系比较妥当。[②]组织内部实现部门化的基础在于,将工作任务按照专业化进行细分之后,再依据类别对它们进行组合,以便对具有共通性的工作进行协调。[③] 其思考的基点是如何强化部门的整体性与工作效能,而没有触及部门之间的关系问题。

法律实施机关对外作出的任何决定,都是以法律实施机关的名义作出的。人们将法律实施机关视为一个不可分割的整体。人们一般不会深入到法律实施机关内部的组织构造层面来思考法律实施的效果问题。法律

[①] 近期国家监察委员会处理的大案要案往往是牵涉甚广的窝案。这种现象也从一个侧面说明,当法律实施机关内部上下级职务关系一旦变质为(人身)依附关系,那么法律实施机关在组织结构上必然会面临非常严重的危机。

[②] 从整个国家的组织架构的角度看,垂直部门的设置是一种特殊情况,它所强调的是特定事项上的纵向管理关系,但无法回避垂直部门与其他部门的协调关系。

[③] [美]斯蒂芬·P.罗宾斯、蒂莫西·A.贾齐:《组织行为学精要》,郑晓明译,机械工业出版社2019年版,第235页。

实施机关的一个具体的实施行为，往往需要内部不同部门或机构进行协作才能完成。部门之间的协作关系的好坏，会直接影响法律实施的效果。部门之间的协调出现困难，主要出于两个方面的原因：其一，部门或机构之间不存在（直接的）上下级隶属关系。当它们之间产生矛盾或冲突时，往往需要共同的上级进行裁决或协调。其二，部门利益化倾向。从整个组织的角度看，每个部门都是在完成组织的部分工作任务，每个部门均认为本部门在组织中的不可或缺的重要地位。在组织内部，部门之间在利益（资源）分配与职位提升方面均存在着竞争关系。尤其在部门之间的工作成果没有可比性的情况下，各个部门更愿意从维护本部门利益的角度出发思考问题并采取行动。这些因素都会导致部门之间的配合与协作关系受阻。虽然这些问题属于组织内部的"损耗"，外人无权干涉，甚至作为管理者的上级也常常束手无策，但它破坏了组织的整体功能，阻碍组织目标的实现，是法律实施无效的客观原因之一。

当前，法律实施机关的组织结构问题尚未引起法律案起草者和立法机关的足够重视。[①] 随着法律实施无效与组织结构之间的因果关系获得更多经验性材料的证明，涉及组织机构的立法议题才能出现在立法规划之中。

五、推进组织立法的精细化作业

法治国家的建设需要同时关照作为法律作用对象的个人和负责实施法律的国家机关这两类基本主体。从法治实践看，我国将立法的重心主要放在如何规范法律作用对象和法律实施机关的外部行为上。关于法律实施机关的行为是如何通过内部的机制做成的，在立法上始终被视为难以，甚至不宜讨论的"神秘领域"。诚然，这种"神秘性"造成的诸多弊端，不会因为个人素质（包括法律实施机关中作为工作人员的个人）的提高而自然消失，它是一种不可归因于某个具体个人的客观性、公共性问题。所幸的是，我国立法机关不仅制定具有宏观指导意义的组织法，而且在微观层面，尤其是在决策程序（包括立法程序、行政程序和司法程序）方面进行了比较深入的制度探索。这些成就是未来组织立法走向精细化的基础。在其他社会科学，尤其是组织社会学领域取得的重要成果面前，法学界与法律实务界应当保持一种开放心态和学习精神，逐步积累改进法律实施机关组织结构的经验，为中国的组织立法走向成熟摸索出一条可行的道路。从

---

① 在单个的法律实施机关中存在的问题，在整个国家层面也同样存在。我国在中央层面组建的各种"委员会"或"领导小组"（有的是长期的，有的是暂时的）在功能上就是为了打破部门之间的"壁垒"，高效地实现国家治理目标。

这方面看,本书的研究更多的只是表达了一种问题意识和初步的研究思路,它的意义在于,引发对(作为法律实施机关的)组织的更多的思考和讨论。

第三节 法律实效问题的个人成因与立法对策

法律实施机关作为一个组织,其行为归根结底由个人的行为组成。[①]组织的决策程序、监督与问责制度、激励制度等设置得是否合理,都会影响法律实施的效果。一个内容完整、结构合理的组织规范体系是法律实施机关工作人员面临的客观性制度条件,是保障其履行法定职责的“内在制度性因素”。比如,公平、合理的激励制度是工作人员形成良好的工作作风的基础,而这又是法律有效实施的必要条件。从个人的角度看,如果工作人员对所要实施法律非常熟悉、理解很准确,工作能力比较强、维护公共利益的观念比较强,那么,即便在组织规范系统存在某些(并非结构性的)缺陷或漏洞的情况下,他们也能在一定程度上弥补这些缺陷,保证法律的有效实施。相反,即便是在组织制度相对比较完善的前提下,依然会出现工作人员滥用权力或不作为的现象。这种现象主要源于个人的主客观因素,探讨这些因素并提出相应的立法方案,对于改善法律实施的效果具有重要的实践意义。

一、私人利益诱因及其控制方案

如果立法机关将法律实施机关工作人员的行为规范建立在对其理想品性(包括工作能力与职业操守)的假定之上,那么,它就会倾向于将现实中出现的问题归结为纯粹的个人问题,而不是一个需要立法机关予以反思和解决的问题。事实上,法律实施机关工作人员的违法行为与普通公民的违法行为在诱因上具有相似性:他们都有追求私人利益的动机和需要。[②]有区别的是,工作人员掌握着实施法律的权力,正是借助这种权力,他们才获得了与普通公民不同的谋求个人利益的机会。法治不是在一般意义上否定工作人员谋求个人利益,而是否定工作人员利用职务之便谋取与其法定职责(也是与公共利益)相冲突的个人利益。这里有两种情况需要分别

---

① 本节所讨论的个人专指法律实施机关中的工作人员,即组织中的个人,他们是实施法律的具体的人,是与法律的基本作用对象处于公法意义上的对应关系中的主体。

② 此处所言的“私人利益”是指与其法定职权所要维护的公共利益相冲突的利益,包括纯粹的个人利益、家庭利益、家族利益以及社会集团利益。

予以探讨：第一种情况是法律本身为法律实施机关工作人员提供了自由裁量权，它为工作人员谋取个人利益提供了"空间"。对于工作人员利用裁量权"携带私货"的情况很难进行事中监督，因为法律赋予了他根据具体情况进行选择的权力。第二种情况是工作人员为了谋取私人利益，不惜牺牲公共利益，直接采取违反法律的行为。第一种情形属于法治本身固有的难题，无论法治成熟国家还是法治欠发达国家都面临这个问题。第二种情形要么在全国性的或地方性的法治松弛的背景下出现，要么只是常见问题（即第一种情形）的例外情况。

（一）针对滥用自由裁量权谋取私人利益的控制方法

2000多年前，亚里士多德提出著名的政府悖论，即政府如何在赋予官员管理权力的同时，又保证他们不因私而使用权力？这是一个迄今为止仍未妥善解决的世界性难题：一方面，只要政府存在，政府工作人员就必须行使管理权，而管理权必然包含自由裁量权，没有自由裁量权，政府工作人员就无法有效地实施法律，进行管理；另一方面，工作人员因为自由裁量权的存在而获得了恣意决策与谋取私人利益的机会，政府最终会因无法遏制腐败而走向毁灭。[①] 这是法治中必然存在的一个结构：法律是对社会现实进行抽象概括和价值判断后而形成的规范体系，它需要法律实施机关工作人员根据具体情况，将抽象的法律具体化后（即结合具体情况进行解释后），才能恰当地起到规范复杂多样的生活现实的作用。这种情况普遍地存在于行政机关和监察机关执行法律以及司法机关适用法律的行为中。只要法律与事实必须被解释后才能得到执行或适用，那么，自由裁量权就必然（在不同程度上）存在。自由裁量权之所以会诱发工作人员谋取私人利益（即滋生腐败），主要是因为它或直接或间接，或大或小都具有分配国家稀缺资源，甚至重新分配稀缺资源的功能。它可以决定与之打交道的公民或组织获得什么，或者也可以决定他们失去什么。在一些重要的资源分配领域，比如政府采购、政府投资或政府主导的大型建设项目（如桥梁、铁路、高速公路、各种市政设施等）以及行政许可等领域，自由裁量权为工作人员提供了大量的腐败机会。自由裁量权并不必然导致腐败，导致腐败的是法律实施机关工作人员利用自由裁量权提供的机会采取谋求私人利益的行为。

---

① [美]安·赛德曼、罗伯特·鲍勃·赛德曼、那林·阿比斯卡：《立法学：理论与实践》，刘国福、曹培等译，中国经济出版社2008年版，第468~469页。

　　罗斯科·庞德指出,所有法学家都应关注自由裁量权和对它的控制。[①]
这不仅是法学家的研究重心,更是法律案起草人与立法机关需要思考的重
要问题。虽然立法者不可能从制度意义上将法律实施机关的自由裁量权
压缩至零,但是根据(国内外的)历史经验与当代的反腐经验,他们应该能
够预见(或提出假设),在本国的现实情况下,法律实施的哪些领域存在自
由裁量权、自由裁量权的内容如何,以及这种权力在何种情况下可能被滥
用。这种以经验为基础的假设是设计法律条款的基础。对于自由裁量权
的控制,主要有两种形式:第一种形式是事中控制。这是控制自由裁量权
的上选之策,因为效果良好的事中控制不仅有利于更好地维护和实现公共
利益,对法律实施机关工作人员来说也是一种职业保护。实现事中控制的
方法主要包括:(1)公开透明规则。当自由裁量权不可避免时,它应当以
公开透明的方式行使,权力的行使不仅要接受实施机关的内部监督,也要
接受法律实施的相对人的监督。(2)集体决策规则。对于影响重大的法律
实施行为(比如重大行政决策、人事任免决定、重大疑难案件的审理等),
规定必须采取集体决策形式,并且要求不因集体决策失误或错误而免除
(参与决策的)个人法律责任。通过集体决策规则可以压缩个人自由裁量
权的范围,同时通过个人责任条款倒逼参会人员表达真实意见,避免个人
或少数人控制集体决策。[②](3)说明理由规则。事中防止自由裁量权滥用
的最有效的方法就是要求工作人员对其决策或决定提供书面理由。书面
理由的核心内容是证明所实施的法律与案件事实之间存在恰当的逻辑关
系。对于法官而言,他们必须撰写判决理由,以符合立法宗旨的方式对法
律依据与案件事实进行双重解释,并指明规范在何种意义上适用于本案事
实。事中控制的关键是信息公开,法律要尽量保障法律实施相对人(即行
政相对人与诉讼案件当事人)与法律实施机关工作人员在信息上的"平等
武装"。事实证明,信息不对等是各种形式的监督不能发挥功效的主要原
因之一。

---

　　① [美]安·赛德曼、罗伯特·鲍勃·赛德曼、那林·阿比斯卡:《立法学:理论与实践》,刘
国福、曹培等译,中国经济出版社2008年版,第471页。

　　② 在我国,法律实施机关(无论是行政机关还是司法机关)内部普遍存在严格的上下级关
系,上级官员的(非正式)意见往往以直接或间接的方式影响下级官员。因此,实际存在的上下
级间支配与被支配关系使得集体决策机制无法发挥应有的作用。针对这种情况,我国立法已经
展开了一些颇有成效的探索,其中,《人民法院工作人员处分条例》第11条是一个很好的立法例,
该条规定,人民法院领导班子、有关机构或者审判组织集体作出违纪违法决定或者实施违纪违法
行为,属于共同违纪违法,需要给予处分的,根据各自应当承担的纪律责任分别给予处分。不过,
"连带责任"的规定在实践中是否能够起到"倒逼"决策参与人真实表达意见的作用,仍需进一步
观察和研究。

第二种形式是事后控制。事后控制一般发生在滥用自由裁量权的行为已经造成可被查证的严重后果之时。这种控制与（带有预防性质的）事中控制不同，其主要目的是通过对违法行为的制裁（进行行政处分或追究刑事责任）以达到对潜在的违法行为人（即法律实施机关工作人员）进行警示或震慑的效果。事后控制方法属于传统方法，其遵循的是报应（正义）逻辑。其缺点很明显：首先，只有在公共利益严重受损的情况下，才能启动法律责任追究程序。①其次，事后控制完全依赖于监督机关的工作效能。当监督机关缺少足够的人员与资源以积极主动的方式调查违法事实时，他们只能以被动执法方式，等到掌握相关信息后才能采取行动，那些（因信息闭塞、阻塞）没有出现在监督机关视野内的贪腐行为便不可能得到及时的惩处。最后，监督机关（尤其是监察委、检察院与法院）工作人员在实施监督行为时也有可能滥用权力，从而导致监督行为有时处于无效状态。无效的监督行为既是法律实施无效的组成部分，也是诱发更多的（应被惩处的）无效实施行为的原因。

（二）针对公然违背法律谋取私利行为的控制方法

如果说，法律实施机关工作人员在一定程度上是利用法治的"固有缺陷"借助自由裁量权"巧取"私人利益的话，那么，公然违背法律谋取私人利益的行为则已经具有藐视法律、挑战法治权威的性质。从古至今各种类型的国家都将这种行为作为惩治的重点对象。

在现代国家，只有经过严格的考核和培训，公民才能进入法律实施机关履行公职。他们非常清楚，在实施法律的过程中公然违背法律意味着什么。可为什么这种"恶劣行为"屡禁不止呢？法律案起草人与立法机关有义务解释清楚这种问题行为的产生原因并提出针对性的解决方案，而不是单纯地将（无论问题行为产生的原因如何，只要该行为出现）严厉打击作为唯一可行的方法。研究者应当假定，工作人员以公然违背法律的方式谋取私人利益的行为仍然是一种理性行为，也就是说，工作人员在作出该行为时已经对该行为的利弊得失（包括法律后果，但不完全是法律后果）作了权衡。

首先，如果工作人员发现身边的同事实施直接违反法律的行为而没有得到相应的惩罚，或者自己曾经有过违法行政或违法司法而没有被处罚的

---

① 我国《监察法》在克服事后控制方法的缺点方面有一定的突破。该法第19条规定："对可能发生职务违法的监察对象，监察机关按照管理权限，可以直接或者委托有关机关、人员进行谈话或者要求说明情况。"谈话、要求说明情况是监察权的行使方式，其适用于监察对象可能发生职务违法之时，带有预防或警告的意图。

经历，那么，在谋取私人利益之诱因的驱动下，他就会实施这种既可带来利益又不会遭受惩罚的行为。一个国家或地区的监督与问责体系的松弛或衰败，将会"刺激"无数"潜在的"意图谋取私人利益的工作人员敢于采取对抗法律的行为。监督与问责体系的有效性并不取决于（事后）惩罚的强度，而在于违法行为被发现与被惩处的概率大小。在一个监督与问责体系运转良好的国家或地区，工作人员公然违背法律的现象并不多见，它们并非导致法律实效问题的主要原因。

其次，在不同性质的法律实施机关系统里，不同层级（级别）的工作人员实施法律的行为都会受到内部激励机制的影响。公平、公正的激励机制可以合理地调动工作人员的积极性，引导他们高效地实施法律。反之，有违公平、公正的激励机制将会破坏法律实施机关的内部工作关系与工作秩序，尽职尽责的工作人员对未来合法权益的预期将会因此而转变。① 在合法利益，尤其是正常的职务晋升利益不能得到满足的情况下，有些工作人员的心态会发生变化，他们会放弃以往的职业操守，选择以公然违背法律的方式谋取私人利益，试图以谋取的非法利益"弥补"应得而未得的合法利益。

一般而言，工作人员在有机会利用自由裁量权谋取私人利益的情况下，不会"以身犯险"，公然采取违背法律的行为。自由裁量权在不同级别的工作人员之间的分布并不均匀。通常，级别越高的工作人员管理权限就越大，其受到的上级约束就越少，相应地，其自由裁量权就越大；反之，级别越低的工作人员，其权限范围就越有限，受到上级约束就越多，相应地，其自由裁量权就越小。从这个意义上说，公然违背法律谋取私人利益的行为主要发生在级别比较低的从事具体法律实施工作的人员身上，比如在行政许可中，工作人员对不符合法定条件的申请人准予行政许可或者超越法定职权作出准予行政许可决定；以及对符合法定条件的申请人不予行政许可或者不在法定期限内作出准予行政许可决定。针对这种情况，法律案起草人与立法机关不仅要考虑如何设计事后制裁措施条款，还要针对公然违背法律行为设计法律实施机关的内部监督与处理措施条款。对作出违法行为的工作人员进行惩罚不是制度设计的主要目的。高质量的制度设计体现在，违法行为能够被迅速地发现并得到及时的纠正，法律得到有效地

① 在人事关系变动相对比较自由的组织（比如公司和一些社会组织）里，激励机制一旦出现问题，立即会导致增大工作人员离职的主观愿望。相对而言，我国公职人员的调动则非常困难，因而，当其内部激励机制导致的问题不能通过人员自由流动的方式得以纾解时，它总是会以其他方式表现出来。

实施才是法律案起草人与立法机关在起草与审议法律案时应当始终关切的核心问题。

二、能力因素及其立法方案

法律有时没有得到有效的实施，不是因为工作人员试图谋取私人利益，而是因为工作人员实施法律的能力不足。与谋取私人利益等主观因素不同，实施能力是一个非常重要的客观原因。法律实施能力是一个很宽泛的表示程度强弱的概念，它可以描述从严重缺乏能力到能力非常出众之间的任何状态。一般而言，为了解决实施能力问题，任何形式的法律体系都为法律实施机关工作人员的录用设定了一定的标准，凡符合标准者即被假定为具备实施法律的能力。[①]然而通过考试或考核被视为具备法律实施能力与事实上具备法律实施能力这两者并不是一回事。对于实施法律的工作人员（无论是行政执法人员、司法工作人员还是监察工作人员）来说，其最为重要的能力当属正确理解与适用法律的能力。[②]对于任何类别与任何级别的工作人员而言，对法律本身的理解错误都是导致法律实施无效最为重要的原因之一。工作人员之所以对法律的理解与运用显得能力不足，其根本原因在于，对法律的理解能力无法仅仅通过学习书本知识或者进行什么模拟训练就能轻易地获得，生活经验与管理经验是理解与实施法律的基础，这就意味着工作人员对法律的理解与对法律所要调整的生活事实的理解从来就是一体化的。必须经过实践的不断磨练和考验，工作人员才能真正学会如何将"书本上的法"变为"行动中的法"。一个熟稔法律实施地区风土人情、交易习惯的工作人员显然要比没有这种经验的工作人员更能准确地理解和有效地实施法律。[③]

法律案起草人与立法机关一般考虑采用比较间接的法律措施来应对

---

① 比如我国《公务员法》规定，公务员必须具有符合职位要求的文化程度和工作能力。录用担任一级主任科员以下及其他相当职级层次的公务员，采取公开考试、严格考察、平等竞争、择优录取的办法。

② 工作人员实施法律的能力比较集中地体现在他们解决纠纷的活动中。纠纷解决的过程既需要法律实施机关工作人员了解事实方面的信息，又要对可适用的法律予以准确的理解。在此基础上，工作人员才能说服争议双方达成妥协解决问题。但是如果工作人员不了解法律的目的和具体规范，那么他们解决纠纷的办法很可能与法律没有关系。在这种情况下，法律就没有得到有效的实施。比如，在很多地方，法院实际上是误解了调解的真正意图，只注重调解案件的结案数量，而不太关注调解的质量。好的调解必须能有效地实现法律目的，而不是将法律放在一边，只求息事宁人。

③ 尽管改革开放以来，我国一直在不断地改进公务员录用考试的方式方法，但是事实上，法律实施能力很难仅仅通过考试的方式予以检测。

法律实施能力问题。除了在准入环节上通过考试与考核的方法测验与甄别工作人员的法律实施能力外,法律还要求工作人员在职期间要参加与其工作内容相关的培训。比如我国《公务员法》规定,法律实施机关对新录用人员应当在试用期内进行初任培训;对晋升领导职务的公务员应当在任职前或者任职后一年内进行任职培训;对从事专项工作的公务员应当进行专门业务培训;对全体公务员应当进行提高政治素质和工作能力、更新知识的在职培训,其中对专业技术类公务员应当进行专业技术培训。

通常情况下,对于法律实施能力方面存在的问题,不适合用比较直接的法律措施,尤其是用惩罚措施予以解决。但是,法律案起草人与立法机关并没有因为工作人员法律实施能力不足是一种客观因素,就免除工作人员在法律实施中失误或错误行为的法律责任。法律常常规定,在工作人员因欠缺法律实施能力而导致某些后果时需要承担相应的法律责任。实施能力不足是工作人员需要在实践中加强磨练和参加培训的理由,不是免除法律责任的理由,因为从法律意义上说,在工作人员进入法律实施机关之时起,他就被假定为具备了法律实施能力。这种看似自相矛盾的问题,往往需要法律实施机关根据实际情况进行自我调节。比如,刚入职的工作人员需要按照法律实施机关的内部安排,在经验比较丰富的老职员("师傅")的指导下,先从一些辅助性、内容简单的工作做起,逐步掌握法律实施中的技能与技巧,避免因缺乏经验而造成法律实施的无效。

第八章　法律草案的构造与法条的塑造

法律草案的实质性内容(立法目的与立法措施)总是需要以法律特有的形式予以表现。法律草案的构造与法律条文的塑造属于法律草案的形式安排中最为重要的两个方面,前者以整部法律的结构为视角解释法律草案的布局问题,后者以法律规范的结构为视角解释法律条文的构造思路和技术问题。法律草案的基本内容与表现形式之间是相互制约的关系:法律草案在结构上如何安排、法律条文该如何塑造等均受制于法律草案本身的实质性内容;反之,法律草案的内容也只有以比较恰当的形式表现出来,才能得到作用对象更准确的理解、遵守或适用。法律草案的表现形式是否合理是判断立法质量的重要标准之一。因此,法律案起草者与立法理论的研究者切不可将之当作纯粹的技术性问题而予以轻视。

第一节　法律草案的构造

一、法律草案的内容构成

法律案起草者在完成对法律案的必要性、可行性与合法性证明工作之后,接下来就要开始法律草案的撰写工作了。① 在进行法律草案的撰写时,起草者首先列举出与法律案的论证相一致的法律草案的主要内容,这些内容是进一步安排法律草案的结构的基础。其实,起草者在列举法律草案的主要内容时,已经在考虑如何确定构成法律草案的不同内容之间的逻辑关系问题。毕竟,构成法律草案的不同内容不可能是那种彼此之间不相联系的存在。关于什么样的内容可以写进法律草案,这不是可以随意决定的事情,法律案的论证报告已经确定了内容的范围。

一般而言,一部完整的法律草案都会对如下内容作出明确规定:

---

① 法律案的论证工作与法律草案的起草工作在实践中并非严格按照先论证,后起草的顺序进行。对于起草者而言,更为常见也更为有效的做法往往是论证与起草同步或者交互进行,即在确定法律草案大致框架和主要条款的情况下展开论证,在论证的过程中修改草案。将起草与论证分开并非对立法过程的真实描述,而是出于理论表达的需要。

（一）立法宗旨与法律原则

立法宗旨，又称立法目的，它是联结立法与国家政策之间关系的枢纽，一方面它集中体现了法律草案所要表达的国家政策的内容，另一方面它又是确定整个法律草案内容的总的指导性方针。而法律原则则是对立法宗旨最初层次的具体化，是支撑整部法律的抽象性规范，它说明立法目的是在怎样的框架范围内或者以什么样的方式得以实现的。不同的法律原则均从一个侧面对法律草案的内容构成辐射作用，这些原则相互支撑，相互制约，共同奠定了整部法律草案的规范基础。比如，2015 年修改后的《立法法》的立法宗旨为"规范立法活动，健全国家立法制度，提高立法质量，完善中国特色社会主义法律体系，发挥立法的引领和推动作用，保障和发展社会主义民主，全面推进依法治国，建设社会主义法治国家"。其中"提高立法质量"的立法目的则是对执政党在党的十八届四中全会决议中提出的我国立法中存在的"有的法律法规未能全面反映客观规律和人民意愿，针对性、可操作性不强，立法工作中部门化倾向、争权诿责现象较为突出"等问题的立法回应。而《立法法》确立的政治原则、法制统一原则、民主原则与科学原则则是支撑整部《立法法》所有内容的具有框架性质的抽象规范。不同的立法原则都在自身的作用范围内与（立法宗旨条款确立的多个）立法目的之间发生着关系[①]。

（二）主要作用对象的行为规范

对于任何一部法律而言，法律的主要作用对象的行为规范都是这部法律最为重要的内容。所谓立法的针对性，首先就是指法律必须明确地指向特定的行为主体。法律必须清楚地告诉这些需要调整其行为的主体，什么是可以做的、什么是必须做的以及什么是禁止做的。比如（正面的例证），我国《立法法》在这方面堪称立法的典范，该法非常清晰地规定了这部法律的主要作用对象（各立法主体）能做什么事情（即立法权限）以及如何做这些事情（即立法程序）。再比如（反面的例证），一部行政强制法须清楚地告诉公民，他的（或她的）什么样的行为可以引起行政强制。行政强制法的目的之一是尽量地减少行政强制，而要实现这个目的，必须让行政强制的对象明白什么是法律禁止的行为，只要实施了这种行为就会导致行政机关使用行政强制措施或者行政强制执行。然而，我国当前的《行政强制法》显然没有将需要调整的公民的行为放在比较重要的位置上，它主要关心的是谁可以设定和实施行政强制以及按照什么样的程序实施行政强

---

① 关于立法宗旨与法律原则，本章第四节从法条塑造的角度有更为深入的探讨。

制。在这部法律面前，公民处于被动、消极的地位。由于没有明确的行止标准，公民几乎不能采取积极行动以避免行政强制行为的发生，只能在行政强制行为已经实施后才能采取消极的"维权"行为，即提起行政复议或行政诉讼。如此立法的最大弊端在于，法律实施机关掌握着界定行为的自由裁量权，即针对公民什么样的行为可以采取行政强制的界定权掌握在法律实施机关手里，公民并不十分清楚行为标准。比如，是不是所有的违法行为都能导致行政强制？如果不是，那么达到什么样程度的违法行为才能导致行政机关采取行政强制措施呢？另外关于什么是"避免危害发生"与什么是"控制危险扩大"，在法律上均没有作出界定。总之，如此立法导致的后果就是公民没有获得清楚的行为标准，法律实施机关却因此获得了很难被限制的自由裁量权。

（三）法律实施机关的行为规范

在以法律实施机关的改革为目标的法律案中，有关法律如何实施的事项就变得非常重要。这些法律案不仅须致力于引导或者改变其主要作用对象的行为，还要确保现有或新成立的法律实施机关按照实施措施的要求采取行动，以引导主要作用对象的行为。因此，该法律草案必须设定用来调整法律实施机关及其工作人员行为的法律规范。如果某法律草案以法律实施机关的产生和运作为中心，就会产生一个难题，即在不同的作用对象中，哪个才是最为根本的？从整个法律体系的角度看，法律实施机关的存在本身不是目的，其存在的目的是规范主要作用对象的行为，因此，即便是以法律实施机关的改革为直接目的的法律案，其最终也是为引导主要作用对象的行为服务的。但是从单部法律的角度看，有些法律（比如《监察法》）的主要作用对象并非普通公民，而是行使国家公权力的国家工作人员，在这种情况下，负责监督与处罚国家工作人员的法律实施机关一般（有例外）是受惩罚的国家工作人员所任职的法律实施机关之外的国家机关。①

（四）法律实施机关组织架构的规范

一部法律草案一般还应当包括法律实施机关如何设置的条款。这些条款主要解决法律实施机关在组织意义上如何形成并顺利地开展工作的

---

① 要起草一部由法律实施机关来执行调整其工作人员行为的法律案是比较困难的事情。这种困难反映了导致法律实施机关的问题行为产生的最普遍的原因，即缺少一个负责监督法律实施机关的机构。西塞罗曾云：谁来监督监督者？谁来执行以改变法律实施机关问题行为为目的的新规则？[美]安·赛德曼、罗伯特·鲍勃·赛德曼、那林·阿比斯卡：《立法学：理论与实践》，刘国福、曹培等译，中国经济出版社2008年版，第286页。

问题。这个问题如果解决得不好，那么法律实施机关就不能有效地实施法律。这部分的内容主要包括实施机关工作岗位的聘任，比如对于实施机关的重要职位，如何提名、由谁提名、由谁任命、如何任命以及资格要求等，实施机关内部如何雇佣员工也在人员任用的范围内。此外，这部分还包括法律实施机关内部议事程序的规定，比如会议应该由谁来召集、由谁来控制议会议程、谁有资格参加会议、如何进行讨论和辩论、是采取开放式协商还是封闭式协商等这部分甚至也包括对实施机关内部工作人员的纪律约束机制。[①] 总之，这些内容相当于法律实施机关的内部组织法。但是，这种理论上需要法律案予以明确的内容，在我国立法实践中迄今为止都没有在实定法上得到充分的体现。这些内容要么成为法律实施机关的内部规定，要么成为不成文的惯例，其如何确定和运用，主要由法律实施机关的主要领导人物予以裁量。[②]

（五）法律责任方面的内容

从严格的法律技术的角度看，无论是法律的主要作用对象，还是法律实施机关工作人员，只要其行为违反了法定的义务，都必须承担相应的法律责任。在我国，除宪法、立法法以及国家机关组织法等法律外，法律责任都是法律的必要组成部分。比如我国《行政许可法》第七章法律责任部分即规定了行政机关及其工作人员违法设定行政许可以及违法实施行政许可应当承担的法律责任，被许可人违反法定义务应当承担的法律责任。法律责任部分既包括法律的主要作用对象的法律责任，也包括法律实施机关工作人员的法律责任。在同一部法律里，法律实施机关工作人员具有两种地位：当公民或者组织违反法定义务的事实出现时，负有监督与管理职能（义务）的法律实施机关工作人员就应当履行其追究违法行为人法律责任的法定义务；当他违反或者没有履行法定义务的事实成立时，他就应当承担法律责任。两种法律地位之间存在着内在的因果关系。

---

① [美]安·赛德曼、罗伯特·鲍勃·赛德曼、那林·阿比斯卡：《立法学：理论与实践》，刘国福、曹培等译，中国经济出版社 2008 年版，第 289 页。

② 在我国法律体系中，已经存在比较概括性的组织法，比如《全国人民代表大会组织法》《国务院组织法》《地方各级人民代表大会和地方各级人民政府组织法》，这种立法体制显然使立法机关认为没有必要在组织法之外的其他法律中规定法律实施机关的组织架构问题，但是也不曾否认将法律实施机关组织架构方面的内容写进法律的必要性。然而，我国地方立法实践却有将这种不考虑法律实施机关组织架构的做法予以明确化的倾向，比如《广东省人民代表大会常务委员会立法技术与工作程序规范（试行）》第 46 条规定，地方性法规不作增设常设行政机构的规定。一般不规定行政机构的编制、人员、经费。

（六）法律纠纷解决机制

一般情况下，法律草案应当包括法律纠纷解决机制，这种机制既适用于法律的主要作用对象之间产生的纠纷，也适用于法律的主要作用对象与法律实施机关之间产生的纠纷。解决纠纷的方法包括调解、仲裁、行政复议和诉讼等多种形式。由于法制比较完善的国家一般都制定专门用于解决纠纷的专门性法律（比如仲裁法、行政复议法以及刑事、民事、行政诉讼法），因而法律只需用指示性条款说明法律纠纷的解决方式即可。①

二、法律草案的结构

法律案起草者在确定法律草案的基本内容之后，就要开始思考怎样才能将构成草案的不同内容以一种最符合逻辑的方式组合在一起，以使得该法律草案的结构尽可能地对其未来的使用者有用。结构是指构成事物的不同构成要素以及它们之间的内在关联性。法律草案的结构是其内容的表现形式，在起草者设计法律草案内容时必须考虑到它的结构。法律草案的结构反映了法律草案内在的逻辑关系，这种结构是否合理，直接决定着法律实施的效果。因此，法律案起草人应当向立法机关证明他是基于什么样的考虑来安排法律草案的结构。

（一）结构的重要性

对于一部致力于创造新行为模式的法律草案而言，其使用者对该法律草案各条款之间如何相互适应的理解是保证法律实施的重要条件。法律案起草人承担着将法律草案的逻辑结构展示给使用者的重任。

一部结构不完善的法律草案很难使其作用对象明白其实体内容。除非一部法律的作用对象能够知道并理解该法律的内容，否则他们只会偶然地遵守该法律，即便是遵守，往往也仅是机械地遵守。对于一部法律而言，其结构承担着证明该法律制定者的内在逻辑观点的主要任务。这一点与其他文件没有什么不同。该法律的理念层级必须能够反映其内在逻辑。它必须表明主次概念之间的内在关系，以及由它们所产生的规则。一部经过精心建构的法律能够使作用对象更加容易地明白在该法律下各种主体应当怎样互动。一部法律的结构越清晰，越具有逻辑性，其也越具有明确

---

① 大多数法律草案并没有完全将上述六个方面的内容都作出规定。通常情况下，一部法律草案只明文规定了一部分立法计划，其余部分则已经在现有的成文法或者规则之中作了规定。因此一部法律草案只能包含六种规定中的某几种。因此，对于法律草案起草者来说，将起草的法律草案与已经存在的法律进行体系化思考，乃属必要之举。在法律案的论证过程中，起草者就必须证明对于保障该法案有效实施的法律措施，有哪些已经由制定法作了规定。

的导向性,从而也就越能发挥作用。

法律使用者有效运用法律的可能性在很大程度上取决于它的结构。如果法律将调整相同使用者群体的内容(表现为一个个的法条)集中在一起,将它们安放在使用者比较容易找得到的位置,尽量避免必须在它们之间相互参照才能明确内容或含义的情况出现。简而言之,法律的结构越清晰,使用者越会感到便捷,该法律就会越受使用者欢迎。他们使用越方便,按照法律的目的改变其行为的可能性就越大。法律的结构对其功能的实现有着重大贡献。[①]

(二)结构的表现形式

1. 标题

标题是指法律的名称。一般来说,一部法律的名称应当承载三个方面的信息:第一是该法律的适用范围。比如《中华人民共和国宪法》《中华人民共和国刑法》等即表明该法在中国的主权范围内有效。第二是该法律规范的主要事项。比如《中华人民共和国合同法》规范的主要事项是合同行为。第三是该法律的效力位阶。在中国,所有法律名称中,凡是带"法"字表明该法律是由全国人大或者全国人大常委会制定的,其在位阶上高于行政法规、地方性法规等其他法律形式。

从我国的立法实践看,我国法律名称除了标题之外,还包括题注。题注是指在法律标题之下的内容。题注包括法律制定机关和通过日期与实施日期。通过日期是指法律经过立法机关的审议程序获得通过的具体时间。比如《反分裂国家法》的题注是"2005年3月14日第十届全国人民代表大会第三次会议通过,2005年3月14日中华人民共和国主席令第三十四号公布施行"。该题注指明该法律的制定机关是全国人民代表大会,通过时间是2005年3月14日,实施时间也是2005年3月14日。实践中,有些法律的通过时间与实施时间一致,有的则作了区分,一般规定实施时间在通过时间之后若干天后起始。比如2011年6月30日第十一届全国人民代表大会常务委员会第二十一次会议通过的《中华人民共和国行政强制法》的实施时间就是2012年1月1日。对于新制定的法律,题注还表明法律是根据几号主席令开始实施的。多次修改的法律则只标明法律制定机关和通过日期。为了应对立法实践中出现的对多次修改的法律在题注形式方面存在的不统一问题,我国2015年修改后的《立法法》第

[①] 最后,在草拟法律草案的初期,采用临时性结构不仅有助于编写法案,而且有助于开展证明该法案正当性的研究。[美]安·赛德曼、罗伯特·鲍勃·赛德曼、那林·阿比斯卡:《立法学:理论与实践》,刘国福、曹培等译,中国经济出版社2008年版,第264~266页。

65 条第 3 款规定，法律标题的题注应当载明制定机关、通过日期。经过修改的法律，应当依次载明修改机关、修改日期。比如《中华人民共和国全国人民代表大会和地方各级人民代表大会选举法》自 1979 年 7 月 1 日第五届全国人民代表大会第二次会议通过以后总共进行 6 次修改，分别是：根据 1982 年 12 月 10 日第五届全国人民代表大会第五次会议《关于修改〈中华人民共和国全国人民代表大会和地方各级人民代表大会选举法〉的若干规定的决议》第一次修正；根据 1986 年 12 月 2 日第六届全国人民代表大会常务委员会第十八次会议《关于修改〈中华人民共和国全国人民代表大会和地方各级人民代表大会选举法〉的决定》第二次修正；根据 1995 年 2 月 28 日第八届全国人民代表大会常务委员会第十二次会议《关于修改〈中华人民共和国全国人民代表大会和地方各级人民代表大会选举法〉的决定》第三次修正；根据 2004 年 10 月 27 日第十届全国人民代表大会常务委员会第十二次会议《关于修改〈中华人民共和国全国人民代表大会和地方各级人民代表大会选举法〉的决定》第四次修正；根据 2010 年 3 月 14 日第十一届全国人民代表大会第三次会议《关于修改〈中华人民共和国全国人民代表大会和地方各级人民代表大会选举法〉的决定》第五次修正；根据 2015 年 8 月 29 日第十二届全国人民代表大会常务委员会第十六次会议《关于修改〈中华人民共和国地方各级人民代表大会和地方各级人民政府组织法〉、〈中华人民共和国全国人民代表大会和地方各级人民代表大会选举法〉、〈中华人民共和国全国人民代表大会和地方各级人民代表大会代表法〉的决定》第六次修正。

2. 正文

法律的正文是由不同的内容组成的，因而这些内容需要由不同形式的部分予以表现，各部分又因为在内容上的不同而区分为不同层次的表现形式。以规范化的标号形式分层次地将立法内容清晰地表达出来，有利于法律的主要作用对象以及法律实施机关高效、便捷地使用法律。根据《立法法》第 65 条第 1 款的规定，法律根据内容需要，可以分编、章、节、条、款、项、目。① 至于一部法律在内容上是否分为以及如何分为编、章、节、条、款、项、目，一般取决于一部法律的内容是复杂还是简单。一部法律从宏观上可以分为编、章、节，从微观上可以分为条、款、项、目。一般而言，编、章、节都有各自特定的名称，而条、款、项、目则是编、章、节内容的独立意

---

① 《立法法》第 65 条所指的"法律"应该不包括宪法。我国宪法有一个"序言"部分，而我国宪法之下的法律，除《民族区域自治法》这个特例外，在结构上都按照《立法法》的要求予以编排，不设定"序言"这个组成部分。

思单位。

（1）编。在法律体系中，一般意义比较重大且篇幅比较长的法典才采用编的划分方式。编是由不同的章构成的，编的序号用中文数字。比如《中华人民共和国刑法》不仅属于基本法律，而且内容很多，整个法典有452条之多。该法即分为两编，第一编"总则"与第二编"分则"；总则包含五章，分则包含十章。再如《中华人民共和国刑事诉讼法》分为五编，即第一编"总则"、第二编"立案、侦查和提起公诉"、第三编"审判"、第四编"执行"以及第五编"特别程序"。诚然，最具有代表性的当属2020年5月28日第十三届全国人民代表大会第三次会议通过的《中华人民共和国民法典》，该法典由七个编构成，其中第二编、第三编下设若干分编，在分编之下再设章。该法典共计1260条，其内容之丰富、结构层次之完备，堪称新中国成立以来法典之最。

（2）章。一般而言，具有中等篇幅的法律由章排列构成。章的下面可以设若干个节，内容比较少的也可以不设节。比如，《立法法》总共120条，属于中等篇幅的法律，该法设置了六章，分别是第一章"总则"、第二章"法律"、第三章"行政法规"、第四章"地方性法规、自治条例和单行条例、规章"、第五章"适用与备案审查"以及第六章"附则"，其中第二章下面设置了五节，第四章下面设置了两节，其余三章下面没有设节。从该法的布局看，章和节的二级构造并没有贯穿整个法典，这就说明章和节之间并没有固定的关系，即不是说章之下必定有节。这种情况比较清楚地体现在《中华人民共和国中医药法》的结构上，该法由八章构成，分别是第一章"总则"、第二章"中医药服务"、第三章"中药保护与发展"、第四章"中医药人才培养"、第五章"中医药科学研究"、第六章"中医药传承与文化传播"、第七章"保障措施"、第八章"法律责任"。由于该法总共才63条，属于篇幅较短的法律，因此这八章之下均没有设节。法律的使用者可以通过章的设置情况了解法律的整体结构和主要内容。章的序号按中文数字依自然数顺序排列。每一章有章名，表达某一类相对比较独立的法律内容。

（3）节。节是在章之下的规范集合单位，每一节都有各自的名称。每一章设几节是由章的长短决定的，节的序号用中文数字表示。节可多可少，也可以不设，但设节最少不能少于两节。设节的目的是便于法律使用者迅速、快捷地找到需要运用的法律，了解法律的框架和结构。比如《中华人民共和国行政处罚法》第五章"行政处罚的决定"之下就设置了三节，即第一节"简易程序"、第二节"一般程序"以及第三节"听证程序"，三种程序分别规定，使法律实施机关与法律的主要作用对象更为清楚地了解行政处罚决定是针对什么样的具体情况,具体运用什么样的程序作出的。

（4）条、款。条是设在章之下或节之下的表示法律内容最为基本的完整单位。一个条文应当规定相同的内容,反之,相同的内容则应当规定在同一个条文之中。条按照中文数字,以自然数为顺序表示。一部法律的条文应当按照统一的顺序排列,从第一条到最后一条,一贯到底。款是条的组成部分,表示条的内容分为不同的层次。一款表示一个层次的意思,同一个意思只规定在一款中。款没有顺号,依附于条而存在,一条可以设若干个款。在立法实践中,款的使用比较频繁,仅次于条。比如《立法法》第2条共设两款,第1款说明立法法的适用范围,即"法律、行政法规、地方性法规、自治条例和单行条例的制定、修改和废止,适用本法";第2款说明立法法的扩展适用范围,即"国务院部门规章和地方政府规章的制定、修改和废止,依照本法的有关规定执行"。本条的两款在性质上的共同之处在于,它们都是在界定《立法法》的适用范围,但是又作出主次之分,第一款为主,第二款为次。①

（5）项、目。项设在款之下,表示款的内容是由不同层次的意思组成的。在设置项时要注意项的性质和层次,同一性质和层次在同一项中表示,不同性质或不同层次的内容在不同的项中予以表示。比如《立法法》第11条就是一个很好的例证。该条规定了只能制定法律的10项具体内容（第11项是兜底条款）。这10项内容是按照性质予以区分的,第2项关于"各级人民代表大会、人民政府、监察委员会、人民法院和人民检察院的产生、组织和职权"的事项涉及的都是国家组织法方面的内容;而第5项则主要是关于公民基本权利遭受严重侵害的事项。在项之下可以设置目,表示项可以细分为不同的层次。在立法实践中,除了涉及比较复杂的技术性细节,一般法律的内容设置到项的层次就足够了,因而,目运用的情况极少。

（三）结构安排的技术:归类与排序

在设计一部法律草案的结构时,有两项技术起到关键的作用,它们是归类和排序。

---

① 一个反面的例子是《江苏省渔业管理条例》第23条。该条有两款,这两款在设置上不符合立法技术的一般性要求。该条的第1款与第2款分属不同的事项,第1款属于渔业资源增殖保护费方面的事项,仅仅涉及渔业资源增殖的一小部分内容;而第2款涉及的是渔业资源的保护问题,与第1款在内容上并没有直接的关系。所以,将这两个相互之间没有直接联系的内容放在同一条内予以规定,不妥。

1. 归类

当法律草案起草者决定将法律草案的内容分门别类地归入构成各编、章、节时，必须考虑清楚分类的标准是什么，这种分类的过程就是归类。归类是指在一个指定的标题下将各个下级的事项结合在一起，哪些章应当属于哪一编，哪些节应当属于哪一章。归类的关键点是适当地运用归类的标准。

（1）以某种抽象原则或法治思想作为归类的标准。比如我国《立法法》确立的立法民主原则、立法科学原则等均对该法律的内容有极强的贯穿和辐射作用。这种标准的运用在学理上的意义要远远大于其在立法实践上的意义。这些原则不仅对人们分析构成法典的不同制度起到很好的指引作用，也使人们对这些制度的功能有更为深刻的认识。在《立法法》中，关于提案权主体、法律案起草主体、法律案的审议主体以及法律案的审议程序的规定，都可以从立法民主原则的角度进行分析，如此研究可以使人们更深切地理解该原则是如何在这些规定中予以贯彻落实的。不过，《立法法》的法典结构并不是按照这些原则的贯彻要求进行安排的。近些年的立法实践，尤其是行政法领域的立法实践清晰地凸显了以某种抽象法治思想作为贯穿法典之主线的做法。比如《行政处罚法》《行政许可法》《行政强制法》等行政法在进行法典结构的设置时明显地体现了学理上颇具有影响力的"行政法即控权法"的思想。具体而言，这些法律在处罚权、许可权以及强制权等权力的设定、执行程序以及法律责任等法典的主要部分都贯彻了行政控权的思想。如此设置法典的结构，更多地体现了远离社会生活实际的学者的理智，忽视了那些真正需要运用这些法律的普通公民的要求。

（2）以法律对其使用者的方便运用作为标准。法律草案起草者可以按照法律使用者使用该法律时的方便程度，对法律草案的各个条款进行归类和排序。即以该法律对于其使用者的可用性作为一般标准。草拟者至少需要考虑三种使用者：该法律的主要作用对象、法律实施机关和法律纠纷解决机关。[①] 起草者应当按照对使用者最有利的标准进行选择。比如《劳动合同法》首要的使用者就是用人单位与劳动者，该法典第 2 章"劳动合同的订立"、第 3 章"劳动合同的履行和变更"、第 4 章"劳动合同的解除和终止"以及第 5 章"特别规定"（包括集体合同、劳务派遣以及非全日制用

---

① 从广义上讲，法律纠纷解决机关也是法律实施机关一种类型，比如私人主体之间的民商法纠纷（除以民间调解的方式外）主要通过法院、仲裁机构予以解决。对于民商法而言，法院等国家机关就是法律实施机关。

工等内容）主要就是用来调整用人单位与劳动者之间的劳动合同关系。这4章构成的规范群落为法律的主要作用对象提供非常明确的行动指南，用人单位与劳动者很清楚，这部法典主要是为他们而制定的。同样，该法第6章"监督检查"则为法律实施机关，即劳动行政部门负责全国各地劳动合同制度的实施提供了明确的规范指引。该法第7章"法律责任"部分主要为法律实施机关向用人单位问责提供了规范指引，诚然这些规定中也隐藏着指引用人单位的"反向规范"，即只要用人单位没有实施某些行为，就不会被法律实施机关问责。由于我国法律体系对纠纷解决采取由专门法律予以"集中"规范的机制（比如仲裁法、行政复议法以及刑事、民事和行政诉讼法等），因此，大多数法律不对纠纷解决机关作出特定规定。

关于如何归类，《立法法》第105条是一个值得思考的例证。本条在语义上有待进一步澄清的必要：它想要表达的是"法律之间"，即不同的法律之中的对同一事项的不同规定之间的关系，还是同一部法律之中对同一事项的不同规定之间的关系呢？抑或是这两种情况都存在呢？本条在立法技术上存在瑕疵：一方面，这种表述存在遗漏，地方性法规和各种规章也存在性质上类似的问题，这方面的内容放在第95条第1款第1项予以规定，本条没有作出规定，这种做法不符合归类的要求，另一方面，本条的概括性不够，显得啰嗦。建议本条修改为：法律之间、行政法规之间、地方性法规之间以及规章之间对同一事项的新的一般规定与旧的特别规定不一致的，不能确定如何适用时，由制定机关裁决。或者出于更为严谨的考虑，可以将该条设置为两款：第1款为法律之间对同一事项的新的一般规定与旧的特别规定不一致，不能确定如何适用时，由全国人民代表大会常务委员会裁决。第2款为行政法规之间、地方性法规之间以及各种规章之间对同一事项的新的一般规定与旧的特别规定不一致，不能确定如何适用时，由制定机关裁决。将法律单列出来的理由是法律既可能是全国人大制定的，也可能是全国人大常委会制定的，不能用制定机关予以概括。

2. 排序

排序是指决定某个标题之下各个部分的顺序，某部分中各章的顺序，某章中各节的顺序，以及某节中各个条文的顺序。如果法律草案起草者认为立法的主要目的就是改变有问题的社会行为，那么他就应该明白让法律的使用者便捷地使用法律应当是对法律内容进行排序需要遵循的最高原则。具体而言，在考虑如何对法律草案的内容进行排序时，可以参酌以下标准。

（1）先一般后特殊的顺序安排。通常情况下，将具有普遍性功能的条款放在前面，然后安排特殊性条款和例外条款。中华人民共和国成立以来，尤其是改革开放以来的立法实践基本上都是遵循这种排序思路。这体现在立法者在对法律进行结构安排时，先规定总则部分，后规定分则部分。我国《刑法》《民法典》等法律即典范。在总则部分内部，也是按照一定顺序安排内容的。目前的普遍做法是，将作为一部法律之灵魂的法律宗旨条款排在第一条，接下来才是法律的适用范围条款以及对分则部分具有指引意义的法律原则条款和一般性条款。

（2）先重要后次要的顺序。一部法律的构成内容并非完全处于同等重要的地位上。这一点最为清楚地体现在我国宪法中。宪法虽贵为根本法与最高法，但是构成宪法的不同内容之间存在着主次之分。几乎所有的宪法都规定了修改程序，按照这种程序可以对宪法的某些部分进行修改，但是无论是在学理上还是在实践中，主流学说均承认，即便是依据宪法修改程序，宪法中的某些部分也是不能被修改的。① 这些不能被修改的部分即被视为"根本法的根本法"，相对于宪法的其他部分，其处于更高的地位上。在一般法律中，这种情况同样存在。比如《立法法》在对立法行为进行规范时，是按照先法律，后行政法规，再到地方性法规、自治条例和单行条例、规章的顺序进行的。这种顺序安排既体现了规范的位阶秩序，也说明不同立法行为在重要性上存在差别。不过，《立法法》在内容顺序的安排上，存在值得商榷的地方。比如，它将全国人大及其常委会在立法中发挥主导作用的规定（即第54条）放在第1章第5节"其他规定"中，似有不妥。对于法律的使用者和阅读者而言，比较重要的事项应当放在比较靠前的位置上。像规定全国人大及其常委会应当主导立法的条款并非那种相对次要的条款，该条款对整部《立法法》的各个部分都具有贯穿和指导意义，放在总则里比较合适。

（3）先主要作用对象后实施机关的顺序。这个顺序安排可以被视为是先重要后次要之顺序安排的一个特例。立法的主要目的是改变和引导有问题的社会行为，为此，法律应当让主要作用对象更容易找到并运用指导其行为的规范。虽然负责法律实施的机关是必不可少的，但是任何有问题的社会行为的改变主要是靠公民在理解法律的基础上遵守法律实现的。法律实施机关能够运用的监督手段、管理措施、惩罚措施以及为此可以使用的人力、物力、财力等资源毕竟是有限的。从这个意义上说，调整法律实施机关的规范整体（即规整）虽然必要，但在重要性上应当次于针对主要

---

① 比如，日本著名宪法学家芦部信喜即认为，修宪权不可触碰国民主权原则，否则就是所谓的自杀行为。[日]芦部信喜：《宪法》（第3版），林来梵、凌维慈、龙绚丽译，北京大学出版社2006年版，第347页。

作用对象的规范整体。是故,在排序上应当遵循先主要作用对象后实施机关的顺序。我国《行政处罚法》《行政许可法》《行政强制法》这三部法律在内容的顺序安排方面更多考虑如何落实控制行政权的法治理念,这几部法律的内容安排均是以法律实施机关的权力与工作程序为先为重,对于行政相对人而言,他们难以从这些法律中比较便捷地找到或者有时根本找不到自己应该做什么、不能做什么的明确规范指引。

第二节　法律规范的结构问题

立法是一项十分复杂、繁重甚至带有一定神秘色彩的国家行为。不过,也可以对其进行一种简化理解,即立法就是一种起草(塑造)一个个组成法律的法律规范的行动。[①]法律案起草者与立法机关总是先根据国家政策的要求,结合特定社会生活领域的实际情况形成明确的立法意图,然后根据立法意图,将不同的法效果赋予不同的构成要件,进而形成不同内容的法律规范。从内容上看,任何法律都是由各种内涵不同且相互关联的法律规范组成的;从形式上看,任何法律都是由各种内涵不同且相互关联的法条组成的。为了正确地起草法条,立法学需要厘清法律规范(法律的理论表现形式)与法条(法律的实践表现形式)之间的对应关系。而要解答这个对应关系问题,立法学总是绕不开法律规范的结构理论。对法律规范结构的正确认知,是指导法律案起草人顺利地塑造法条的思想前提。

一、法律规范与作为法律规范之整体的法律的区别

法律规范是人类社会存在的一种规范形式,除法律规范外,规范还有道德、宗教等类型。所谓规范就是人们为判定事态(事件与状态)或行为是否符合某种目标而确定的判断标准或准则。[②]所有类型的规范的作用

---

① 此处所言的法律规范包含法律原则与法律规则这两种基本形式。法律原则虽然比法律规则表达了更多的理想内容,且事实上在确定性方面弱于法律规则,但是其作用领域和想要实现的目标仍然是比较明确的,是表达最佳化命令的法律规范,其在逻辑结构方面与法律规则并无二致。尽管如此,本书在行文中所讨论的主要是法律规则,只是始终保持法律规范的用法。关于规则与原则的区分,可详见[德]罗伯特·阿列克西:《法 理性 商谈:法哲学研究》,朱光、雷磊译,中国法制出版社2011年版,第197~206页。

② 这种对规范的理解强调了规范的意志性,看上去并不适用于对习惯或惯例的理解,因为习惯或惯例给人的感觉是,它们不是意志创造的规范,而是实际上如此就该如此的做法。实则不然,习惯或惯例同样包含着人们对是非善恶的价值判断,没有人们对习惯或惯例的认可(这种认可就是一种选择,体现人们的意志),它们不会获得或终将丧失其行为规范的地位。从这个意义上说,习惯或惯例虽然不是集中意志的体现,但是它们是时间跨度更长的分散意志默认的结果。

都是指引与约束人们的行为,以达到社会生活的有序性与安定性。体现所有类型的法律规范之特性的法律(即整体意义上的法律规范)不同于其他类型的规范,它是指由国家制定或认可的,并在特定的条件下由国家保障实施的规范。法律规范与其他规范最大的区别即在于其国家性。这种国家性主要表现在:(1)法律规范在创制上的国家性,即不同效力等级的法律规范由权限大小不一的国家机关制定。国家垄断了法律规范的创制权。习惯只有在国家认可的情况下才能成为法律规范。[①](2)法律规范在遵守或实施(包括执行和适用)上的国家性,即由国家强制力作为保障法律规范的遵守或实施的后盾。国家在法律实施中具有不可或缺的作用。首先,国家(表现为不同的国家机关)对公民、法人或其他组织遵守法律的情况负责监督并对违法或犯罪行为进行处罚;其次,国家机关及其工作人员也是法律作用的重要对象,国家机关内部以及国家机关之间也存在着监督与制约关系。国家机关工作人员的违法或犯罪行为会面临行政处分或者刑事处罚。法律规范的国家性不仅说明法律规范的来源,也说明法律规范既调整公民、法人或其他组织的行为,又调整国家机关及其工作人员的行为。

以上所言法律规范的国家性,准确地说,应当是法律的国家性。在习惯性的表达中,人们经常将法律规范等同于法律。而事实上,不同类型的法律规范具有不同的功能和特点,它们分别从不同的侧面反映和分享法律的国家性,也就是说,法律只有在各种各样的具有不同内容和特定功能的各种类型的法律规范的共同作用下才能形成法律(作为规范之整体)的特征,进而表现出其与其他社会规范的本质区别。单个的以及某种类型的法律规范只是法律的组成部分,它无论是在理论意义上还是在技术意义上都不可能具备与显现法律的全部特征。在概念上试图用定义法律的方式来定义法律规范,是不合适的。对法律与法律规范作出明确区分的目的在于说明,法律的结构与法律规范的结构是两个不同的问题,而我国当前依然处于主流地位的法律规范结构理论的最大问题就是将这两者等同视之。

二、当前的法律规范结构理论及其问题

(一)主流理论的内容

关于法律规范的结构,我国学界有三种比较有影响力的学说。(1)三要素说(为了与另外一种三要素说相区分,姑且称之为"甲三要素说")。

[①] 卡尔·拉伦茨认为,法律规则可以出现于法律、所谓的习惯法之中,可以从现行有效的法律规范中推论出来,也可以通过具体化法律原则而得,这些都是法院经常从事的工作。[德]卡尔·拉伦茨:《法学方法论》,陈爱娥译,商务印书馆 2005 年版,第 132 页。

该学说认为，法律规范在逻辑结构上包括假定、处理与制裁三个要素。其中，假定是将法律规范与生活事实联系起来的部分，它指出在什么样情况下，法律规则生效；处理是对权利和义务的安排，是法律规则本身；[①]制裁是对违反法律规则的行为采取的国家强制性措施。[②]三要素说的另外一种表现形式（即"乙三要素说"）将法律规范分为假定（行为发生的各种条件等事实状态的预设）、行为模式（权利和义务规定）和法律后果（包括否定性后果和肯定性后果）三个组成部分。[③]这两种三要素说在本质上是一致的，唯一的区别在于，是否承认法律后果具有双重性质。（2）两要素说。该学说认为法律规范由行为模式与法律后果两部分组成。[④]该学说除了不承认三要素说中的假定是法律规范的必要组成部分外，其关于行为模式与法律后果的理解与前述乙三要素说基本相同。（3）两部分四要素说。该学说认为法律规范由四个要素构成：第一个要素是规则适用的条件，它相当于三要素说中所指的"假定"要素。第二个要素是义务、权利规定，它相当于甲三要素说中的"处理"，以及乙三要素说与两要素说中的"行为模式"。第三个要素是指明违反义务的行为，包括违反禁止性义务的行为、违反必为性义务的行为和侵犯他人权利的行为。前述三要素说与两要素说均未将之视为法律规范的构成要素。第四个要素是关于违反义务的处理规定。它与甲三要素说中的"制裁"相同。依张恒山教授之见，这四个要素可以分为两个部分：主体规则与辅助规则。前者由第一种要素与第二种要素构成，即由条件规定与义务、权利规定构成，对一般行为人提出应为或不应为或可为的行为要求；后者由第三种要素与第四种要素构成，即由违反义务的行为规定与承担不利后果的规定构成。其意在提示，违反义务之行为应当承担不利后果。总之，法律规则是由两部分四要素构成的一个不可分割的整体。[⑤]该学说试图将分别由两种不同要素构成的法律规范（即所谓的主体规则与辅助规范）"聚合"为一个完整的法律规范。

（二）主流理论遭遇的挑战

虽然上文所描述的法律规范结构理论在我国当前的理论界与实务界影响深远，但是，其在理论上的正当性与实践上的妥当性并非"显然"无

---

① 这种学说认为，在法律规范的构成要素中，关于权利义务的规定是法律规则本身，这就意味着法律规则只不过是法律规范的一部分。

② 孙国华：《法理学教程》，中国人民大学出版社1994年版，第355页。

③ 沈宗灵主编：《法理学》，高等教育出版社1994年版，第36页。

④ 沈宗灵主编：《法理学》，高等教育出版社1994年版，第46~47页。

⑤ 张恒山：《法理要论》，北京大学出版社2009年第3版，第36~38页。

可置疑,恰恰相反,对这些理论的确有反思的必要,依笔者之见,其至少需要接受如下追问:(1)制裁是法律的构成要素,还是所有(类型的)法律规范的构成要素;(2)法律责任是否必然包含制裁的要素;(3)国家采取强制措施是否就是制裁;(4)在没有制裁的情况下,法律规范能否得到遵守或实施;(5)法律规范除了以行为作为调整对象,还以什么作为调整对象。如果当前主流法律规范结构理论在回应上述所有问题时都显得捉襟见肘、难以自圆其说,那么,立法学算是从具体学科的角度正式向(中国)法理学提出一个严肃的学术问题,在主流学说之外,什么样的法律规范结构理论更具有正当性?

1."制裁"是法律的构成要素,还是所有(类型的)法律规范的构成要素

上述三种法律规范结构理论虽然存在一定的差异,但它们的共同点是非常明确的,即均认为制裁(尽管乙三要素说与两要素说以隐含的形式予以表达)是(所有)法律规范的构成要素。其中,比较直白的表达是:"法律规范必然是有国家强制力作保证的,所以从逻辑上讲必然有制裁部分";[1] 比较委婉的表达是:行为人因违反义务而应承担的不利后果"并不是自动施加于违反义务行为人身上,而是由特定国家机关来施加这种不利后果,国家机关施加不利后果于行为人,可称为制裁"。[2] 将"制裁"视为法律规范的构成要素的思想来源于人们对法律(区别于诸如道德、宗教等规范)的特征的认识,即法律是由国家制定并凭借国家强制力保证实施的规范,当人们没有按照法律的要求行为时,由国家机关运用国家强制力,迫使其履行法定义务或承担法律责任。这就是所谓法律的"强制"特征或"强制"要素。国家强制力的设定与运用体现了如下组织构造原理,即凡是在组织构造上严密的国家,其所制定的法律都必须有国家强制力作为其实施的保障。法律将"强制"(姑且可与"制裁"的概念互换使用,事实上这两者也有区别)的要素内化为法律的构成要素,其所要达到的目的是,通过(加入"强制"要素)改善或优化法律的结构,进而保障法律在技术意义上可以成为被有效遵守或实施的规范体系。

法律的强制特征必须通过具体的法律规范才能实现,因此,立法者在制定大量调整公民之间或者公民与国家机关(及其工作人员)之间的行为规范时,还要制定要求违反义务或侵犯权利的行为人承担法律责任的规范。因此,在任何形式的法律中,法律规范往往表现为确认规范、行为规范

---

① 孙国华:《法理学教程》,中国人民大学出版社1994年版,第357页。
② 张恒山:《法理要论》,北京大学出版社2009年第3版,第37页。

与责任规范等不同性质的规范。① 确认规范赋予某种事态一定的法效果；行为规范为行为人确定行为标准，而责任规范则对违反行为标准的行为确定相应的法律后果。责任规范反映立法者的如下态度，即国家在必要时介入不同性质的法律关系的调整，以国家强制力（即制裁）来保证法律关系"恢复到"或"修复到"立法者所期望或预想的状态。不同类型的法律规范具有不同的功能，分别从不同的侧面反映和分享法律的国家性，也就是说，法律只有在各种各样的具有不同内容与不同功能的各种类型的法律规范的共同作用下才能表现其在整体上的特性。单个或某种类型的法律规范只是法律的组成部分，无论是在理论意义上还是在技术层面上都不可能具备法律的全部特征。这就意味着，在概念上试图用定义法律的方式来定义法律规范实际上是一种严重的逻辑错误：包含制裁要素的法律规范只不过是法律规范的一种类型，在法律中还有大量的不包含制裁要素的法律规范，并不因为缺少这个要素而失去作为（完整的）法律规范的资格。

2. 法律责任是否必然包含强制（制裁）的要素

凯尔森认为，法律责任就是行为人因违反其法律义务而应当受到的制裁。② 很显然，凯尔森将制裁视为法律责任规范的构成要素。这就意味着，每当行为人违反其法定或约定义务时，具有法定职权的国家机关就应当按照法定程序对行为人采取某种相应的不利的法律措施，而"应当"实施法律措施则表明国家机关"应当"动用国家强制力。③ 凯尔森的这种一般性论断对我国的法律规范结构理论具有深远的影响，虽然这种看法包含着正确的内容，但是整体而言，与法治实践的实际情况并不相符。法律责任是法律体系的自我调节或修复机制，法律体系中的行为规范为行为人确定行为标准，当行为人违反了这些标准，意即违反其法律义务时，就应当适用法律责任规范来修复或调节受到冲击或破坏的法律关系。法律责任规范与所有的行为规范一样，表达的是一种法律上的应然，行为人在面对这种应

---

① 从根底上说，责任规范也是行为规范的一种，它指示行为人在其违反法律义务时应当做什么，或者指示法律纠纷解决机关（如法院）或法律实施机关（如各种执法机关）在行为人违反法律义务时应当做什么。

② "一个人在法律上要对一定行为负责，或者他为此要承担法律责任，意思就是，他做相反行为时，他应受制裁。"[奥]凯尔森：《法与国家的一般理论》，沈宗灵译，中国大百科全书出版社1996年版，第73页。

③ 张恒山教授认为："法律责任的归属与实际承担要由国家司法机关这种特定的主体通过特定的程序来确定。"张恒山：《法理要论》，北京大学出版社2009年第3版，第463~464页。将法律责任的追究主体仅仅理解为司法机关显然是片面的。这与我国法治的实际情况不符，法律责任有多种形式，追究法律责任的方式也多种多样，通过司法机关追究法律责任只是其中的一种方式。

然规范时,常常有两种选择:

其一是遵守法律责任规范,愿意承担法律责任,即愿意接受因违反法律义务带来的相应法律后果,如此可以实现预设的修复法律关系的目的。当行为人愿意按照确定的法律责任行为时,国家强制力则没有发挥作用的必要。现实生活中,尤其是在私法领域,大量的民事、商事纠纷并非通过法院、仲裁机构才得以解决。在争议双方协商或者第三方调解的情况下,行为人通过自愿承担民事责任的方式来解决民商事纠纷;在行政法律关系中,当行为人因违反行政法确定的法律义务应当承担法律责任时,相应的责任在大多数情况下由行为人自愿承担,行政机关不可能,也没有足够的能力总是动用国家强制力迫使行政相对人承担法律责任;自愿承担法律责任的情况在刑事法律关系中也不罕见。尽管刑法从总体上可以被视为强制规范,但这种规范的实施也并非意味着在任何情况下都是国家强制力的运用,比如,在犯罪嫌疑人自愿认罪并承担刑事责任的情况下,国家强制力在规范上和事实上就没有发挥作用。至于国家强制力对行为人的心理构成怎样的影响,这并非法律问题,而是一个事实问题。

其二是不遵守法律责任规范,不愿意承担法律责任。只有在行为人不愿意承担法律责任的情况下,规定强制行为的法律规范才会发挥作用,即国家的强制才会(在规范意义上,而非实际上必然)出现。国家强制力是一种稀缺资源,一般情况下,它没有必要出现在合法的法律行为面前(并非不可能),甚至它有时在面对违法行为时也无能为力。关于这一点,凯尔森也是承认的,他认为"如果一个法律规范长久地不被国民所服从,它大概也就不再被机关所适用"。[①] 很显然,"强制"是法律的构成要素,同时也是部分法律规范的构成要素,但它不是所有法律规范的构成要素。总之,国家强制力的使用与承担法律责任并非具有同等的含义,国家强制力不是仅仅在行为人违反义务的情况下,而是只有在其不愿意承担法律责任的情况下才在规范意义上应当出现。

3. 国家采取强制是否就是实施制裁

"制裁"在何种意义上是法律规范的构成要素,的确需要进一步探讨。如果说制裁表达了国家的一种态度,即必须对有意对抗法秩序的行为人实施强制,那么,我们需要回答,是否国家对行为人(应当)实施强制,就等于说国家对行为人(应当)实施制裁?这是对前述第二个问题的进一步说明。它意在表明,国家(应当)对行为人采取强制行为与国家(应当)对行

---

① [奥]凯尔森:《法与国家的一般理论》,沈宗灵译,中国大百科全书出版社1996年版,第69页。

为人实施制裁这两者并非在任何情况下都是一回事。可以说，国家对行为人实施制裁一定是通过国家对行为人采取强制行为的方式来实现的，但是这并不意味着，只要国家（应当）对行为人实施强制，这就等于国家（应当）对行为人进行制裁。比如，我国行政机关或者人民法院可以在以下几种情况下对行为人实施强制：（1）（行政机关）为制止违法行为；（2）（行政机关）为防止证据损毁、避免危害发生、控制危险扩大等情形；（3）（行政机关或法院）为迫使行为人履行行政决定；（4）（法院）为维护审判秩序；（5）（法院）为执行生效判决。

从强制的性质看，国家机关既可以以行为人实施违法行为（即违反法律义务）为前提，也可以不以行为人违反法律义务为前提。在第一种情况下，国家为了制止或处罚违法行为，对行为人采取某些强制手段（比如，限制或剥夺人身自由、冻结或划拨存款、汇款，查封、扣押或没收财物等），无论这些强制手段是终局性的还是暂时性（即手段性）的，客观上都对行为人造成不利后果，将之视为制裁，并无不妥。在后者的情况下，行为人没有违反法律义务，国家以维护公共利益为由依然可以对其实施强制。在第二种情况下，行为人并没有实施任何违法行为，国家对其采取强制措施，虽然在客观上限制了其权利，但是它在本质上并非制裁，而是宪法本身所"允许"的一种法秩序：它要求，在特定情况下，公共利益与个人利益之间必须保持适度的平衡。①

因此，可以说制裁就是国家强制，而不能反过来说国家强制就是制裁。在国家可以对行为人实施强制的诸多情形中，只有在行为人因违反法律义务，应当承担法律责任且（在事实上）拒绝承担法律责任时，国家对其采取的强制手段才具有制裁的性质。②

4. 制裁是不是规范实施或遵守的必要条件

法律虽然从总体上看有制裁或强制特征，但是任何法律体系的有效运行都不能指望任何法律规范的遵守或实施都以制裁为必要条件。法律的有效性必须建立在法律为人们在大体上自愿遵守的基础上。从法律规范

---

① 我国《宪法》第51条规定，中华人民共和国公民在行使自由和权利的时候，不得损害国家的、社会的、集体的利益和其他公民的合法的自由和权利。该条款实际上表达的是一种法秩序内部的公共利益与个人权益之间的结构性关系。这种结构性关系或强或弱地普遍存在于各种类型的法律之中。国家在疫情发生的地区常常采取一些限制公民行动自由的强制措施，这些措施虽然在客观上都对公民造成不利的后果，它们并不是以公民应当承担法律责任为前提条件的，而是出于维护公共卫生秩序的需要。

② 从比较严谨的意义上说，制裁性规范只不过是由司法判决或法律执行（做成）的规范性结果，是法院或其他国家机关创设的（以强制措施或强制执行为手段的）个别规范的组成部分。在一般性的、抽象的法律规范中，只有法律责任规范，而没有独立的制裁性规范。

的类型看，在数量上居于主导地位的行为规范为行为人确定了明确的行为标准或行为模式。当行为人遵循这些行为规范（既包括按照规范积极作为，也包括按照规范消极不作为）进行社会活动时，法律就实现了它的目的并因此获得了实效性。这些法律规范是法律的重要组成部分，没有因为缺少了制裁要素而被认为不是法律规范或者不是完整的法律规范。除了这些行为规范之外，法律中还包含一些其他类型的规范，即确认主体资格的规范与包含制裁要素的规范，它们在规范结构上与行为规范相同，都包含构成要件与法效果这两个要素。法律责任规范（在不太严谨的意义上指称"制裁性规范"）的构成要件指行为人违反了什么样的法律义务，其法效果指行为人应当接受什么样的惩罚。（所有类型的）法律规范的共同结构是在某种构成要件之下，与之相适应的法效果应当发生。制裁性规范也只是表明，当行为人实施（与构成要件相一致的）违反法定义务的行为时，国家强制力在规范意义上应当介入，而非在事实意义上必然介入。国家强制力从总体上为法秩序的实效性提供担保，它是法律或法律体系的必要条件，而不是每一个具体的且完整的法律规范的必要条件或构成要素。

5. 法律规范是否必须以行为作为调整对象

如果制裁是所有法律规范的构成要素，那么这就意味着法律中没有确定制裁的规定都不是法律规范，或者至少不能算作完整的法律规范。正如前文所述，制裁性规范不仅应包含构成要件与法效果这两个要素，而且其法效果直接以"制裁"的形式表现出来，是无可争议的法律规范，而制裁性规范以外的一般行为规范因具备构成要件与法效果这两个要素而完全具备指引与调整人类行为的功能，也是法律规范的主要类型。制裁性规范与行为规范虽然是人们在法律体系里最为常见的法律规范，但是它们并非法律规范的全部。除此之外，任何法律体系都包含一些（尽管在数量上与行为规范和制裁规范相比较少）对事件与状态表达应然性诉求的规范。这类规范可以称作事态规范，它由作为事态的构成要件与法效果两个部分组成。当某种事件或状态出现时，就会产生法秩序所赋予或认可的某种法效果。这种类型的规范与行为规范和制裁性规范的区别在于，与特定法效果相联系的是事态，而不是行为。事态规范的典型形式有：（1）因事件的发生而确立主体资格的规范。比如因出生或死亡等事件而产生的主体资格。根据《国籍法》第 4 条与《宪法》第 33 条第 1 款的规定，中华人民共和国公民资格（或身份）的取得基于以下事件，即本人（父母双方或一方为中国公民）出生在中国。根据《民法典》第 13 条的规定，自然人的民事权利能力（资格）始于自然人出生、终于自然人死亡的事件。根据《民法典》

第 1121 条的规定,继承人的继承资格(或身份)是在被继承人死亡的事件发生以后才产生的。[①](2)因某种状态的出现而确立某类主体的资格。比如根据《宪法》第 34 条和《选举法》第 3 条的规定,当公民年满 18 周岁的"状态"出现时,他(或她)就具备了如下资格:享有选举权和被选举权。根据《行政强制法》第 2 条的规定,当违法行为、证据损毁、危害发生、危险扩大等状态出现时,行政机关才获得依法对公民的人身自由实施暂时性限制,或者对公民、法人或者其他组织的财物实施暂时性控制的资格。根据《立法法》第 105 条的规定,当出现法律之间对同一事项的新的一般规定与旧的特别规定不一致且不能确定如何适用的状态时,全国人民代表大会常务委员会便获得了对这种冲突进行裁决的资格。同理,当出现行政法规之间对同一事项的新的一般规定与旧的特别规定不一致且不能确定如何适用的状态时,国务院就获得了对这种冲突进行裁决的资格。

与行为规范和制裁规范相同,事态规范是由构成要件与法效果两部分构成的,表达了立法者对事态的规范性观点和设想,是完整的法律规范。事态规范虽然数目较少,但其地位很重要,是行为规范的前提,而行为规范又是制裁规范的前提,它们之间相互配合,相互支撑,共同"编织"起具有内在关联性的法律之网。

(二)主流理论的实践困境

1. 对学术研究的不利影响

上述主流法律规范结构理论对学术研究造成的不利后果最为突出地表现在:这种被普遍接受的理论甚至连"宪法规范是不是法律规范"这一点都无法给出确定性的答复。甲三要素说的代表性观点并不(直接)否认宪法规范是法律规范,而是认为"宪法的条文确实没有规定制裁,但是制裁部分往往规定在部门法、主要是刑法中"。[②]这实际上等于说,宪法根本不可能在其自身的范围内形成所谓的(完整)法律规范。宪法的规定必须与其他(规定了制裁的)部门法相结合才能形成作为法律规范之一种类型的宪法规范,也就是说,宪法规范只有在宪法的相关规定从部门法里找到与之相配套的制裁性规定时,才有资格被称为法律规范。但是,如果单从形式意义上的法律规范的自足性与完整性的角度看,像刑法、行政法、民法

---

① 虽然在被继承人尚未死亡之前,人们常常习惯性地讨论继承人的继承权问题,事实上在这种情况下所讨论的是制度意义上的客观权利,而非特定主体所享有的主观权利,是未来可能主张和行使的权利;继承人的继承资格或身份(即主张和行使继承权),只有在被继承人死亡的事件发生之后才能现实地产生。

② 孙国华:《法理学教程》,中国人民大学出版社 1994 年版,第 356 页。

等部门法却可以不需要借助宪法就可以形成所谓的刑法规范、行政法规范与民法规范，因为它们各自在自身的体系内分别规定了刑事制裁、行政制裁与民事制裁。很显然，以制裁为要素来定义法律规范，其首先否定的就是宪法规定的法律规范资格。

宪法学界虽然也意识到这个问题的严重性，但是并没有因此质疑上述法律结构理论的"合法性"地位，而是在坚持主流理论的前提下，形成关于宪法规范是不是法律规范的两种观点：其一是否定说，其认为宪法规范只是纲领性、原则性规定，不具有制裁要素，不是法律规范；其二是肯定说，其认为宪法规范不仅具备三要素说的全部内容，而且制裁要素就包含在宪法规范之中。宪法规范的制裁性主要通过内嵌于宪法之内的违宪审查机制或合宪性审查机制予以实现的。其表现形式不同于普通法律以针对行为人的各种制裁，而是宣布违宪的法律或者行为无效。[①] 否定说的推理过程没有问题，有问题仍然是作为其推论前提的法律规范结构理论。肯定说虽然从结论上照顾到宪法的"面子"（毕竟，如果宪法规范连法律规范的资格都没有，那么宪法的权威性何在），但是，它只不过是主流法律规范结构理论的另外一种实践形式。具体而言，它虽然没有以主流法律规范结构理论作为推理的前提（因为那样必然会导致否定说），但是"活用"了主流法律规范结构理论的思考方法：从整部宪法包含制裁要素这个前提推导出每条宪法规范都包含制裁要素即每条宪法规范都是法律规范的结论。因此，肯定说作为一种理论是存在根本缺陷的，因为它依然无法解释，在宪法之内为什么为数众多的不包含制裁要素的规定对国家权力具有规范性的约束力？它也无法解释，在我国当前合宪性审查制度[②]尚未建立的情况下（即宪法缺少明确的制裁性规定的情况下），国家机关尤其是立法机关依然能够按照宪法规范的要求创制了内容完备的法律体系。[③] 诚然，这并非意指合宪性审查机制不重要，而是澄清宪法中的非制裁性规范与制裁性

---

① 许崇德主编：《宪法》，中国人民大学出版社 2014 年版，第 19 页。李龙教授用"惩罚性"概念来代替"制裁性"概念，其在论证思路上同样强调，宪法规范的惩罚性主要体现在"凡与宪法相抵触的法律、法规一律无效"方面。李龙：《宪法基础理论》，武汉大学出版社 1999 年版，第 137 页。

② 此处所指的"合宪性审查制度"专指特定国家权力机关对（全国人大及其常委会）制定的（生效）法律是否符合宪法进行判断并给出权威性结论，而非全国人大及其常委会在立法的过程中对法律案的合宪性进行的审查，也不是当前学界热议的合法性审查。

③ 《宪法》第 5 条规定，一切法律、行政法规和地方性法规都不得同宪法相抵触；一切违反宪法和法律的行为必须予以追究。目前这项规定仍未得以具体化实现可追责的制度形式。关于该主题的讨论详见陈玉山：《法律案合宪性审查的程序、事项、方法》，载《环球法律评论》2020年第 1 期。

规范一样，它们都因为对国家权力具有约束力而各自具备法律规范的完整结构。

宪法所面临的问题也同样存在于《立法法》以及各种形式的组织法中。《立法法》主要规定立法原则、不同国家机关的立法权限与立法程序，该法由权限规范、义务性规范和少数的禁止性规范构成，其中并不包含制裁性规范。按照主流法律规范结构理论，《立法法》中的规定根本就不是法律规范，因为不仅《立法法》自身没有为违反立法上的禁止性规范或义务性规范（即超越立法权限与违反立法程序）的行为设定制裁性规定，而且《立法法》也无法（像宪法那样）从刑法等部门法那里寻找与之配套的制裁性规定，以证明其在规范结构上的完整性。尽管法律以下的行政法规、地方性法规等可因违背上位法而被撤销，但是将这种撤销视为对各种违反（立）义务的行为人（即立法者）的制裁，的确比较勉强。事实上，虽然立法行为是一种法律行为，但是它具有高度的政治性与政策性，那种试图通过法律性的技术控制手段，即以追究立法者的法律责任的方式来保证《立法法》实效性的做法，几乎是不可能行得通的。①

2. 对立法实践的不利影响

如果每一个法律规范必须包含着制裁性要素，那么，每一个法律规范同时也必须包含一种义务性要素，因为，如果没有对义务的违反，就不可能涉及对违反义务者的制裁问题。如果法律规范结构理论是一种可以正确地指引立法行为的立法理论的话，那么，立法机关常常会发现，自己尽管非常努力，却经常不能制定出完整的法律规范。立法机关在制定每一个指引人们如何正确行为的规定的时候的确应该思考，如果这个规定被违反，应该由谁（即具体的国家机关）发现问题并追究违法者的法律责任。从国家强制性这个法律的一般特征来看，立法机关在制定每一部法律时的确应该预料到法律规范在没有被遵守的情况下将会产生什么样后果以及如何才能在法律自身的体系范围内解决这个问题。

立法机关的解决方案有两种：一种是将所有的法律规范都塑造成一个（包含制裁要素）责任规范。立法机关始终需要考虑的问题是，如何将制裁性要素注入每一个法律规范之中。事实证明，这是一项无法完成的工作。虽然法律（从整体意义上看）离不开制裁性要素，但是这并非意味着每一个指引公民或组织行为的规定因缺乏制裁性要素就不是法律规范，或者只能作为完整法律规范的构成要素。除了宪法，诸如规范立法行为的立法法

---

① 陈玉山：《为何立法者不承担法律责任》，载《河北工程大学学报（社会科学版）》2019年第3期。

以及主要以授权为内容的国家组织法等法律并没有因为缺少制裁要素而失去其规范约束国家机关行为的功能，也没有因此而失去其作为完整法律规范的"地位"。即使是在规定比较明确的制裁规范的法律里，立法机关也不可能（事实上也没有必要）做到将所有的行为规定与制裁规定完全对应起来。比如，我国《行政许可法》第65条规定，个人和组织发现违法从事行政许可事项的活动，有权向行政机关举报，行政机关应当及时核实、处理。从法律义务与法律责任之间的严格对应关系看，当行政机关没有履行"处理、核实"义务，就会承担相应的法律责任。但是，从该法第77条的规定看，只有在"行政机关不依法履行监督职责或者监督不力，造成严重后果"的情况下，该行政机关的直接负责的主管人员和其他直接责任人员才应当被追究行政或刑事责任。这就是说，行政机关没有造成严重后果的违法行为，在法律意义上并无与之对应的法律责任可言。此时，不能从行政机关在违反义务的情况下不承担法律责任的规定反过来推导出《行政许可法》第65条所确定的行政机关的义务性规定不是完整的法律规范的结论。从《民法典》第1039条和第1164条的规定看，当行政机关、承担行政职能的法定机构及其工作人员违反（在履行职责的过程中）"不得泄露或者向他人非法提供自然人的隐私和个人信息"的义务时，《民法典》本身并没有确定与违反该义务的行为相对应的侵权责任。[①] 如果说，义务性规定未必都有与其对应的责任规定（即制裁性规定）相互配合，那么，法律中也会出现不以义务规定为前提的责任规定。比如，根据《民法典》第1188条、第1189条的规定，只要被监护人造成他人损害，无论监护人有没有尽到监护职责，也无论监护人是否将监护职责委托给他人，监护人都必须承担侵权责任。很显然，这种侵权责任在有些情况下并不以监护人违反法律义务为前提。同样，《民法典》第1191条（用人单位）、第1192条（接受劳务方）以及第1254条（建筑物使用人）确立的侵权责任则具有与上述规定相同的结构。[②]

另外一种解决方案是，立法机关无须遵照（事实上也没有遵照）上述法律规范结构理论，试图在确定每一个行为规范的同时用制裁规范与之相配合，以表明只有以制裁规范（所代表的国家强制力应当出现）作为后盾，一切行为规范才能在现实意义上具有实效性。而事实上，从总体上而言，

[①] 这并不意味着国家机关、承担行政职能的法定机构及其工作人员的违法行为不需要承担法律责任，而是指在像《民法典》这样的完备的法律内部，也不可能完全实现法律义务与法律责任之间的一一对应关系。

[②] 尽管这些规定（尤其是《民法典》第1254条）在理论上可能存在一些争议，但是本部分讨论的焦点是立法技术问题，并不涉及法律规范的证立问题。

只要法律体系内包含制裁性要素（即主要通过制裁规范的形式表现出来），法律体系的国家强制特征就能显现出来，而不需要每一个法律规范在逻辑结构上都必须包含制裁性要素。事态规范、行为规范与制裁规范都具有同样的逻辑结构，它们都是完整的法律规范。不能将每一个法律规范的内部逻辑关系与不同（内涵与不同类型的）法律规范之间的逻辑关系混同起来。①

三、法律规范的"二要素"结构理论

关于究竟按照什么样的标准才能判断一个法律规定是不是完整的法律规范这个问题，约瑟夫·拉兹提出了所谓的"法律规则个别化"的四个要求（或判断标准），即简单（易于理解和分析法律）、相对自足（有明确的事实与要求）、可欲（表达规范性诉求）及联系性（有助于阐明法律规范之间的联系性）。② 按照这些标准，将法律规范在结构上划分为构成要件与法效果这两个要素，则是一种最为合适的选择③，因为，这种结构理论可以无例外地适用于法律体系之内所有类型的法律规范，是一种真正具有普适性的法律规范结构理论。仅从逻辑意义上看，法律规范与其他形式的人类规范在结构上并无二致，将法律规范与其他社会规范区别开来的不是规范本身的逻辑结构，而是法律规范在其"出生"与维护其"权威性"方面的特质，即法律规范自始就具有十分明确的国家性：法律（由各种法律规范构成）由国家制定并由国家强制力（并非时时刻刻依靠国家强制力）作为保障其实施的后盾。在各种类型的法律规范中，只有制裁性规范与国家强制力之间存在直接的关系，而数量庞大的行为规范以及（数量虽然不多但依然非常重要的）事态规范在常态情况下并不与制裁规范发生联系，它们常常也并非必须借助制裁规范才能发挥其约束与指引社会行为的功能。

此处所言的法律规范"二要素说"，与前文提到的法律规范"两要素说"尽管从形式上看，都承认法律规范由两个要素构成，但两者之间存在

---

① 雷磊:《法律规则的逻辑结构》，载《法学研究》2013 年第 1 期。
② 关于法律规则个别化问题详见雷磊:《法律规则的逻辑结构》，载《法学研究》2013 年第 1 期。
③ 本书采纳卡尔·拉伦茨所主张的法律规范逻辑结构理论，在用语上也认为用"构成要件"与"法效果"来表达法律规范的构成要素比较合适，一则是因为构成要件既可以指涉具有典型意义的社会性事实，也可以涵盖"自然事实"；二则是法效果既可以表达法律明确规定的法效果，也涵盖法律虽然没有明确规定，但是可以从现行有效的法律规范中推导出来，或者通过具体化法律原则而获得的法效果。另外"效果"一词比"后果"一词更为准确地表达一种法秩序所欲追求的应然状态，相较之下，"后果"一词则更侧重于表达法律的目标实际上已经被实现的状态。

本质的不同。两要素说并非否认假定是法律规范的构成要素，只是认为它不是与行为模式与法律后果相并列的独立构成要素，假定只不过是行为模式的组成部分而已。^① 因此，两要素说在本质上与三要素说并无二致。两要素说与三要素说的共同弊病即在于，它们没有认识到，所有的法律规范都只不过表达了（拟人化了的）立法者（或者非人格化的）法秩序对不同生活状况（即行为、事件或状态）的法律态度，即当某种事实与构成要件相符合，某种法效果随之即（应当）出现。用卡尔·拉伦茨的话说，规定（即法律规范）追求的直接作用就是规定（法律规范）的适用，它属于规范的领域。它们构成非自然主义之实体论的独立的存在层面，是客观精神领域的片段。^②

法律规范的"二要素"结构理论仅承认，法律规范由构成要件与法效果这两个部分构成，构成要件中所指涉的"事实"从性质上可以分为两种，即"纯然的事实"或"自然事实"，比如出生、死亡、自然灾害的出现以及疫情的暴发等，另外一种是"社会事实"或者"制度性事实"，比如结婚、缔结合同以及违反法定义务、侵犯他人权利的行为。^③ 构成要件中所指涉的"事实"，从类型上可以分为两种，即最具有典型意义的行为与非典型意义的事态（即事件或状态）。^④ 法效果是指符合构成要件的事实（包括事态和行为）在法秩序上所产生的效果，即法律性的效果。法效果的表现形式多种多样，比如由于出生而获得国籍或公民身份的法效果，由于出生而获得的民事权利能力的法效果；由于公民死亡而产生的继承人之继承权的法效果，以及由于违反法律义务而产生的诸如民事责任、行政责任以及刑事责任的法效果等。而所谓的"制裁"（即应当承担法律责任）仅仅只是形式各异的法效果的一种类型而已。将制裁等同于法效果（甲三要素说）或者将制裁作为法效果最为重要的类型（乙三要素说或者两要素说），是我国当前法律规范结构理论最为根本性的理论支点，它不仅严重缩小了法效果的范围，将权利的获得、义务的课予等排除在法效果之外，同时也必然只会承认一种类型的法律规范（即所有的法律规范都是制裁规范），进而以反逻辑

---

① 雷磊：《法律规则的逻辑结构》，载《法学研究》2013 年第 1 期。

② [德] 卡尔·拉伦茨：《法学方法论》，陈爱娥译，商务印书馆 2005 年版，第 137 页。

③ 《行政许可法》第 34 条第 3 款规定，根据法定条件和程序，需要对申请材料的实质内容进行核实的，行政机关应当指派两名以上工作人员进行核查。该法律规范中的事实构成要件所表达的就是典型的制度性事实或社会性事实。这种事实的复杂性表现为，它不仅涉及真假的判断，也涉及正确与否的价值判断。

④ 有时，在事件与状态之间很难作出比较明确的区分，比如将"自然灾害"视为事件或者状态似乎都是可以的。

的方式否认法律规范的多样性。

第三节　法条与法律规范的对应关系

法律案起草人在创制法条的时候，实际上也必然是在制定法律规范。法条是法律规范在实在法上的规定形式，法律规范是法条在法律理论上的表达形式。这两者之间是互为表里的关系。因此，要把握塑造法条的要点，首先必须弄清楚法条与法律规范之间的对应关系。从我国实在法的现状看，法条与法律规范之间的对应关系主要表现为以下几种类型：

一、表达一个法律规范的法条

如果每一个法条都能够表达一条完整的法律规范，那么，对于立法机关而言，尤其对于法律的遵守者与执行者或适用者而言，这无疑都是最为理想的状态。① 在这种情况下，人们只需从某个具体的法条里就能够轻松地找到自己想要了解的规范内容，而无须在花费很多时间综合多个条款（有时这些条款分散在不同的章节里，彼此之间的"距离"比较远）之后，才能弄明白可以做什么、应当做什么或者不能做什么的法律指示。

（一）只包含一款的法条，即一个法条仅由一款构成，它独立地表达了一个法律规范

（1）以宪法为例：《宪法》第 38 条（人格权）、第 39 条（住宅权）、第 40 条（通信自由和通信秘密）、第 44 条（退休人员的生活保障权）、第 47 条（文化活动自由）、第 52 条（维护国家统一、民族团结的义务）、第 56 条（纳税义务）。（2）以民法为例：《民法典》第 13 条（自然人民事权利能力）、第 23 条（监护人的法定代理人地位）、第 144 条（无民事行为能力的民事法律行为无效）、第 150 条（受胁迫人的撤销请求权）。（3）以行政法为例：《行政处罚法》第 15 条（行政机关的行政处罚权）、第 17 条（授权组织的行政处罚权）、第 22 条（行政机关的案件移送义务）；《行政许可法》第 37 条（行政机关依法作出行政许可决定的义务）。（4）以刑法为例：《刑法》第

---

① 事实上，在理论界的确有学者，比如德国著名法学家卡尔·拉伦茨即持有将法条与法律规范等同视之的观点。只有在这种观点（即假定法条＝法律规范）的情况下，研究者才能有效地探讨所谓的完整法条与不完整法条的问题。很显然，如果认为法条与法律规范并不是一回事，那么才有必要探讨法条与法律规范的对应关系问题。这两种思路虽然出发点不同，但是探讨的问题的本质却是一致的。关于卡尔·拉伦茨的相关论述详见［德］卡尔·拉伦茨：《法学方法论》，陈爱娥译，商务印书馆 2005 年版，第 133 页。

116 条就是以一种概括性的方式规定一种犯罪行为（即以破坏不同形式的交通工具"尚未造成严重后果的"犯罪行为）对应特定的法效果"处三年以上十年以下有期徒刑"。

（二）包含多款的法条，即一个法条包含多款，它们共同表达了一个法律规范

在我国实定法中，法条中的多个（条）款共同构成一个法律规范的情况相对而言比较少见。《民法典》第 494 条即一个适例，该条由 3 款构成，其中，第 1 款规定构成要件，即国家根据抢险救灾、疫情防控或者其他（维护公共利益）需要，向有关当事人下达国家订货任务、指令性任务；第 2 款与第 3 款规定法效果，即按照法律、行政法规规定接受任务或指令的有关当事人（要约人和承诺人）负有按照指令签订合同的义务。《刑法》第 15 条由 2 款构成，第 1 款从表面上看在界定"过失犯罪"的含义，实则也表达了如下规范内涵，即由于过失犯罪是犯罪的一种类型，而（一般情况下）凡犯罪都应当承担刑事责任，因而过失犯罪也应当承担法律责任。第 2 款对第 1 款的规范作用范围（法效果的范围）起到了限缩作用，即只有在法律明确规定的情况下，过失犯罪才负刑事责任。

值得探讨的是《宪法》第 36 条与第 37 条，这两个法条的多款分别仅仅表达了一个法律规范，还是多个法律规范？第 36 条由 4 款构成。其中，第 1 款规定公民享有宗教信仰自由。第 2 款是对侵犯宗教信仰自由之行为的禁止。第 3 款与第 4 款是对宗教信仰自由之行使方式的限制（即行使宗教信仰自由者不得利用宗教进行破坏社会秩序、损害公民身体健康、妨碍国家教育制度；宗教信仰自由行使者所参加的宗教团、所参与的宗教事务不得受外国势力的支配）。限制性条款是对该法律规范的法效果之作用范围的限缩，是该法律规范的组成部分，此一点应没有争议。比较引发质疑的是，第 2 款规定了"任何国家机关、社会团体和个人"不得侵犯公民宗教信仰自由的宪法义务。从形式上看本款的确符合一个完整的法律规范的外观。然而，对于宪法上的基本权利而言，每一个基本权利都以明示或者暗含的方式包含着要求国家的（消极不干涉或积极保护、帮助）义务。当这种义务在同一个法条里被立法者予以展开时，应当将其视为该权利（或自由）规范的组成部分。同理，第 37 条的情形也是如此。与第 36 条、第 37 条形成对比的是，虽然第 38 条与第 39 条仅由 1 款构成，但其法条在内容构成方面与前者比较相似。第 38 条第 2 句"禁止用任何方法对公民进行侮辱、诽谤和诬告陷害"与第 39 条第 2 句"禁止非法搜查或者非

法侵入公民的住宅",所表达的就是国家的不干涉义务与保护义务。如果第38条的前句与后句构成一个独立的法律规范,那么,在形式上略有区别(即一款中的多句与一条中的多款之间的区别),但在内容上具有相同构造的第36条与第37条所表达的也应当是一个法律规范,而不是多个法律规范。

对法效果的作用范围进行限制的规定是法律规范的组成部分;权利规范背后的义务性规范内涵也是法律规范的组成部分。权利规范的积极意义在于,权利人因为享有某项权利而获得一个发展其人格的自由空间。权利规范的消极意义在于,它必须排除他者的干涉,这种权利才能在法律上是可能的。为了排除这种干涉,在权利的结构里必须预设国家保护的要素。因此,任何权利之中均包含着国家的保护义务。[①] 诚然,这并不意味着,义务性规定只是作为权利性规定的组成部分。在法律体系中,有大量的义务性规定来源于客观法,具有不与(主观)权利发生直接关联的独立的规范内涵。

二、包含多个法律规范的法条

(一)只包含一款的法条,即法条仅由一款构成且包含多个法律规范

(1)以宪法为例:《宪法》第34条仅包含1款,其中即规定了(年满18周岁)的公民分别享有选举权和被选举权这两个相互独立的法律规范。同样,《宪法》第35条只有1款,该款规定,公民分别享有言论自由、出版自由、集会自由、游行自由与示威自由。这四种自由分别对应4个相互独立的法律规范。(2)以民法为例:《民法典》第451条包含前句与后句,前句规定留置权人的妥善保管义务,后句规定留置权人的赔偿责任。(3)以行政法为例:《行政许可法》第63条表达4个禁止性规范,即行政机关实施监督检查:①不得妨碍被许可人正常的生产经营活动;②不得索取被许可人的财物;③不得收受被许可人的财物;④不得谋取其他利益。[②](4)以刑法为例:《刑法》第114条规定5种犯罪行为,即放火罪、决水罪、爆炸罪、投放危险物质罪以及以危险方法危害公共安全罪且"尚未造成严重后果的",它们共同适用一种法效果,即"处十年以上有期徒刑、无期徒刑

[①] 卡尔·拉伦茨认为,将一物分派为所有权人在法律上的自主范围,与针对全部人所发的"禁止侵害"所有权之命令,两者同为所有权概念的必要要素。[德]卡尔·拉伦茨:《法学方法论》,陈爱娥译,商务印书馆2005年版,第135页。

[②] 针对同一构成要件,可以匹配多个法效果。这种情况在民法和刑法里比较罕见,而宪法与行政法里比较常见。

或者死刑"。①《刑法》第 232 条仅由 1 款构成,其中包含 2 个法律规范:①故意杀人且情节比较严重的,处死刑、无期徒刑或者 10 年以上有期徒刑;②故意杀人且情节较轻的,处 3 年以上 10 年以下有期徒刑。《刑法》第 233 条在结构上与上述第 232 条相同,只是多了一个但书条款(即本法另有规定的,依照规定)。

(二)包含多款的法条,即法条由多款构成且包含多个法律规范

(1)以宪法为例:《宪法》第 41 条是一个典型立法例,该条由 3 款构成,其中第 1 款包含了规定公民对国家机关及其工作人员享有批评权、建议权、申诉权、控告权与检举权这 5 个相互独立的法律规范。第 2 款包含 4 个法律规范,即第 2 款第 1 句包含 3 个法律规范,与公民的申诉权、控告权和检举权相对应,有关国家机关分别负有履行查清事实并予以处理的义务;以及禁止任何人对提出申诉、控告和检举的公民进行打击和报复。②第 3 款规定,因国家机关及其工作人员侵犯公民权利而受到损失的人有获得国家赔偿的权利。(2)以民法为例:《民法典》第 26 条由 2 款构成,每款分别对应一个独立的法律规范,即第 1 款规定"父母有抚养未成年子女的义务",第 2 款规定"成年子女有赡养父母的义务"。(3)以行政法为例:《行政处罚法》第 6 条第 1 款包含 4 个权利(陈述权、申辩权、行政复议权和行政诉讼权),即 4 个独立的法律规范;第 2 款包含 1 个法律规范,即规定行政相对人的国家赔偿请求权。③《行政许可法》第 38 条由 2 款构成,第 1 款表达 1 个法律规范,即"申请人的申请符合法定条件、标准的,行政机关应当依法作出准予行政许可的书面决定";第 2 款表达 2 个法律规范,分别是行政机关的说明理由义务和告知权利义务。(4)以刑法为例:《刑

① 与宪法和行政法形成鲜明对比的是,在刑法中常常会出现不同的构成要件与同一法效果相匹配的情况。

② 关于第 2 款第 1 句的性质,这里存在如下争议,即应当将该句视为第 1 款的规范内涵,还是独立的法律规范?《宪法》第 41 条第 1 款中规定的五种权利都属于积极性权利,即要求国家采取积极行为才能予以满足的权利。其中批评权和建议权属于比较弱的积极性权利,对于公民向国家机关及其工作人员提出的批评和建议,有关国家机关是否必须予以回应,常常处于不确定的状态,而且往往受制于程序性制度的安排。而其他三种权利则因其权利诉求的明确性与强烈性(即指向违法失职行为)因而具有直接要求有关国家机关予以回应的规范内涵,这种性质的权利一定包含"有关国家机关负有履行查清事实并予以处理的义务"这样的规范内涵。如果宪法权利本身必定包含国家的义务的话,那么,第 2 款第 1 句就是第 1 款中三个权利的组成部分,而不能被视为仅仅是有关国家机关之义务的法律规范。

③ 从《行政处罚法》第 6 条的规定看,有权提起国家赔偿请求的主体是因行政机关违法给予行政处罚受到损害的公民、法人或者其他组织,即行政相对人本身,而从《宪法》第 41 条第 3 款的规定看,有权提起国家赔偿请求的主体则是因国家机关和国家机关工作人员侵犯公民权利而受到损失的人。该款中所指的"人"显然不能简单地被视为仅包括权利受到侵害的公民本身。

法》第 116 条第 1 款包含 5 个法律规范（即与第 114 条相比较的情节较重情况的 5 种）；而第 2 款则包含 10 个法律规范（其中包括过失犯罪情节较重的 5 种与过失犯罪情节较轻的 5 种）。

有疑问的是，《立法法》第 48 条究竟表达的是 1 条法律规范，还是 2 条法律规范？笔者倾向于认为是 2 条，因为第 1 款是授权规范，其所确立的是全国人民代表大会常务委员会在立法中的某种特定法律地位，该授权本身并不是只有在满足第 2 款内容的情况下才能成立；第 2 款表达的是解释权在什么样的情形下可以行使的规范内涵，即当某种事实情况（构成要件）出现时，全国人大常委会可以行使解释权。从逻辑上看，这是 2 个独立的法律规范，尽管两者之间存在紧密的意义脉络关联，但是那是法律规范之间的关系问题。

事实上，不仅一个条文可以包含多个法律规范，而且作为条文之组成部分的款也可以包含多个法律规范。比如《宪法》第 4 条第 1 款即包含如下几个法律规范：（1）国家必须保障全国各民族一律平等；（2）国家应当保障各少数民族的合法的权利和利益；（3）国家应当维护和发展各民族的平等团结互助和谐关系；（4）国家禁止对任何民族的歧视和压迫行为；（5）国家禁止破坏民族团结和制造民族分裂的行为。这 5 个法律规范相互之间具有相对的独立性，但又存在非常紧密的脉络关联：（1）是总括性的规定，从原则上确定国家维护民族平等的义务，（2）至（5）则是从不同侧面对（1）的规范内涵阐释，其中（2）和（3）从正面以"命令"的形式确定国家的责任，而（4）和（5）则从反面以"禁令"的形式确定国家的责任。

三、只表达构成要件或构成要件的某些要素的法条

（一）作为构成要件的法条（款）

以民法为例：（1）《民法典》第 17 条第 1 款（年满 18 周岁的自然人为成年人）是第 18 条第 1 款的构成要件。《民法典》第 21 条第 2 款对"八周岁以上的未成年人不能辨认自己行为"的构成要件作出规定后，指示适用本条第 1 款的法效果（即此类自然人为无民事行为能力人，其法定代理人代理实施民事法律行为）。类似地，（2）《民法典》第 146 条第 2 款只是规定了"以虚假的意思表示隐藏的民事法律行为"这个事实构成，至于该行为的法效果（即其效力）如何，本款并未予以规定，只是指示"依照有关法律规定处理"。以刑法为例：《刑法》第 349 条第 2 款对缉毒人员或者其他国家机关工作人员所犯的"包庇毒品犯罪分子罪"的构成要件予以规

定后，没有直接确定该罪行的法效果，而是指示"依照前款的规定从重处罚"①。

（二）作为构成要件之组成部分的法条（款）

这种类型的法条在功能上只起到描述或界定构成要件部分内容的作用，这种作用有时是通过正面描述或界定构成要件的某个要素而实现的，有时是通过对事实构成之作用范围的限制而实现的，有时则通过描述例外情况而实现的。以民法为例：（1）《民法典》第15条对出生时间和死亡时间的规定，是该法第13条所表达的构成要件的组成部分。（2）《民法典》第17条第1款是第21条第1款、第22条、第24条第1款和第2款所确定的构成要件的组成部分。同样，第17条第2款（不满18周岁的自然人为未成年人）是第19条和第20条所确定的构成要件（8周岁以上的未成年人或者不满8周岁的未成年人）的组成部分。（3）《民法典》第450条是对第447条之构成要件"债权人已经合法占有的债务人的动产"的限制性规定，它将债权人可以合法留置财产（在留置财产为可分物的情况下）的价值确定为"相当于债务的金额"。也就是说，留置权产生的事实根据也受到法秩序的约束，非法占有并不产生留置权的法效果。② （4）《民法典》第16条所表达的构成要件可以被视为对第13条表达的一般意义上的构成要件的扩张，其起到了扩大第13条之法效果作用范围的作用。同理，《民法典》第18条第2款所表达的构成要件则是对第1款表达的构成要件的扩张。③ 以刑法为例：《刑法》第15条对"过失"内涵的界定，构成刑法分则规定的包括第115条第2款、第119条第2款、第124条第2款以及第369条第2款在内的所有过失犯罪之构成要件的组成部分，即表达此类犯罪构成的主观方面的具体内涵。

四、只表达法效果或者其中某些要素的法条

（一）作为法效果的法条（款）

《刑法》第115条第2款、第119条第2款、第369条第2款没有全面描述构成要件的内容（只是提到犯罪的主观方面），主要规定涉及各种过失

---

① 需要指出的是，本部分所引用的例证主要是法条中的款，不是严格意义上的完整的法条。

② 由此可见，事实构成并非立法者对自然事实的客观描述，它不仅对应法效果，同时仅仅事实构成本身也包含着立法者的某种价值判断。

③ 在理论上，还有一种处理方法，即将《民法典》第16条视为与第13条不同的法律规范，因为它们的构成要件毕竟是不同的。关于这个问题的理论分歧不会影响法律规范的适用与遵守。

犯罪的法效果。事实上，完全不提示构成要件的任何内容而直接规定法效果的立法例是不可能找得到的。

（二）作为法效果之组成部分的法条

通常情况下，作为法效果之组成部分的法条是以作为限制法效果之作用范围或详细界定法效果之内容的法条形式而出现的。以民法为例：《民法典》第 448 条、第 449 条以及第 450 条是对第 447 条规定的法效果（即债权人享有的留置已经合法占有的债务人的动产，并就该动产优先受偿的权利）之作用范围的限制；第 448 条将留置权限定在"与债权属于同一法律关系"的范围内，同时又将"企业之间留置"排除在这种限制之外，实现对留置权之作用范围进一步的限缩；第 449 条将"法律规定或者当事人约定不得留置的动产"排除在留置权的作用范围之外。以刑法为例：《刑法》第 47 条对有期徒刑刑期的计算与折抵的规定，是对刑法分则所有有期徒刑之法效果在内容上的详细界定，是刑法分则所有有期徒刑之法效果的组成部分。《刑法》第 49 条关于不适用死刑对象的规定是对刑法分则所有以死刑作为法效果的作用范围的限制性规定，是此一类法效果的组成部分。

五、对应关系中的某些特殊问题

（一）限制性条款的规范地位问题

一个一般性的限制性法条究竟是完整的法律规范的组成部分，还是其本身就是一条独立的完整的法律规范？这是一个不易解答的问题。有两种限制性条款，即内在限制性条款和外在限制性条款。它们在性质上是不一样的。内在限制体现了立法者对相互"冲突"或"竞争"的法益进行权衡之后作了选择或决定，限制性条款对某个法律规范的构成要件或者法效果的内容或作用范围作了某种修改，它们是法律规范的组成部分。外在限制则具有独立性，立法者只是提示，不同法益之间（可能）存在紧张关系，并因此提出协调它们之间关系的一般性指导方案。与其说设置这种条款的目的在于提出在具体"冲突"产生的情况下如何进行权衡的具体方案，倒不如说是为了作出如下揭示：法律体系内基本的法益间存在结构性关系。《宪法》第 33 条第 4 款规定："任何公民享有宪法和法律规定的权利，同时必须履行宪法和法律规定的义务。"该规范主要是对立法机关下达的指令，即立法机关不能制定只规定公民权利而不规定公民义务的法律。该规定只是抽象的、总括性的要求。其规范内涵应该如何展开，需要立法者在制定法律时弄清楚需要解决的社会问题是什么以及如何解决这些社会问题的基础上，才能作出相应的解释或答复。《宪法》第51条并不是所有基本权利条款的组成部分，它在一般意义上指明在法律体系内部公民个人权利的行使受到公共利益和其他公民权利的限制。它尤其表明，个人权利与公共利益之间的关系是任何法律体系的结构性关系。

（二）法条（款）中并列词语之间的关系问题

在一个法条（或法条中的一个条款）包含多个并列词语的情况下，应该如何判断这些并列使用的词语之间的逻辑关系呢？这涉及我们对一个法条（或条款）究竟包含一个规范还是多个规范的判断。比如，《宪法》第35条用4个词语以并列的方式表达"言论、出版、集会、结社"这4种行为。这4个词语相互之间虽然存在一定的关系，但总体而言，它们之间并不存在（完全的）包含与被包含的关系，4个词语表达的4种行为分别对应4个相互独立的权利。很显然，在这种情况下，一个看似简约的法条所表达的却是多个法律规范。与之形成鲜明对比的《民法典》第26条则不然，该条第1款中的"抚养、教育和保护"这3个词语各自所表达的意义并非处于并列关系上，"教育"与"保护"之义务应当被视为"抚养"义务的应有之义。同理，该条第2款中的"赡养、扶助和保护"之间的关系也是如此，"扶助"和"保护"应当是"赡养"之规范内涵的组成部分。

本部分对法律规范与法条之间对应关系的分析，既非周全，也不细致。这种分析的主要目的是，向法律案起草人提示，其所起草的法条是为准确地表达法律规范服务的，人们行动的标准是法条所表达的法律规范。因此，法律案起草人在起草任何一个法条时都必须慎重、反复地思考，该法条与指引行为的法律规范之间存在怎样的对应关系。

第四节　法条塑造中的一般问题

如果说，法律规范的结构是法律规范的构成形式，那么，法律规范的意图与意义则是法律规范的内容与实质。要顺利地起草法条，起草者就必须兼顾法律规范的内容与形式这两个方面。不同的法条虽然具有同样的外观，但其内容和功能不尽相同，其中，立法宗旨条款与原则性条款在整部法律中发挥着规范意义的统合和价值整合功能，属于法条塑造中的一般问题。另外，条旨理论对于具体法条的起草而言也具有重要的指导意义，所以放在本节一并予以讨论。

一、具有全局性调控功能的立法宗旨条款

从我国的立法实践看，一部法律（不包括宪法）经常将该法律的第1条设定为立法宗旨条款。^① 该条款是一部法律的灵魂或精神实质，是国家政策与法律之间的连接点。立法宗旨（或立法目的）就是国家政策目标最为直接的法律化表现形式；在法律内部，立法宗旨则是设定具体法条时必须贯彻落实的总体价值目标，凡是在内容或实质上与立法宗旨不相吻合或者相违背的法条均不具有立法上的妥当性和正当性。具体法条必须从立法宗旨那里分享该部法律的整体性意义，并因此最终确定自身存在的个别性意义。

每一部法律都有其需要追求或预定的特殊目的。虽然经验性地分析每一部法律的立法宗旨条款的内容与结构，对于理解和起草法律（草案）必定会有启发意义，但是，恰当地提出问题对于克服经验研究的盲目性则是非常必要的。很显然，立法宗旨条款对内（即对于特定法律内部的各种类型的具体法律规范而言）具有统合性或者整合性，对外（即对于法律体系内的其他法律而言）具有特殊性。我们假定，所有具有鲜明个性的立法宗旨条款，都包含某种共同的因素，否则无法解释为什么为数众多且内容各异的法律可以共同构成一个统一的法秩序。这个很有价值的假设来源于对宪法的正确理解，即宪法的存在保证了法律秩序的统一性。虽然具体法律直接表现为国家政策的法制转化形式，但是立法者必须在宪法之下行使其立法权力。^② 作为一部法律之灵魂的立法宗旨条款必须集中地体现立法者是如何结合国家政策将宪法予以具体化的，其在内容上要（整体性地）反映宪法的结构。宪法既确立国家权力秩序，也奠定基本的价值秩序。在国家组织法中，法律主要解决国家权力在政府（指大政府概念）不同分支之间如何分配与如何运行（权力行使程序）的问题。^③ 比如《全国人民代

---

① 也有少数例外，比如我国《企业所得税法》与《个人所得税法》就没有设定立法宗旨款。《民事诉讼法》在立法宗旨条款的设定方面也有些特殊，它将立法依据与立法宗旨用两个条款分别予以表述。从立法技术上看，这两个条款完全可以合并成一个条款，即"为了保护当事人行使诉讼权利，保证人民法院查明事实，分清是非，正确适用法律，及时审理民事案件，确认民事权利义务关系，制裁民事违法行为，保护当事人的合法权益，教育公民自觉遵守法律，维护社会秩序、经济秩序，保障社会主义建设事业顺利进行，根据宪法，制定本法"。

② 正如本书第二章第二节所指称的，国家政策也是执政党在宪法确立的国家权力秩序和价值秩序之下制定的，也必定在内容上反映宪法的基本构造。

③ 《立法法》只涉及特定权力（即立法权）在不同国家机关之间的分配问题，不涉及国家机关在法律上如何建构的问题，因此不是典型的国家组织法。这种类型的法律通常也不直接关注公共利益与公民权利之间的平衡问题。

表大会组织法》就是典型的代表。在价值秩序上，宪法主要包括两个方面的内容，即基本权利和公共利益。事实上，（除国家机关组织法之外）所有的法律都试图在这两种基本的价值之间寻求某种平衡。这个结论既具有理论假设的性质，也具有经验证明的性质。以调整行政机关与行政相对人之间法律关系的行政法侧重于保护公共利益，但是也试图保持其与公民权利之间的平衡。比如《行政许可法》《行政强制法》《行政处罚法》等典型的行政法在规定行政机关的管理权限的同时，也规定行政相对人享有为实现行政相对人的实体性权利所必需的程序性权利。这些法律都在立法宗旨条款明确，其试图通过调整行政权力与相对人权利之间关系的方式来平衡两种基本利益，即公共利益与私人利益之间的关系。民法一直被认为是调整平等主体的私人之间关系的法律，其在价值取向上侧重于保护公民的个人权利，但是无论从《民法典》的立法宗旨条款还是从其具体内容看，这部奠定市场经济秩序的基础性法律也没有因此忽视公共利益的保护问题。我国《刑法》也非常直接地明确了其立法宗旨，即通过打击犯罪，保护（如国家安全、公共秩序、经济秩序等不同形式的）公共利益和作为私人主体的公民、法人或者其他组织的合法权益。[①]2021年8月20日通过的《个人信息保护法》和《监察官法》也在立法宗旨条款方面展现了上述特点：前者试图在保护个人信息权益与促进个人信息合理利用（公共利益）之间平衡；而后者则试图在加强对监察官的管理和监督，保障监察官依法履行职责这种公共利益与维护监察官的合法权益（个人利益）之间作出平衡。任何个性化的法律都是宪法的具体化。因此法律体系的统一性因为立法宗旨各异的法律在内容上必须反映的宪法的要求而成为可能。

如果法律在规范意义上必须符合宪法，那么，"根据宪法，制定本法"就不能被视为立法宗旨条款之可有可无的内容。"根据宪法，制定本法"是保障社会主义法制统一的必要条件，是维护宪法权威的必然要求。宪法对法律的统合不单单是国家权力统合的问题，同时必须是基本价值观念和价值原理的认同和统合问题。任何试图否认在立法宗旨条款中标明"根据宪法，制定本法"之表述的主张，无论是在理论上还是在实践上都不具有妥当性和正当性。

---

① 笔者认为，《刑法》的立法宗旨应当是第1条和第2条的结合。第2条规定的刑法的任务是对第1条保护人民之内涵的展开。无论是维护公共利益还是保护私人利益，其目的最终都是保护人民。从立法技术上看，在所有规定立法宗旨条款的法律中，《刑法》是最为特别的。

二、具有局部性价值整合功能的原则性法条

中华人民共和国成立以来,尤其是改革开放以来的立法实践表明,一部法律在确定立法宗旨条款之后,常常(并非必然)紧接着用数个条文确定(多个)法律原则的内容。① 至于这些原则来源于何处以及为什么要在实在法中予以规定,立法机关从未努力作出说明,它在理论上也是一个不易解答的问题。总体而言,人们倾向于认为,法律原则是在长期的法律实践的基础上对具有相同或近似价值取向的具体规范进行概括、总结的结果。因此,法律原则往往带有很强的经验总结色彩。② 这在私法领域体现得比较充分。在公法领域,尤其是立宪主义以来,宪法对一般法律的辐射作用已经变得越来越突出,这些影响势必延伸到一部法律中的法律原则上。在这种情况下,法律原则给人一种并非总是经验总结的结果,而是宪法"给予"的印象。诚然,宪法的这种作用方式也体现在私法上面。因此,在立宪时代,很难说法律原则都是经验总结的结果,它们往往是在经验总结与宪法价值原则在一般法律中的具体化要求这两种因素综合作用下形成的特殊规范现象。

(作为整体的)法律原则的功能如何,这个问题需要从其与立法宗旨以及具体法条(准确地说应当是具体规范)之间的关系中才能得到说明。如果说,立法宗旨是一部法律的灵魂,那么,(多个)法律原则相互作用且作为整体共同建构起整部法律的框架。在法律原则与具体法律规范的关系中,每一个法律原则所表达的价值诉求或价值理念,都需要该法律中的一部分法律规范根据其特殊的构成要件与法效果将之具体化。法律原则是整部法律中所有具有相同价值诉求的具体规范的"统领者",对于具体规范而言,法律原则具有立法与法律适用(或实施)的双重规范功能。相应地,每一个具有相同价值诉求的法律规范都以自己特殊的方式来表现法律原则的内容,它们是法律原则的"贯彻者"和"实现者"。正是在这种脉络关联中,每一个法律原则都具有局部整合和调控的功能,这是规范秩序得以

---

① 以我国《民法典》与《德国民法典》对比看,前者在第1条立法宗旨条款之后,即用7个法条分别表述合法权益受法律保护原则、民事主体法律地位平等原则、自愿原则、公平原则、诚实信用原则、公序良俗原则、节约资源、保护生态环境原则。后者第1条则直接规定民事主体权利能力,即"人的权利能力,始于出生的完成"。该法典既没有规定立法宗旨,也没有明示法律原则。诚然,这并不意味着《德国民法典》并不包含立法宗旨和法律原则等实质性内容。

② 立法者很少去规定什么法律原则,而是将在观念上和经验上已经广为接受的原则用法条的形式表现出来。这些法条在一部法律中具有比较特殊和比较重要的地位。这种特殊性和重要性表现在法律原则与立法宗旨和具体法条之间的关系上。

形成的重要契机。①

　　法律原则与立法宗旨之间的关系并没有初步看上去那样简单明了。一方面,法律原则是实现立法宗旨的手段。这种手段在何种意义上都是必需的,在理论上实无定论。在法教义学(如德国)或者法解释学(如美国)比较发达的国家,其制定法通常不明文规定法律原则,这些法律并不因此而被认为在逻辑上有欠缺,在体系上不完整。这主要是因为法律原则已经在法教义学、司法判例或者权威学说中得到详细的阐述,并在立法、司法或者执法活动中得到广泛的认可和运用。在这种背景下,法律原则没有"规定"在制定法中不能视为一种"缺陷"。在中国,法教义学或法解释学虽然得到一定程度的发展,但是有限的(教义性或解释性)成果在法治实践中并没有像欧美法治成熟国家那样得到广泛的认可和运用。这也许就是我国更为热衷于在制定法中确定法律原则的主要原因。在这种情况下,立法宗旨的实现则更需要有一个明确的(整体性)实施方案,由多个原则构成的有机整体就是这个实施方案的具体形式。法律原则成为建构整部法典的一个不容忽视的环节。另一方面,由于法律原则是实践经验和宪法价值综合作用的结果,其作为手段具有稳定性和不容随意替换性。从某种意义上说,法律原则对立法宗旨也具有制约作用,是实现立法宗旨不能任意选择的手段。在构成法典的三种类型的法条即立法宗旨条款、原则性法条和具体法条之间存在如下关系:具体法条以或单独或组合的方式实现立法宗旨,且应当以符合法律原则的方式实现立法宗旨。

三、作为法条起草之操作指南的条旨

　　如果说所有的法条都必须以立法宗旨条款为其价值导向的话,那么一个具体的法条也必须通过确立其特殊的价值和功能的方式才能获得该法条与立法宗旨之间的联系性。诚如上文所言,在我国立法实践中,具体法条(通常)还需要法律原则的分类统合才能更为明确地显现其与立法宗旨间的联系性。法条或表达(一个或多个)完整的法律规范,或表达法律规范的构成要件或法效果,它们与立法宗旨之间的联系性有时比较直接,有时则比较间接。但无论如何,起草者在塑造法条时,心中都存在一种指引

---

　　① 在立法实践中,具体法律规范与法律原则之间的对应性并非如理论分析的那样严谨,有些法律规范可能回应多个法律原则的要求。比如《立法法》第 39 条规定,听取意见可以采取座谈会、论证会和听证会形式。这些形式既可以用以获得民意性信息,以回应民主立法原则的要求,也可以用来获得事实性信息,以回应科学立法原则的要求。陈玉山:《立法质量的程序控制:以信息输入为视点的考察》,载《浙江学刊》2019 年第 6 期。

自己工作的观念，这个观念就是条旨。所谓条旨，是指每一个法条存在的意义或者所想要实现的功能。对于起草者而言，在起草法条之前，他必须弄清楚，为什么要起草这个法条。每一个法条虽具有相对独立的意义，但它是整部法律的组成部分，必然受到法律所承载的整体价值诉求的指导和限制。法条仅为整体中的个体，因而它总是致力于表达整体之中的部分意义。①

条旨作为指导起草者撰写具体法条的工作指南，是一种先于具体法条而存在的思想或观念。从形式上看，它不是法条的必要组成部分，而是（立法当时）起草者对法条的意义或者功能的理解，充其量只能被视为理解法条之立法原义的重要参考资料。② 从技术意义上看，条旨可以分为两种类型，即意义性条旨和功能性条旨。意义性条旨是指能够完整地表达法律规范之意图（或者立法者之评价标准）的条旨。③ 根据上文关于法条与法律规范之间对应关系的论述可知：在一部法律中，只有部分法条完整地表达了（一个或多个）法律规范的内容。从起草的顺序看，起草者应当在不同的评价标准的指引下，先起草表达完整法律规范的法条。在一个法条无法完整地表达法律规范的内容时，才考虑用多个法条以组合的方式来表达完整的法律规范。这些只规定完整法律规范之部分内容的法条是在功能性条旨的指引下起草的。功能性条旨就是指明法条在法律规范中的作用的条旨。从类型上看，它主要包括描述构成要件或者规定法效果的条旨这两种基本的类型。其他更细层次上的条旨要么从属于构成要件，表达其中的某个要素；要么从属于法效果，表达法效果中的某个要素。

第五节　法条塑造中的细节问题

在法条塑造过程中，除了前文论及的具有宏观规范意义的立法宗旨条款和原则性条款外，法律案起草者总是需要花费大量的精力研究如何起草表现法律规范（全部或部分内容）的具体法条。这些法条要么表达完整的

---

① 每一个法条的意义既是明晰的，也是局部的或片面的。它总是与其他法条的联系性中，即相互限定中才得到更为全面的理解和说明。

② 起草者在具体法条中所表达的意义在法律案的审议过程中，既有可能被立法机关接受，也可能被立法机关否定，还有可能被立法机关修改。因此，条旨在法条起草过程中只起到导引作用，不能将其与生效法律中具体法条的条旨或者法律规范的意义等同视之。

③ 比如，当立法者规定，将有害物质导入水域者，对受害者负损害赔偿责任。该规定表达了立法者的两个目的：其一，立法者希望借此使受害者事实上获得赔偿；其二，立法者希望通过高额的损害赔偿义务对潜在的违法者构成威吓作用。[德]卡尔·拉伦茨：《法学方法论》，陈爱娥译，商务印书馆 2005 年版，第 134 页。

法律规范的内容,要么表达法律规范的构成要件(或者构成要件的某些要素),要么表达法律规范的另一组成部分即法效果。要在有限的篇幅内全面地探讨具体法条塑造涉及极其广泛的内容的所有细节性问题,既无必要也不可能。是故,择其要者(比如主体与构成要件)深入剖析似乎要比"漫天撒网"来得更有成效。

一、作为作用对象的法律主体

在需要法律规范予以调整的对象中,最为常见且最为重要的当属行为。只要一讨论行为,就不能回避谁的行为,即行为主体问题。如果说,当构成要件以行为作为内容时,那么,它总是包含着行为主体的要素;如果构成要件并非以行为而是以事态作为内容时,那么,构成要件中就未必包含主体的要素。比如,作为事件的人的出生或死亡,就包含着主体要素,而作为状态的自然灾害或者疾病的传播则不包含主体要素。[①] 但是与作为事态的构成要件联系在一起的法效果是否总是包含主体(未必总是行为主体)要素呢? 从法律规范的结构看,能够引起法效果的并非都是人的行为(尽管不可否认,法律规范予以调整的主要对象是人的行为),即便在构成要件不涉及主体的情况下,其法效果总是指向某种主体的资格(即概括性的法律地位)或者具体的权利或者义务(即具体的法律地位)。因此,从形式逻辑的角度看,法律规范的作用对象(即主体要素)要么仅仅包含在法效果中,要么同时包含在构成要件和法效果中。[②] 无论如何,法律规范最终都是指向人或者(人格化的)组织,即法律主体。为了准确地在法条中表现主体要素,起草者需要把握以下几个方面的问题。

(一)主体资格的产生

主体在法律上的资格是法律规定的结果。如果我们将立宪者和立法者视为人格化的主体,那么也可以将法律上的主体资格视为立宪者或者立法者之确认(或规定)行为的结果。主体资格是自然人或者组织(包括公法组织和私法组织)成为法律规范主体的能力。主体资格是自然人或者组

---

① 如果所谓的"自然灾害"或者"疾病的传播"事实上是人的行为造成的,那么,法律规范的构成要件就不是事态,而是行为。

② 我国法理学界用法律规范的调整对象来指称法律主体,很少使用法律规范的作用对象这一概念。出于精细化研究的考虑,笔者认为很有必要对这两个概念进行区分:(1)法律规范的调整对象是构成要件所表达的内容,既可以是行为,也可以是事件或状态。当调整对象是行为时,它就包含着主体要素;当调整对象是事件或状态时,它既可能包含也可能不包含主体要素。(2)法律规范的作用对象是法律规范赋予法效果的对象,这个对象要么是人,要么是(被人格化的)组织。规范通过对行为、事件或状态的调整,以达到某种最终作用于主体的规范性目的。

织在法律上的概括性或抽象性法律地位,是主体在法律上享有权利和承担义务(包括承担责任)的前提条件,主体在法律上的具体权利和义务是主体资格在法律上的运用和展开,它们可以用来说明主体资格的存在,但主体资格不是具体的权利和义务。比如,自然人在法律上有缔结契约的资格(能力),这并非指自然人在法律上有缔结契约的权利或义务,因为这种权利和义务是没有指向性的。自然人在缔结契约之后,才能取得法律权利和法律义务。主体资格不仅包含主体为合法行为的能力,也包括主体为不法行为的能力。在后者的情况下,我们同样不能说主体有从事不法行为的权利或义务。① 只有在后者情况下,我们才能理解为什么只有具备主体资格的人才可以成为刑法上的犯罪主体。

作为公法组织,其主体资格与私法主体资格在性质上并无二致。例如,《监督法》第 2 条规定,各级人民代表大会常务委员会依据宪法和有关法律的规定,行使监督职权。该条是对各级人民代表大会常务委员会在监督事务上的主体资格的规定。② 学界一般习惯于将该条中的"职权"一词解释为"权利(权力)和义务"或者"权利(权力)和责任"。这种理解显然是不准确的。本条中的"职权"只能做"资格"或者"权能"理解。如果做权利或者义务理解,那么,必须说明当其权利(权力)受到侵犯时,该如何救济以及当其不履行义务时,谁来追究其责任的问题。资格规范并不是直接表达权利或义务的规范,而是决定权利规范或义务规范得以产生的规范。资格是一个引而不发的原点,包含法律秩序可以承认的所有可能性。资格是对主体法律地位的概括性认定。至于该主体在特定的法律秩序中具有什么样的权利和义务,则需要立法者根据具体情况予以展开。

(二)主体的类型

起草者在起草法条时,需要考虑清楚,法律规范的作用对象(即法律主体)属于何种类型。

1.一般主体与特定主体

一般主体是指有可能参与所有法律关系的法律主体。最为一般意义上的法律主体是"自然人"。从文本上看,我国《民法典》明确使用它来表

---

① 凯尔森在资格与权利或义务之间作出明确的界分,这对于我们理解资格的独特性及其在法律中的作用,的确有很强的启发意义。[奥]凯尔森:《法与国家的一般理论》,沈宗灵译,中国大百科全书出版社 1996 年版,第 101 页。

② 《宪法》第 67 条第 2 款第(五)项与第(六)项、第 73 条、第 92 条、第 104 条、第 110 条第 1 款、第 126 条、第 133 条和第 168 条等条款都是《监督法》制定的宪法依据,同时也是各级人民代表大会常务委员会的监督资格的宪法依据。

示最一般意义上的民事主体。我国《宪法》则没有使用"自然人"用语，而是使用"公民"指称宪法法律关系的主体。如果说，"自然人是指任何活着的生物人而不论健康状况、种族和其他方面的特征如何"①，那么，它在范围上要大于公民，它是一个国家的法秩序可以涵盖的所有人。②《宪法》所定义的公民是凡具有中华人民共和国国籍的人。公民中不包括外国人。公民是我国宪法上的基本权利主体和基本义务主体。与公民不同，外国人属于特定类型的主体，只能成为我国宪法上的部分权利和义务的主体，而且这种法律地位还要受到外国人的母国（国籍国）与中国之间在外交上的对等关系的限制。从总体上看，《刑法》中的犯罪主体也带有普遍性，是指所有触犯我国刑法的人，其在范围上要小于《民法典》上的自然人和《宪法》上的公民。这主要是因为犯罪主体（资格）受到年龄和精神条件的严格限制。③

除宪法、民法和刑法等法律上的主体具有一般性之外，法律体系中还有数量可观的用以规范特定类型主体的法律。比如《公务员法》《法官法》《检察官法》《监察官法》《律师法》《教师法》《执业医师法》等法律的作用对象则主要是各种各样的特定类型的主体。这种类型主体的划分常常以职业为依据，以这种类型的主体为作用对象的法律主要是为了确定主体的法律地位及其行为规范。也有些法律（主要是行政法规）以特定行为（一般是立法者认为需要管理或者处罚的行为）为依据来界定主体身份，比如《城市流浪乞讨人员收容遣送方法》④与《卖淫嫖娼人员收容教育办法》⑤都以人的行为（乞讨、流浪行为；卖淫、嫖娼行为）为标准来界定主体（乞讨流浪人员；卖淫嫖娼人员），进而实现对特定主体进行区别对待。立法者在以通过特定行为来界定主体的方式来起草法律时，需要非常谨慎，因为针对某类主体而不是某种行为进行区别对待，容易诱发（涉嫌违反平等原则和平等权利的）宪法性争议。从立法技术意义上看，当某种危害社会管理或者社会秩序的行为出现时，应当首先考虑如何在现有的法律框架内予

---

① [德]汉斯·J.沃尔夫、奥托·巴霍夫、罗尔夫·施托贝尔：《行政法》，高家伟译，商务印书馆2002年版，第377页。

② 笔者认为，用"自然人"指称最一般意义上的人的确容易产生歧义。法律上所承认的人并非只具有生物学属性的"自然之人"，而是具有人格属性的"社会之人"。我国《民法典》使用自然人的概念，但并没有对其进行界定，只是宣称自然人具有民事主体资格。

③ 《刑法》中的有些犯罪主体属于特别类型主体，如渎职类的犯罪主体只能是国家公职人员。

④ 2003年，孙志刚事件发生后引起极大的社会反响，由于该行政法规与《宪法》和《立法法》相抵触，2003年6月22日，根据国务院令第381号，公布了《城市生活无着的流浪乞讨人员救助管理办法》，该法规就此废止。

⑤ 2020年4月2日，根据国务院令（第726号），对《卖淫嫖娼人员收容教育办法》予以废止。

以调整,或者针对特定行为而尽量避免针对特定主体的专项立法。

2. 公法主体与私法主体

公法是指调整作为国家的成员(即国民)与人格化的国家或者代表国家行使不同权力的国家机关之间关系的法律。[①] 在宪法关系中,公法主体是指公民和国家或者国家机关;在立法法律关系中,公法主体是指立法机关与不同类型的立法活动参与主体(包括个人和组织);在行政法律关系中,公法主体是指行政机关和行政相对人(包括个人和组织);在监察法律关系中,公法主体是指国家监察机关和作为监察对象的国家公职人员;在诉讼法律关系中,公法主体是指司法机关和诉讼参加人。在公法法律关系中,行使国家权力的国家机关与作为国家权力之作用对象的主体(在不同的法律关系中称谓不同)在法律地位上是不平等的。[②] 但是,这两类主体又因各自具有相对于对方的独立法律地位,因而形成彼此间的对等法律关系。具体而言,在公法关系中,作为国家权力作用对象的主体并非总是处于只能履行义务的被动地位,而是同时享有一系列针对国家机关的消极权利和积极权利的主体。通过行使具有法律技术意义上的权利[③],作为国家权力之作用对象的主体有能力维护自身的合法权益。处于垂直法律关系中的非国家权力一方,之所以被视为主体,而不是国家权力的客体,是因为现代宪法所确立的国家权力秩序和基本的价值秩序,即现代法治的基本结构所决定的。

私法是指用来调整自然人或者组织之间民事关系的法律。在现实生活中,自然人之间、自然人与组织之间以及组织之间,在实力对比关系上往往是不平等的。这种现实的不平等丝毫不亚于国家机关与作为国家权力之作用对象的主体之间在事实上的不平等。私法在界定私法主体资格时特别强调主体之间的平等性。这种平等地位是法律赋予民事主体的地位,它要求民事主体必须以平等的身份处理他们之间的民事事务。这种规范意义上的平等要求必须以自愿原则(意思自治原则)作为"手段"才能实现。如果公法主体间的不平等是由意志的不平等决定的,那么私法主体间

---

① 国家组织法是公法中的一种类型,它主要用以确立公法组织(国家机关)的法律地位以及它们之间的相互关系。这种性质的法律一般不涉及公法组织与公民之间的关系。

② 笔者认为,公法关系中的国家机关与作为国家权力作用对象的主体之间的不平等性,不是源于两者在实力上的不平等,而是在意志上的不平等。国家机关在规范意义上是公共利益的代表者和维护者,可以将维护公共利益的意志强加于与其处于对等地位的主体并因此单方面作出决定,而不是与其协商一致后才能作出决定。

③ 所谓法律技术意义上的权利是指受到侵犯时可以通过法律自身设置的制度性装置获得救济的权利。

的平等则是由自由意志决定的。[①]

3. 权利主体、义务主体和责任主体

从法效果的角度，主体可以分为权利主体、义务主体和责任主体。法律除了在一般意义上确认人的主体资格（法律能力）之外，将更多注意力放在具有行为能力的主体（即行为主体）上面。行为主体必须是其本身能够了解法律并能够表达其意志的人。因此，法律主体通过其行为和其他主体产生法律关系，享有权利或者承担义务，都必须以主体具备行为能力为前提。否则，主体的行为在一般意义上是不具有法律效力的。[②] 我国《民法典》和《刑法》在制度设计上都充分地体现了这一点。[③] 如果说，权利主体是其本身具有独立利益的人，是指所有的人（既包括有行为能力的人，也包括无行为能力的人）[④]，那么，任何法律上的义务主体都必须具备行为能力。行为能力是立法者对行为主体在法律上的地位的确认，它与人的实际行为能力是不同的概念。一个不满 8 周岁的人可能事实上完全具备实施民事行为的能力，但是，立法者并不承认其在民法上具有行为能力。同理，一个不满 12 周岁的人可能具备实施严重危害社会的行为能力，但是，立法者并不承认其在刑法上具有行为能力。

责任主体是指违反法律义务而应当承担一定法律责任的人，是不法行为的实施者。由于法律责任必须以法律义务的存在为前提，而能够承担法律义务的人必须具备法律行为能力，所以，所有的责任主体也必须具备法律行为能力。民法上的民事责任、行政法上的行政（法）责任和刑法上的刑事责任都以主体的行为能力为前提条件。责任主体在本质上是一种特定类型的义务主体，因为法律责任规范在结构上与法律义务规范是一样的。任何一个责任规范都可以以一个义务规范的形式表现出来。比如，对《刑法》第 102 条进行法律责任式的描述应当是：凡是实施勾结外国，危害中华人民共和国的主权、领土完整和安全的行为的人，都应当承担无期徒刑或者 10 年以上有期徒刑的法律责任。如果用义务性规范对其进行表述，则为：凡是实施勾结外国，危害中华人民共和国的主权、领土完整和安全的行为的人，都应当履行无期徒刑或者 10 年以上有期徒刑的法律义务。

---

① 意志是否独立和自由是区分公法主体与私法主体的重要标准，而不是唯一的标准。

② 我国《民法典》在比较特定的范围内承认没有民事行为能力的人可以取得民事权利。

③ 《民法典》第 20 条规定，不满 8 周岁的未成年人为无民事行为能力人；《刑法》第 17 条规定，不满 12 周岁的人不承担刑事责任。这就是说，不满 12 周岁的人在刑法上不具有刑事行为能力，因而也就必然不具有刑事责任能力。

④ [德]汉斯·J.沃尔夫、奥托·巴霍夫、罗尔夫·施托贝尔：《行政法》，高家伟译，商务印书馆 2002 年版，第 375 页。

有问题的是，主体实施违反义务的行为是不是认定责任主体的充分条件？或者说，除了存在违反义务的行为事实外，行为主体的主观精神状况是不是认定责任主体的必要条件？这里存在两种观点：一种观点认为，主体在主观上有过错是一个独立的条件，它与主体实施不法行为这个事实结合在一起，才能导致主体的法律责任。因此，法律责任规范的构成要件则由实施不法行为与行为主体的主观精神状态这两个部分组成。另外一种观点认为，认定一个主体是否实施了不法行为，必须从实施行为的事实与行为主体的主观精神状态这两个方面进行。也就是说，主体的主观精神状态是不法行为成立的必要条件，是实施不法行为的主观要素。在这种情况下，法律责任规范的构成要件只是"实施不法行为的事实"。主体的主观精神状态已经被内化为实施不法行为的内在因素，意即没有主观过错的行为哪怕造成了侵犯他人合法权益或者损害公共利益的后果，那也不能被视为不法行为，因而也不能承担法律责任。主观精神状态不是与构成要件并列存在的东西。一般认为，人在从事法律行为时的主观精神状态主要有两种类型，即故意和过失。故意是一种典型的主观精神状态。它既可能是恶意的，也可能是善意的。[①] 不能将故意造成法律所禁止的法律后果完全地理解为恶意支配下的行为后果。过失常常被视为人的主观精神状态的另外一种典型形式。根据凯尔森的观点，过失不具有像故意那样相对独立于行为的特性，过失就是过失行为本身，就是不法行为本身。[②] 因为过失一旦产生，过失行为就已经产生。[③] 而故意则不同，它是主体采取行为之前或当时的一种精神状态，它有时还与直接侵害行为之前的其他行为（如准备行为、策划行为、组织行为）相结合。

（三）法律主体的界定方法

对于起草者而言，无论法律草案涉及的主体是一般主体还是特定类型主体，他都有必要以法条的形式对主体进行界定，因为这是准确地理解和适用法律的关键所在。从立法实践看，我国主要通过以下几种方式来界定主体：

---

① 因善意的故意造成的后果，在法律上的意义并非都是一样的。有的由法律规定必须承担法律责任，有的则不承担法律责任。比如，儿子为了免除身患绝症的父亲的痛苦，给其服用超量的安眠药致其死亡。儿子的行为虽然是善意的，却需要承担法律责任。刑法并没有因为主体的行为是善意的，就不将该行为视为犯罪行为。相较之下，《民法典》第184条则采取相反的立场，它规定自愿实施紧急救助造成受助人损害的人，不承担民事责任。

② 我国刑法理论将过失分为疏忽大意的过失与过于自信的过失。而凯尔森则用"疏忽"一词表示过失。[奥]凯尔森：《法与国家的一般理论》，沈宗灵译，中国大百科全书出版社1996年版，第74~75页。

③ 从我国《刑法》第14条和第15条关于"故意"和"过失"这两个概念的对比看，前者是对一种客观存在的精神状态的描述，而后者则不同，它是对一种应然精神状态的违反。

1. 以特定的事实构成来界定主体

比如,《宪法》第33条第1款以"获得中国国籍"这个事实构成来界定公民身份;《行政处罚法》第3条以实施"违反行政管理秩序的行为"这个事实构成来界定行政处罚相对人(尽管《行政处罚法》并没有使用行政处罚相对人的概念),即作为被行政处罚主体的"公民、法人或者其他组织";《个人所得税法》第1条以"居所"或者"居住期限"与"从中国境内和境外或者从中国境内取得所得"这两个事实的组合来分别界定"居民个人"和"非居民个人",最终完成对"个人"的界定。[1] 在这种情况下,主体(资格)可以被视为事实构成的法效果。这种界定方法所遵循的内在逻辑是:只要符合某种事实构成的人就是本法所指的主体。这种方式通常适用于对一般主体的界定。

2. 通过界定主体行为间接地界定主体

比如《刑法》没有直接对犯罪主体下定义,而是通过第13条对犯罪概念的界定,从而间接地实现了对犯罪主体的界定,即犯罪主体就是实行犯罪的人。

3. 以列举与下定义相结合的方式界定主体

比如《监察官法》第3条第2款第1项至第3项对检察官的类型进行列举,而第4项看似兜底条款,实则为定义性条款,它将监察官定义为"依法行使监察权的监察机构中的监察人员"。这个定义存在的问题是:监察人员的概念作为界定监察官概念的基础性概念,其本身也是需要界定清楚的。监察人员是否既包括行使监察权的工作人员,也包括不行使监察权的工作人员(比如也在监察机关或者监察机构里工作,但只是作为行使监察权的工作人员的助手或辅助人员)?如果检察官是指行使监察权的工作人员,而监察人员也是指行使监察权的工作人员,那么,这个界定就等于说,监察官与监察人员是相同的概念,监察官就是行使监察权的监察人员,与监察官就是行使监察权的监察官,这两者并无不同。与《监察官法》相类似,《法官法》和《检察官法》也均采用下定义和列举相结合的方式来界定法官和检察官的概念。[2]

---

[1] 《个人所得税法》第1条规定,在中国境内有住所,或者无住所而一个纳税年度内在中国境内居住累计满183天的个人,为居民个人。居民个人从中国境内和境外取得的所得,依照本法规定缴纳个人所得税。在中国境内无住所又不居住,或者无住所而一个纳税年度内在中国境内居住累计不满183天的个人,为非居民个人。非居民个人从中国境内取得的所得,依照本法规定缴纳个人所得税。

[2] 与"监察人员"的概念相比,"审判人员"和"检察人员"的含义则比较特定,是可以与"法官"和"检察官"相同的概念。主体的特定性与主体的权限范围以及主体和相关人员之间的界限是否清晰有关。

二、作为调整对象的构成要件

构成要件是对事实的描述，这种事实并不等同于现实生活中实际发生的具体事实，而是起草者从大量具有相同特征的具体事实中抽象、概括出来的"一般事实"。当具体事实包含一般事实的所有特征时，它在逻辑上可以有效地涵摄于一般事实之下；而一般事实只是满足于描述具体事实的部分特征，总是舍弃被保留的部分特征之外的其他特征，因此，一般事实是立法者建构的结果，它总是反映立法者认为什么是重要的以及什么是可以被忽略的。构思与起草构成要件是一种极富创见性的专业活动，是法条塑造中最具挑战性的关键环节。

构成要件包括两种基本的类型，即行为与事态。一部法律既可能涉及对事态，也可能不涉及对事态的调整。但是每一部法律都不可能不涉及对行为的调整。因此，什么样的典型行为需要调整则是起草者在起草法律时需要始终萦绕于心的"细节性"大事。对需要调整的社会行为进行准确的定位，并将之抽象为若干个相互之间既存在意义脉络上的关联，同时又界限分明的构成要件，这是贯彻科学立法原则——尤其是实现立法的针对性目标与提高立法质量——最为要紧的技术性环节。在思考什么样的行为需要调整时，实际上这种思考中已经包含（也必须包含）起草者对该行为的法律意义的定位。没有这种意义作为指引，起草者是不可能完成对"芜杂多样的"具体行为进行类型化抽象概括的任务的。因此，只有根据法效果的类型才能对如何起草构成要件进行一般性的讨论。从法效果的类型可以倒推出作为构成要件的行为类型。

（一）能够产生权利的行为

虽然主体在法律上享有的一般性权利（地位或资格）主要来源于法律的确认（承认），但是这种一般性权利通常情况下只具有静态意义和消极意义，其动态意义和积极意义只有其在不同类型的法律关系中得以具体化后才能显现出来，才能（在法律上和事实上）起到调整具体的法律关系，解决社会问题的作用。因此，法律案起草人需要特别关注，在特定的社会领域，某种权利（法效果）究竟是由什么样的行为（构成要件）导致或引起的。比如，根据《民法典》第 394 条的规定，债务人不履行到期债务的行为，是导致或产生债权人对作为担保物的财产行使优先受偿权的构成要件；同样，根据《民法典》第 597 条的规定，出卖人未取得处分权致使标的物所有权不能转移的行为，是导致或产生买受人合同解除权以及违约责任请求权的构成要件。根据《个人信息保护法》第47条的规定,个人信息处理者停止提供产品或者服务的行为,或者个人撤回同意的行为;或者个人信息处理者违反法律、行政法规或者违反约定处理个人信息的行为,是导致或者产生个人信息拥有者信息删除请求权的构成要件。[①]

为了增强立法的针对性,法律案起草人需要思考,赋予主体某种权利是为了解决什么样的社会问题。在特定的法律关系中(比如买卖关系中),一方享有的权利总是为了应对对方的不法行为或者违约行为。因此,可以将产生对应性权利的行为(构成要件)在理论上概括为"违反义务的行为"。上述立法例基本上符合这种思路。不过,需要检讨的是,上文提及的《个人信息保护法》第47条第2款第3项规定的"个人撤回同意"的行为是产生个人信息处理者信息删除义务的根据,并非信息删除请求权的产生根据,个人信息处理者不履行删除义务才是个人信息拥有者信息删除请求权的产生根据。个人信息拥有者"撤回同意"的权利性行为本身是不可能直接产生其信息删除请求权的。因此,该条第3项的准确表述应当为"个人撤回同意后,个人信息处理者没有删除信息"。权利产生的根据应当为义务人没有履行其约定或法定的义务。

(二)能够产生义务的行为

以维护公共利益为目的的客观法是法律主体之法律义务产生的重要根据之一。比如,《民法典》第8条和第9条以原则性条款的形式规定,民事主体从事民事活动有不得违反法律、违背公序良俗的(消极)义务以及节约资源和保护生态环境的(积极)义务。这种性质的义务直接来源于以维护公共利益为目的的客观法。它在行政法领域普遍存在。比如,根据《行政强制法》第2条第1款以及第3条第2款的规定,行政机关所负有的对公民的人身自由实施暂时性限制,或者对公民、法人或者其他组织的财物实施暂时性控制的法律义务来源于"制止违法行为、防止证据损毁、避免危害发生、控制危险扩大等情形"的需要,即维护公共利益的需要。类似的是,《个人信息保护法》第51条规定个人信息处理者负有依法采取措施处理个人信息的义务。显然,本条并非针对某种(行为)构成要件而设定的义务,而是针对个人信息的处理目的、处理方式、个人信息的种类以及对个人权益的影响、可能存在的安全风险等客观事实而设定个人信息处理者的义务。针对违反这种义务的行为,行政机关(国家网信部门)有权追

---

① 根据《个人信息保护法》第47条的规定,除行为之外,导致信息删除请求权的构成要件还包括"处理目的已实现、无法实现或者为实现处理目的不再必要"的事实,以及法律、行政法规规定的其他非行为性情形。

究个人信息处理者的法律责任。但是，个人信息主体没有因个人信息处理者违反这种义务而要求其予以纠正的。

　　法律关系中相对人的权利性行为是法律主体之法律义务的另一个重要来源。[①] 这种性质的法律义务反映法律关系双方之间的对等关系，即法律关系的双方可以凭借自身的法律地位制约对方。比如，根据《民法典》第 136 条第 2 款的规定，未经对方同意，行为人不得擅自变更或者解除民事法律行为。在该法律规范中，"同意"即一种权利性的意思表示行为（即以维护其合法权益为目的的行为，在特殊情况下也可以是向对方表示愿意放弃其合法权益的行为）。未经同意是产生行为人不得擅自变更或者解除民事法律行为之消极义务的原因。根据《个人信息保护法》第 45 条第 2 款的规定，个人信息处理者及时提供个人信息的义务产生于个人信息主体请求查阅、复制其个人信息的行为，这是由个人信息主体的请求行为引起的个人信息处理者的配合义务。个人信息主体请求查阅、复制其个人信息的行为是一种权利性行为，其目的是维护其在个人信息保护方面的合法权益。

　　（三）能够产生法律责任的行为

　　法律义务既可以以某种事态作为其构成要件，也可以以行为作为其构成要件，但是，法律责任在一般情况下以行为作为其构成要件。对危害社会的行为人进行处罚，即在法律规范上赋予某种行为（构成要件）以惩罚为内容的法效果，是法律案起草人起草法律责任规范时应当遵循的一般原理。依凯尔森之见，法律责任就是一个人因违反义务的行为（即不法行为）而应当受到的制裁。[②] 因此，违反法律义务的行为是法律责任规范的构成要件。在这种规范内，法律责任的主体与法律义务的主体是一致的。根据上文所述，法律主体的法律义务有两个基本的来源，即（以维护公共利益为目的的）客观法和（以维护个人合法权益为目的的）权利性行为。因此，可以将违反法律义务而应当承担法律责任的行为区分为违反客观法的行为与侵犯他人合法权益的行为。

---

　　① 所谓权利性行为是指法律关系的一方为维护自身的合法权益而实施的行为，这种行为虽然表现为一种事实，但是有其合法根据。法律关系的另一方的法律义务（法效果）经常以对方的权利性行为作为其构成要件，也就是说，在特定的法律关系中，一方的法律义务来源于对方的权利性行为。

　　② ［奥］凯尔森：《法与国家的一般理论》，沈宗灵译，中国大百科全书出版社 1996 年版，第 73 页。

1. 因违反客观法而承担法律责任的行为

在法律责任规范中，其构成要件典型地表现为因违反客观法而生的义务的行为，这种性质的行为（构成要件）被广泛地规定在所有形式的法律中。在公法领域，这种性质的行为（构成要件）首先体现在宪法规范中。我国《宪法》第 5 条第 4 款规定，一切国家机关和武装力量、各政党和各社会团体、各企业事业组织都必须遵守宪法和法律。一切违反宪法和法律的行为，必须予以追究。与一般法律不同，宪法没有设专章具体规定哪些行为为违反宪法的行为以及这种违宪行为的法效果是什么。它只是概括性地指明，违反宪法的行为必须予以追究。从我国宪法的基本构造看，违反宪法的行为可以分为两类，即违反公共利益的行为与侵犯公民基本权利的行为。我国国家机关以及行使国家公权力的组织在宪法上都负有维护和实现公共利益的义务，因此，凡是违反因宪法上的客观法（即公共利益条款）而生的义务的行为，都应当被追究宪法责任。[①] 在行政法上，作为构成要件，这种性质的行为在行政责任和行政处罚中则体现得更为具体。

因违反客观法而生的义务的行为作为民事责任规范的构成要件在私法领域虽不显著，但也有所体现。《民法典》第 185 条以一般性条款的形式明确规定，损害社会公共利益的行为，应当承担民事责任。具体而言，根据《民法典》第 502 条的规定，合同的成立、变更、解除需要办理批准手续的，当事人未履行办理义务的，对方当事人有请求其承担违反该义务的责任。在该条中，当事人承担民事责任的行为属于违反由客观法而生的义务的行为。根据《民法典》第 585 条第 2 款的规定，当事人约定违约金既不能低于造成的损失，也不能过分高于造成的损失，这种义务虽然与当事人的合法权益有关，但主要体现国家对交易秩序的要求，当事人在约定违约金方面的义务主要来源于维护公共秩序的需要。违反国家规定约定违约金的行为，由人民法院或者仲裁机构予以纠正。同理，根据《民法典》第 596 条第 2 款的规定，当事人约定的数额不得超过主合同标的额的 20%，超过部分不产生定金的效力。这种规定同样是出于维护交易秩序的需要。

因违反客观法而生的义务的行为（即危害公共利益的行为）作为刑事责任规范的构成要件在刑法中体现得最为充分。从《刑法》第 2 条和第 13 条的规定看，刑法的主要任务之一就是"保卫国家安全，保卫人民民主专政的政权和社会主义制度，保护国有财产和劳动群众集体所有的财产……

---

① 一般法律中的制裁通常表现为对不法行为人追究刑事责任、行政责任和民事责任，宪法作为根本法，其作用对象主要是国家权力，其制裁措施主要表现为宣布违宪的法律或行为无效，这与普通法律有所不同。许崇德主编：《宪法》，中国人民大学出版社 2014 年版，第 19 页。

维护社会秩序、经济秩序，保障社会主义建设事业的顺利进行"。那些(严重)危害这些公共利益的行为即违反因客观法而生的(不作为)义务的行为都是犯罪行为，都是刑事责任规范的构成要件。具体而言，《刑法》第二编分则中的第一章"危害国家安全罪"、第二章"危害公共安全罪"、第三章"破坏社会主义市场经济秩序罪"①、第五章"侵犯财产罪"中的侵害公共财产的犯罪、第六章"妨害社会管理秩序罪"②、第七章"危害国防利益罪"、第八章"贪污贿赂罪"、第九章"渎职罪"、第十章"军人违反职责罪"，这些内容占《刑法》的大部分内容，这些犯罪行为所侵犯的法益均为公共利益。

2. 因侵犯合法权益而承担法律责任的行为

正如上文所述，我国《宪法》没有明确规定侵犯公民基本权利的行为应当承担什么样的法律责任。从《宪法》第 33 条第 3 款的规定看，基本权利作为宪法的价值核心，国家有义务通过立法、行政和司法保障基本权利的实现。因此，国家(主要通过公权力机关)侵犯基本权利的行为，会导致行为无效的法效果。宪法上侵犯公民基本权利的行为主要通过合宪性审查的方式予以纠正。在法律体系比较完备的背景下，(具体的)行政与司法行为一般都有法律根据，它们通常所面对的是合法性问题，而不是合宪性问题。在绝大多数情况下，只有法律才有资格面临合宪性审查问题。而合宪性审查的主要内容之一就是审查法律中的某些条款(即特定的立法行为)是否侵犯公民基本权利。因此，判断侵犯公民基本权利的立法行为这个构成要件是否成立，是合宪性审查的关键所在。

在行政法上，侵犯行政相对人合法权益的行为是行政机关工作人员承担法律责任的构成要件。根据《行政强制法》第 35 条、第 36 条和第 61 条(第 1 款和第 2 款第 3 项)的规定，行政机关侵犯公民程序性权利(比如接收催告书的知情权、陈述权、申辩权等)的行为是行政机关应当承担的法律责任，即行政机关改正行为以及依法给予处分直接负责的主管人员和其他直接责任人员——的构成要件。③《行政处罚法》第 50 条(第 1 款和第

---

① 第三章第七节"侵犯知识产权罪"中规定的罪行(如第 213 条规定的假冒注册商标罪等)具有双重性质，它不仅是侵害公共利益的行为，也是侵犯公民合法权益的行为。同样，第三章第八节"扰乱市场秩序罪"中的损害商业信誉、商品声誉罪(第 221 条)、串通投标罪(第 223 条)、合同诈骗罪(第 224 条)以及强迫交易罪(第 226 条)等也属于这种情况。

② 与第三章第七节的情况相同，第六章第八节"组织、强迫、引诱、容留、介绍卖淫罪"中的组织卖淫罪、强迫卖淫罪(第 358 条)也具有双重性质，它不仅是侵害公共利益的行为，也是侵犯公民合法权益的行为。

③ 此处将《行政强制法》第 61 条与第 35 条、第 36 条联系起来进行解释，主要是为了说明"违反法定程序实施行政强制的"行为在行政强制执行中的具体表现。这并不表明第 35 条和第 36 条只是第 61 条的构成要件的组成部分。在法律规范理论上，它们是完整的法律规范。

2 款第 3 项）规定的法律责任规范在构成要件上与上述相同。根据《行政强制法》第 62 条的规定，行政机关侵犯行政相对人实体性权利的行为扩大查封、扣押、冻结范围；使用或者损毁查封、扣押场所、设施或者财物；在查封、扣押法定期间不作出处理决定或者未依法及时解除查封、扣押；在冻结存款、汇款法定期间不作出处理决定或者未依法及时解除冻结是本条行政责任规范的构成要件。[①]《行政处罚法》第 59 条也属于这种情况，该法律责任规范的构成要件即使用或者损毁扣押的财物的行为，属于侵犯行政相对人实体性权利的行为。

在私法领域，侵犯公民或者组织合法权益的行为是（几乎）所有民事责任规范的构成要件。[②] 在刑法领域，以侵犯公民合法权益为构成要件的行为比较集中地规定在《刑法》第二编分则中的第四章"侵犯公民人身权利、民主权利罪"以及第五章"侵犯财产罪"中的侵犯公民私人财产权的犯罪，其他章节比如第三章第七节"侵犯知识产权罪"以及第六章第八节"组织、强迫、引诱、容留、介绍卖淫罪"，也包含这种类型的构成要件。

根据以上分析可知，法律案起草人在塑造法条时，需要弄清楚，究竟什么样的社会行为需要调整？这些行为的意义是什么，即这些行为在法律上是产生权利的原因，还是产生义务或者责任的原因？能够产生权利的行为（构成要件）是否具有违反义务的行为特征？除了客观法（即维护公共利益的需要）之外，法律关系中的对方的权利性行为是不是当事人义务产生的重要原因？在导致法律责任的行为中，哪些是对因公共利益而生的义务的违反，哪些是侵犯公民（或者组织）合法权益的行为？在法律草案起草过程中，只有在事关"法条塑造"的细节性问题上不辞辛劳地进行精耕细作，法律才能准确地表达立法机关的立法意图，也才能具备针对性和可操作性。

---

① 《行政强制法》第 63 条规定的法律责任规范的构成要件属于何种性质，有待探讨。该行为是具有双重性质的行为，该行政工作人员的行为既侵犯了公共利益，也侵犯了公民合法权益。因为，无论行政强制措施本身是否合法，被"查封、扣押的场所、设施或者财物"的权属并没有发生变更，侵占行为是侵犯公民合法权益。该行为同时也是破坏行政执法秩序的行为，其在性质上是侵犯公共利益的行为。这与《行政处罚法》第 58 条规定的构成要件在性质上不同。该条中"截留、私分或者变相私分罚款、没收的违法所得或者财物"的行为在性质上属于侵犯公共利益的行为。

② 在私法领域，除了少数违反因公共利益而生的义务的行为外，还有个别民事责任规范并不以行为作为构成要件。比如，根据《民法典》第 1254 条的规定，从建筑物中抛掷物品或者从建筑物上坠落的物品造成他人损害的，经调查难以确定具体侵权人的，除能够证明自己不是侵权人的外，由可能加害的建筑物使用人给予补偿。

参考文献

一、著作

1.《马克思恩格斯全集》(第 1 卷),人民出版社 1956 年版。

2.《邓小平文选》(第 3 卷),人民出版社 1993 年版。

3.《习近平法治思想概论》,高等教育出版社 2021 年版。

4. 全国人大常委会法制工作委员会国家法室:《中华人民共和国立法法释义》,法律出版社 2015 年版。

5. 全国人大常委会法工委立法规划室编:《中华人民共和国立法统计(2008 年版)》,中国民主法制出版社 2008 年版。

6. 肖蔚云:《论宪法》,北京大学出版社 2004 年版。

7. 许崇德:《中华人民共和国宪法史》,福建人民出版社 2003 年版。

8. 王叔文:《王叔文文选》,法律出版社 2003 年版。

9. 谢振民:《中华民国立法史》,中国政法大学出版社 2000 年版。

10. 张春生:《立法实务操作问答》,中国法制出版社 2016 年版。

11. 周旺生:《立法学》,法律出版社 2009 年版。

12. 朱力宇、张曙光:《立法学》,中国人民大学出版社 2009 年版。

13. 张千帆:《宪法学导论》,法律出版社 2004 年版。

14. 林来梵:《从宪法规范到规范宪法——规范宪法学的一种前言》,法律出版社 2001 年版。

15. 林来梵:《宪法学讲义》,法律出版社 2015 年版。

16. 许崇德主编:《宪法》,中国人民大学出版社 2014 年版。

17. 苗连营:《立法程序论》,中国检察出版社 2001 年版。

18. 沈跃进、陈明明、肖滨主编:《当代中国政府与政治》,中国人民大学出版社 2016 年版。

19. 陈新民:《德国公法基础理论》(上册),山东人民出版社 2001 年版。

20. 王柏荣:《困境与超越:中国立法评估标准研究》,法律出版社 2016 年版。

21. 李竹:《国家安全立法研究》,北京大学出版社 2006 年版。

22. 王爱声:《立法过程:制度选择的进路》,中国人民大学出版社 2009 年版。

23. 朱力宇:《地方立法的民主化与科学化问题研究——以北京市为主要例证》,中国人民大学出版社 2011 年版。

24. 田侠:《党领导立法实证研究——以北京市人大及其常委会为例》,中国社会科学出版社 2016 年版。

25. 王全胜:《立法成本收益评估研究》,知识产权出版社 2016 年版。

26. 刘松山:《中国立法问题研究》,知识产权出版社 2016 年版。

27. 刘建兰、张文麒:《美国州议会立法程序》,中国法制出版社 2005 年版。

28. [德] 魏德士:《法理学》,丁晓春、吴越译,法律出版社 2005 年版。

29. [德] 卡尔·拉伦茨:《法学方法论》,陈爱娥译,商务印书馆 2005 年版。

30. [德] 格奥格·耶利内克:《主观公法权利体系》,曾韬、赵天书译,中国政法大学出版社 2012 年版。

31. [德] 阿图尔·考夫曼、温弗里德·哈斯默尔主编:《当代法哲学和法律理论导论》,郑永流译,法律出版社 2002 年版。

32. [德] 卡尔·施米特:《宪法学说》,刘锋译,上海人民出版社 2005 年版。

33. [德] 罗伯特·阿列克西:《法概念与法效力》,王鹏翔译,商务印书馆 2015 年版。

34. [奥] 凯尔森:《法与国家的一般理论》,沈宗灵译,中国大百科全书出版社 1996 年版。

35. [美] 安·赛德曼、罗伯特·鲍勃·赛德曼、那林·阿比斯卡:《立法学:理论与实践》,刘国福、曹培等译,中国经济出版社 2008 年版。

36. [美] 富勒:《法律的道德性》,郑戈译,商务印书馆 2005 年版。

37. [美] 詹姆斯·G. 马奇:《决策是如何产生的》,王元歌、章爱民译,机械工业出版社 2013 年版。

38. [美] 科尼利厄斯·M. 克温:《规则制定——政府部门如何制定法规与政策》,刘璟、刘辉、丁浩译,复旦大学出版社 2007 年版。

39. [美] 杰克·戴维斯:《立法法与程序》,法律出版社 2005 年版。

40. [美] 斯科特·夏皮罗:《合法性》,郑玉双、刘叶深译,中国法制出版社 2016 年版。

41. [美] 科恩:《论民主》,商务印书馆 2007 年版。

42. [美] 艾莉诺·奥斯特罗姆:《公共事务的治理之道》,余逊达、陈旭东译,上海译文出版社 2012 年版。

43. [美] 罗伯托·曼戈贝拉·昂格尔:《法律分析应当何为?》,李诚予译,中国政法大学出版社 2007 年版。

44. [美]波萨瓦茨、凯里:《项目评估:方法与案例》,于忠江译,重庆大学出版社2014年版。

45. [美]马克·图什内特:《宪法为何重要》,田飞龙译,中国政法大学出版社2012年版。

46. [美]杰弗里·里彻逊:《美国情报界》,郑云海、陈玉华、王捷译,时事出版社1988年版。

47. [美]罗纳德·德沃金:《认真对待权利》,信春鹰、吴玉章译,上海三联书店2008年版。

48. [英]戴雪:《英宪精义》,雷宾南译,中国法制出版社2001年版。

49. [英]安德鲁·海伍德:《政治学》,张立鹏译,中国人民大学出版社2006年版。

50. [英]约瑟夫·拉兹:《法律体系的概念》,吴玉章译,中国法制出版社2003年版。

51. [英]杰里米·边沁:《论道德与立法的原理》,程立显、宇文利译,陕西人民出版社2009年版。

52. [英]詹姆斯·布赖斯:《现代民治政体》,张慰慈等译,吉林人民出版社2001年版。

53. [英]约翰·密尔:《论自由》,许宝骙译,商务印书馆2006年版。

54. [英]H.L.A.哈特:《法律的概念》,许家馨、李冠宜译,法律出版社2006年版。

55. [英]罗伯特·罗杰斯、罗德里·沃尔特斯:《议会如何工作》,谷意译,广西师范大学出版社2017年版。

56. [日]平冈久:《行政立法与行政基准》,宇芳译,中国政法大学出版社2014年版。

57. [日]芦部信喜:《宪法》(第3版),林来梵、凌维慈、龙绚丽译,北京大学出版社2006年版。

58. Stephen Dyeus, Arthor L. Berney, William C. Banks, and Peter Ravenansen, *National Security Law*, Fourth Edition, Aspen Publishers, Ine., 2007.

59. Laurence H. Tribe, *The Invisible Constitution*, Oxford University Press, 2008.

60. K.C. Wheare, *Modern Constitutions*, Oxford University Press, 1966.

61. Robert Alexy, *A Theory of Constitutional Rights*, translated by Julian Rivers, Oxford University press, 2002.

二、论文

1. 许耀桐:《共识:邓小平的"党政分开"思想》,载《北京日报》2013年8月1日。

2. 石泰峰、张恒山:《论中国共产党依法执政》,载《中国社会科学》2003年第1期。

3. 张千帆：《论宪法的选择适用》，载《中外法学》2012 年第 5 期。

4. 张恒山：《中国共产党的领导与执政辨析》，载《中国社会科学》2004 年第 1 期。

5. 梁慧星：《必须转变公法优位主义观念》，载《法制日报》1993 年 1 月 21 日第 3 版。

6. 梁慧星：《不宜规定"根据宪法，制定本法"》，载《社会科学报》2006 年 11 月 16 日。

7. 梁慧星：《靠什么制约公权力的滥用》，载《经济管理文摘》2006 年第 18 期。

8. 徐国栋：《市民社会与市民法》，载《法学研究》1994 年第 4 期。

9. 韩大元：《由〈物权法（草案）〉的争论想到的若干宪法问题》，载《法学》2006 年第 3 期。

10. 韩大元：《宪法文本中"公共利益"的规范分析》，载《法学论坛》2005 年第 1 期。

11. 韩世远：《论中国民法的现代化》，载《法学研究》1995 年第 4 期。

12. 邱本、崔建远：《论私法制度与社会发展》，载《天津社会科学》1995 年第 3 期。

13. 王利明：《我国民法的基本性质探讨》，载《浙江社会科学》2004 年第 1 期。

14. 郭明瑞：《论公法与私法的划分及其对我国民法的启示》，载《环球法律评论》2006 年第 4 期。

15. 赵宏：《作为客观价值的基本权利及其问题》，载《政法论坛》2011 年第 2 期。

16. 陈玉山：《论国家根本任务的宪法地位》，载《清华法学》2012 年第 5 期。

17. 谢立斌：《论基本权利的立法保障水平》，载《比较法研究》2014 年第 4 期。

18. 翟国强：《中国宪法实施的理论逻辑与实践发展》，载《法学论坛》2018 年第 5 期。

19. 白斌：《论法教义学：源流、特征及其功能》，载《环球法律评论》2010 年第 3 期。

20. 陈道英：《宪法惯例：法律与政治的结合——兼谈对中国宪法学研究方法的反思》，载《法学评论》2011 年第 1 期。

21. 何永红：《中国宪法惯例问题辨析》，载《现代法学》2013 年第 1 期。

22. 翟志勇：《英国不成文宪法的观念流变——兼论不成文宪法概念在我国的误用》，载《清华法学》2013 年第 3 期。

23. 人民日报评论员：《宪法修改必须依法按程序进行——五论学习贯彻党的十九届二中全会精神》，载《人民日报》2018 年 1 月 5 日第 1 版。

24. 刘政：《我国现行宪法修改的原则、方式和程序——1988 年、1993 年和 1999 年三次修宪回顾》，载《中国人大》2002 年第 21 期。

25. 陈鹏：《论立法对基本权利的多元效应》，载《法律科学》2016 年第 6 期。

26. 陈玉山：《立法的规范性与规范性的立法学》，载《浙江学刊》2022 年第 6 期。

27. 林来梵、季彦敏：《人权保障：作为原则的意义》，载《法商研究》2005 年第 4 期。

28. 季卫东：《法律程序的意义》，载《中国社会科学》1993年第1期。

29. 严存生：《也谈"立法者"》，载《河北法学》2016年第1期。

30. 蒋劲松：《代议会期制度探究》，载《法商研究》2015年第1期。

31. 蒋劲松：《政党的国法治理》，载《法学》2016年第1期。

32. 陈斯喜：《充分发挥专门委员会"专"的优势》，载《人大研究》2005年第15期。

33. 肖蔚云：《对法律案进行统一审议的必要性》，载《山东人大工作》2000年第10期。

34. 李兴祖：《加强专门委员会在立法审议中的作用》，载《中国法学》1993年第3期。

35. 王理万：《立法官僚化：理解中国立法过程的新视角》，载《中国法律评论》2016年第2期。

36. 褚宸舸：《全国人大常委会法工委职能之商榷》，载《中国法律评论》2017年第1期。

37. 周旺生：《论全国人大的立法运作制度》，载《法治论丛》2003年第3期。

38. 周旺生：《再论全国人大立法运作制度》，载《求是学刊》2003年第4期。

39. 沈国明：《对"人大主导立法"的几点理解》，载《2015年中国立法学年会论文集》。

40. 孙笑侠：《法学的本相》，载《中外法学》2008年第3期。

41. 魏文彪：《是没有强制执法权还是行政不作为》，载《新京报》2013年1月5日。

42. 康均心、虞文梁：《"国安委"机制下的国家安全法治研究——以新〈国家安全法〉为视角》，载《武汉公安干部学院学报》2015年第4期。

43. 一文：《当代美国国会立法程序简述》，载《中国人大》2000年第7期。

44. 徐红：《美国国会助理的职责与作用》，载《秘书》2006年第7期。

45. 张丽娟：《美国国会立法程序研究——以两党作用为视角》，载《中共山西省委党校学报》2006年第5期。

46. 孙哲、赵可金：《美国国会对腐败问题的治理》，载《清华大学学报（哲学社会科学版）》2009年第2期。

47. 袁勇：《法的违反情形与抵触情形之界分》，载《法制与社会发展》2017年第3期。

48. 雷磊：《法律规则的逻辑结构》，载《法学研究》2013年第1期。

49. 陈玉山：《立法质量的程序控制：以信息输入为试点的考察》，载《浙江学刊》2019年第6期。

50. 陈玉山：《为何立法者不承担法律责任》，载《河北工程大学学报（社会科学版）》2019年第3期。

51. 陈玉山：《法律案合宪性审查的程序、事项与方法》，载《环球法律评论》2020年第 1 期。

52. 陈玉山：《法律案成熟度及其论证框架》，载《政法论坛》2020 年第 6 期。

53. 黄爱武：《战后美国国家安全法律制度研究》，法律出版社 2011 年版。